Hermann Rudolph

Richard von Weizsäcker
Eine Biographie

Rowohlt · Berlin

1. Auflage Februar 2010
Copyright © 2010 by Rowohlt · Berlin
Verlag GmbH, Berlin
Alle Rechte vorbehalten
Satz aus der Haarlemer und Helvetica PostScript
bei hanseatenSatz-bremen, Bremen
Druck und Bindung CPI – Clausen & Bosse, Leck
Printed in Germany
ISBN 978 3 87134 667 5

Inhalt

Die Kraft der Synthese: das Phänomen Weizsäcker 7

Teil 1
Eine deutsche Vergangenheit
«Halber Schwabe, ganzer Berliner»: Herkunft und Familie 20

«Grausamer Zerstörer des Lebens»: der Krieg 39

«Wie ausgetrocknete Schwämme»: Studentenjahre 54

«Die Dämonie des Bösen»: der Wilhelmstraßenprozess 61

Teil 2
Der Weg in die Politik
«Wo die wesentlichen Entscheidungen fallen»:
   Karriere in der Wirtschaft 82

«Lobbyist der Vernunft»: Kirchentag und
   Polen-Denkschrift 95

«Beinahe ein richtiges Wendegefühl»:
   Lehrjahre im Parlament 116

«Der Prophet in der Löwengrube»:
   der Kampf um die Ostverträge 125

«Noch nie so viel gelernt»:
   Regierender Bürgermeister in Berlin   143

«Die bewegende Kraft der Mitte»:
   Ortstermin mit der Geschichte   169

Teil 3
Der Präsident

«Es kömmt, wie es kömmt»: von Berlin nach Bonn   182

«Der Wahrheit ins Auge sehen»: die Rede zum 8. Mai   192

«Ihn einfach als Ereignis wahrnehmen»:
   Leitgestalt eines besseren Deutschland   203

«Tiefe und erstaunte Freude»: Mauerfall und Vereinigung   224

«Es bedarf einer großen inneren Kraft»:
   Präsident aller Deutschen   246

«Die dritte Amtszeit»: Elder Statesman   265

Personenregister   282

Zur Literatur   287

Bildnachweis   288

Die Kraft der Synthese:
das Phänomen Weizsäcker

Zehn Jahre war er Bundespräsident, und man kann sagen, dass er Epoche gemacht hat. Rechnet man die Zeit als Abgeordneter und Regierender Bürgermeister von Berlin dazu und den höchst lebendigen Elder Statesman, zu dem er danach geworden ist, so gehört Richard von Weizsäcker seit mehr als einem halben Menschenalter zum öffentlichen Leben der Bundesrepublik – seine Reden und Interviews, seine Urteile und Einsprüche, seine Präsenz als Autorität und nationales Gewissen. Ziehen diese Jahrzehnte zwischen dem Ende der Ära Adenauer und Angela Merkels Kanzlerschaft am inneren Auge vorbei, so taucht unweigerlich sein Umriss auf: die markante Physiognomie, der einnehmende Blick, ein Hauch Selbstironie, die Silberlocke, dazu die Wirkung seiner Rede – kein hoher Ton, stattdessen konzentrierte Eindringlichkeit –, die Souveränität seines Auftretens, formbewusst, doch nie steif. Wenn es in einem so irdischen Gebilde wie Staat und Gesellschaft so etwas wie eine höhere Sphäre gibt, ein Reservoir an Orientierung und Konsens, ist er einer ihrer Fixsterne, jedenfalls ein helles, ziemlich unverrückbares Gestirn – er gehört zu der Handvoll von Politikern und repräsentativen Figuren, ohne die man sich dieses Land nicht vorstellen kann, ohne die es anders aussähe. Das Deutschland, das wir geworden sind: es trägt auch die Züge des Richard von Weizsäcker.

Das ist ein ziemlich bemerkenswerter Vorgang, zumal für einen Bundespräsidenten, der zwar seinem Verfassungsrang gemäß ganz oben steht, aber in der praktischen Politik nicht viel zu bestellen hat. Das Amt sei eine Gewalt, die «mehr durch ihr Dasein als durch ihr Tun wirkt», schrieb Carlo Schmid, einer der Väter des Grundgesetzes, als es geschaffen wurde. Die Chancen des Präsidenten, sich mit wegweisenden Leistungen in das Geschichtsbuch einzutragen, sind begrenzt. Die Wiedervereinigung zum Beispiel, das gewichtigste Ereignis in Weizsäckers langer Amtszeit, bleibt mit Helmut Kohl verbunden, der Bundespräsident konnte sie zwar fördern und beeinflussen, dann aber nur ihren Vollzug verkünden. Doch dieser Bundespräsident hat seine vermeintliche Machtlosigkeit wenn schon nicht in Macht, so doch in einen Einfluss auf das politische und intellektuelle Klima verwandelt, der realer Macht schon fast gleichkommt. Er ist zu einer moralisch-politischen Größe im Gewaltengefüge dieser Republik geworden – und ist es bis heute geblieben.

Es gehört zu dieser Erfolgsgeschichte, dass der Versuch, das Phänomen Weizsäcker zu ergründen, leicht zum Aufmarsch von Lobesformeln gerät. In Weizsäckers Präsidentschaft – so heißt es da – seien Amt und Person in idealer Weise verschmolzen. In ihr sei der immer wieder beklagte Gegensatz von Macht und Moral, Intellektualität und Politik endlich aufgehoben. Betont wird seine Fähigkeit zum Ausgleich und zur Vermittlung, aber auch seine Kraft, Klärung und Orientierung zu schaffen, Maß und Mitte zu verkörpern und für so rare Tugenden wie Glaubwürdigkeit und Autorität einzustehen. Auch als Charakter eindrucksvoll: ausgewogen und verbindlich, gleichermaßen mit Ernst und Witz ausgestattet, und gebildet, keine Frage, sei er ohnedies. Entspricht Weizsäcker nicht dem, was die Franzosen den «guten König» nennen? Verkörpert er nicht den guten Deutschen schlechthin, das Gegenbild zu allem teutonischen Auftrumpfen? Schließlich konnten sich auf Weizsäcker immer so ziemlich alle einigen. Das hat ihm in Umfragen gewaltige Zustimmung beschert – und der Kritik an seiner Person, die es natürlich auch gab, ein schlechtes Echo.

Erschwerend kommt hinzu, dass diese Urteile im Großen und Ganzen ja zutreffen. Richard von Weizsäcker ist in der Tat ein vorzüglicher Präsident gewesen. Er hat die öffentliche Rede – das einzige Instrument, über das der Bundespräsident uneingeschränkt verfügt – in unvergesslicher Weise genutzt und mit ihr Marksteine gesetzt. Er hat Themen zur Sprache gebracht, die sonst auf dem Forum der Öffentlichkeit kaum stattgefunden hätten. Wo die Regierung wichtige Entscheidungen scheute oder sie ganz schuldig blieb, war er oft das nötige Gegengewicht. Überhaupt hat er sich in vielen Auseinandersetzungen als eminent politischer Präsident erwiesen, der den Nerv der Probleme traf. Und war er nicht bei zahllosen Staatsbesuchen der Botschafter eines besseren, nachdenklichen und weltoffenen Deutschland? «Wenn man einen idealen Bundespräsidenten synthetisch herstellen könnte», so hat die ihm freundschaftlich verbundene Marion Gräfin Dönhoff enthusiastisch geschrieben, «dann würde dabei kein anderer als Richard von Weizsäcker herauskommen.»

Das ist, sieht man genau hin, ein Lob mit Widerhaken. Tatsächlich hat die Sehnsucht der Deutschen nach einem Ersatzmonarchen – im Fall der Gebildeten erhöht zum «Philosophen auf dem Thron» – an Weizsäcker ein fast zu schönes Objekt. Manchmal hat man den Eindruck, an ihm wiederhole sich, was bereits Theodor Heuss, dem ersten Präsidenten der Bundesrepublik, widerfuhr: so wie dieser zum «Papa Heuss», zur Galionsfigur des Neo-Biedermeier der fünfziger Jahre, verniedlicht wurde, avancierte Weizsäcker zu einer Art Ideal-Staatsmann – und wie Heuss ist er nicht ganz immun gegen die Verführung gewesen, an seiner Verklärung mitzuwirken. Seine präsidiale Begabung war von Anfang an nicht zu übersehen, das aristokratische Element steuerte die Herkunft bei, und den Rest besorgte das Bedürfnis der Bürger nach einer unbestrittenen Autorität, gerade in den Zeiten der Politikverdrossenheit. Dazu kam Weizsäckers erheblicher Wirkungswillen, ein beträchtliches Selbstbewusstsein und ein gehöriges Quantum Eitelkeit. Die leichte Distanz, die ihm anhaftet, kam dieser Rolle ebenso zugute wie der elitäre Hauch, der ihn umweht.

Sofern sich überhaupt Unbehagen an Weizsäcker regte, hat es sich an diesem Punkt entzündet. Kaum ins Amt gelangt, wurde er in den konservativen Quartieren der Republik zur Rede gestellt – wegen des Verdachts übermäßiger Toleranz mit nachfolgendem Relativismus. Verdankt sich sein Erfolg – so fragte streng der scharfsinnige Publizist Ludolf Herrmann nach der berühmten Rede vom 8. Mai 1985 – nicht der «Mehrheit der Unpolitischen»? Und komme er damit nicht der verhängnisvollen Neigung der Deutschen entgegen, sich von der Politik entlasten zu wollen? Kaum sehr viel anders die Bedenken auf der linken Seite des politischen Spektrums: Treten in der Bewunderung für Weizsäcker nicht nachgerade vordemokratische Züge zutage – also ein altes, fragwürdiges deutsches Erbe? Wird dieser Präsident nicht immer mehr zum Denkmal der fatalen Sehnsucht nach Überparteilichkeit?

Es muss ja auch auffallen, dass Weizsäckers Bereitschaft, sich für umstrittene Themen zu verkämpfen, ihre Grenzen hat. Viele seiner Bewunderer hätten Weizsäcker gerne öfter und offensiver auf den politischen Barrikaden gesehen – etwa im Streit um das Asylrecht oder im Kampf gegen die Ausländerfeindlichkeit. Stattdessen machten seine Gesprächspartner die Erfahrung, dass er zwar ihre Meinung gelten ließ, aber ebenso der Gegenmeinung ihre Berechtigung einräumte. War er denn überhaupt so liberal, wie es sein Image versprach? Oder doch in erster Linie ein Konservativer? Noch verdächtiger: ein linker Tory? Ein gewisses Bedauern steckt selbst in dem pointierten, im Übrigen zutreffenden Urteil, dass sogar Weizsäckers Attacken – so der Journalist Gunter Hofmann – den Eindruck erweckten, «als seien sie wattiert. Er packt Politik ein. Weizsäcker ist Christo».

Aber existiert nicht auch – so hat man dagegen gefragt – ein Bedürfnis nach Übereinstimmung, das weder vordemokratisch noch Ausdruck einer unpolitischen Haltung ist, sondern eine notwendige Bedingung der vernünftigen politischen Auseinandersetzung in einer Demokratie? Hat Weizsäcker mit seiner Amtsführung nicht gerade den Beweis dafür erbracht, dass es einen Umgang mit Politik gibt, der dieses Bedürfnis zu seinem Recht kommen lässt? Dieser Präsident hat die Probleme gerade nicht verkleinert oder Brüche geglättet. Er hat im Gegenteil die Spannungen beim Namen genannt. Aber er hat dabei auch immer deutlich gemacht und – was vielleicht noch mehr ist – spüren lassen, dass es Regeln, Prinzipien und Loyalitäten gibt, ja, geben muss, die Konflikte und Konfrontationen steuern und beherrschbar machen, sie gleichsam zivilisieren. Die befreiende Wirkung seiner Reden, der Effekt, hier spreche endlich einmal einer aus, wie die Dinge wirklich liegen, verdankt sich gerade dem Umstand, dass er den Problemen nichts schuldig blieb. Er verkleisterte Widersprüche nicht, um einen Konsens herzustellen. Seine Argumentation zielt vielmehr auf Übereinstimmung in der Anerkennung von Gegensätzen und Spannungen.

Ist es das, was Richard von Weizsäcker meint, wenn er beansprucht, ein «Kind der Aufklärung» zu sein? Es ist wahr, dass seine Reden einen «sokratischen Charakter» haben, wie der Publizist Thomas Kielinger es nannte: sie stellen Fragen, um sich ihren Themen und Thesen zu nähern, und wenn sie eine «starke Dosis Ambivalenz» ins Spiel bringen, dann nicht aus «geistiger Frivolität», sondern als Zeugnis der «Gabe des Aushaltenkönnens intellektueller Gegensätze, die sich – statt sich aufzuheben – gegenseitig ergänzen». Durchweg zeichnet Weizsäcker die Anstrengung des Unterscheidens aus, des Abwägens der Unterschiede – beim entschlossenen Willen, die Dinge zusammenzuführen und die Probleme ins Licht zu rücken. Dahinter steht seine Überzeugung, dass ein vernünftiger Umgang mit den schwierigen Bedingungen unserer politischen, gesellschaftlichen und historischen Existenz möglich sei. Ein vordemokratischer

Impetus? Vielleicht doch eher der Ausdruck einer, um erneut Kielinger zu zitieren, «demokratischen Leidenschaft – der neugiergestützte Vorstoß in die Kammern moderner Komplexität».

Allerdings hat dieser Umgang mit Politik den hartnäckigen Argwohn nach sich gezogen, Weizsäcker sei kein richtiger Politiker. Als «ökumenischen Weihbischof» hat Strauß ihn verspottet, andere haben sich ähnlich, nur weniger drastisch geäußert. Weizsäcker selbst hat Wert darauf gelegt, dass er nicht dem «politischen Parteileben» entstamme – und damit den Hohn all derer herausgefordert, die sich daran erinnerten, dass er sich, natürlich, auch um politische Ämter bemüht hat. Tatsächlich hat Weizsäcker im politischen Kleinkrieg seinen Mann gestanden – den «Machtmenschen aus der Präsidenten-Suite» hat ihn Peter Glotz genannt. Kein Zweifel, dass es Weizsäcker nicht an Professionalität fehlte. Kaum ein anderer Politiker ist so perfekt auf den Wellenkämmen der kollektiven Stimmungen geritten wie er, und den Umgang mit den Medien hat er zu hoher Kunst entwickelt. Hat nicht die Behauptung etwas für sich, dass er – wie der Politologe Hans-Peter Schwarz meint – die «unterschwelligen Motive im deutschen Establishment auf den Punkt brachte»? Dass er sich oft jenseits des Mainstreams bewegte, hat ihn jedenfalls nicht zum Außenseiter werden lassen – und seine Freude am intelligenten Gedankenspiel konnte nie verdecken, dass er sehr genau wusste, was er war und was er wollte, und darum, wenn nötig, auch gekämpft hat.

Gleichwohl ist es richtig, dass seine Wurzeln und Motive anderswo liegen – und das Phänomen Weizsäcker hat damit zu tun. Er ist auch als Politiker Protestant, ein Vertreter des politischen Protestantismus der Bundesrepublik; das gibt ihm die Aura des Moralischen und Gewissensbetonten. Außerdem ist er ein Bildungsbürger, ja, ein Intellektueller, der aus der Anteilnahme an der Diskussion lebt, aus Lektüre und der Aufgeschlossenheit gegenüber dem kulturellen Leben. In einer Weise, wie es in der Reihe der Präsidenten nur Theodor Heuss gelang, sind seine Reden Dokumente der Auseinandersetzung mit den geistigen Strömungen der Zeit. Es ist dieser Charakter des Politikers Weizsäcker, den die Journalistin Nina Grunenberg auf den Begriff gebracht hat: Er war ein Bundespräsident, «der die Entwicklung von Gedanken zu einer Möglichkeit des Einflusses macht».

Vor allem aber steht hinter Weizsäckers Wirkung ein Leben, das ein Jahrhundertleben ist, mittlerweile, wunderbarerweise, fast auch an Jahren, aber vor allem an Ereignissen und Erfahrungen. Mit ihm ist einer unter uns, für den das, was für fast alle anderen Geschichte ist – graues Schulbuchwissen oder bunte Erzählung –, sein Lebensstoff war. Es gibt seinem Reden und Schreiben, ja, auch seiner Haltung und seinem Verhalten einen Resonanzboden durchlebter und aufbewahrter Zeit. Vermutlich ist es dieser Umstand, der einen phantasiebegabten Schriftsteller wie den Niederländer Cees Nooteboom herausforderte, sich vorzustellen, dass der bei einem Empfang in Schloss Bellevue sein Sektglas balancierende Bundespräsident «derselbe Körper ist, in dem seine Seele schon hauste, als sie sich beide 1943 vor Leningrad befanden». Mit Weizsäcker reicht die Geschichte des vergangenen Jahrhunderts bis in unsere Gegenwart. Er ist Zeitzeuge und Deuter in einem. Er hat das deutsche Thema von Kontinuität und Bruch am eigenen Leibe erfahren. Wenn er, wie ihm die Zeithistoriker bescheinigen, mit der Rede zum vierzigsten Jahrestag des 8. Mai 1945 der «politisch-normativen Großdeutung» (Norbert Frei) des Zusammenbruchs zur Durchsetzung verholfen hat, dann wegen des lebensgeschichtlichen Fundus, aus dem heraus er gesprochen hat.

Außerdem ist Weizsäcker ein Exemplar jener traditionellen deutschen Elite, die aus der politischen Führungsschicht der Bundesrepublik so gut wie verschwunden ist. Es gehörte schon zur Physiognomie der jungen Bundesrepublik, dass – wie Wolf Jobst Siedler in der Frühzeit der Republik angemerkt hat – «mit Konrad Adenauer, Eugen Gerstenmaier, Heinrich Lübke, Franz Josef Strauß und all den anderen ... die Söhne von Regierungspräsidenten, Kammergerichtsräten und Professoren durch die Enkel von Angestellten, Unteroffizieren und Handwerkern abgelöst worden» sind; seither haben die Zentrumssöhne und mittelständischen Aufsteiger das Ruder übernommen. Weizsäcker kommt anderswo her, kaum ein Politiker seiner Generation reicht so weit hinein in das alte Deutschland wie dieser Sohn eines Diplomaten, Enkel eines königlichen Ministerpräsidenten. Wer könnte, zum Beispiel, sagen, dass er den Generalobersten Beck, den Mann des 20. Juli 1944, «noch gut vor Augen» habe, beim Tee im Garten der Eltern? Mit dem Blick von außen hat die kluge Französin Brigitte Sauzay, Dolmetscherin der Präsidenten von Pompidou bis Mitterrand und Deutschen-Kennerin, bemerkt, Richard von Weizsäcker sei «unter dem Politikerpersonal der so prosaischen Bundesrepublik derjenige, der die Aura und das Charisma des ‹Deutschland› von ehedem am meisten bewahrt hat».

Doch es sind Glanz *und* Elend der alten deutschen Führungsschicht, die uns in ihm noch berühren. Man muss sich klarmachen, dass der Richard von Weizsäcker, der 1993 in München so eindrucksvoll zum Gedenken der Geschwister Scholl spricht, der Jahres- und Generationsgenosse dieser beiden großen Gestalten des deutschen Widerstands ist – er selbst Jahrgang 1920, Hans und Sophie Scholl 1918 und 1921. Die Toten bleiben jung, doch Weizsäcker hat das Ende des alten Deutschland traumatisch erfahren. Das Hineintauchen und Hineingetauchtwerden des deutschen Bürgertums in das Dritte Reich ist für ihn in der Rolle des Vaters, des Staatssekretärs im Auswärtigen Amt, zum Exempel geworden. Als sein Hilfsverteidiger beim Kriegsverbrecherprozess vor dem Nürnberger Gerichtshof war Weizsäcker tief in dieses Familienkapitel involviert.

Sein ganzes Leben lang haben ihn deshalb Mutmaßungen über die Motive seines politischen Engagements und seiner Amtsführung als Präsident verfolgt: Ist seine Beschäftigung mit der Vergangenheit etwa psychologisch zu verstehen, als Kompensation dieses familiären Schicksals? Ist die Amtsführung dieses Präsidenten die Antwort auf die «Wunde» (Gunter Hofmann), die der Prozess gegen den Vater in sein Leben gerissen hat? Oder zumindest der Versuch, «die merkwürdige Blindheit seines geliebten Vaters durch eine Politik des angemessenen Wortes zu korrigieren» (Gustav Seibt)? Weizsäcker selbst hat – ebenso wie sein Bruder Carl Friedrich – durchweg mit großer Empfindlichkeit reagiert, wann immer die Rede auf den Vater kam.

Nicht zuletzt ist in Richard von Weizsäcker ein Politiker zu besichtigen, der ungewöhnlich geschichtsbewusst und geschichtsgeprägt ist. Für ihn ist das Bekenntnis, dass er sich keine verantwortliche Politik vorstellen könne, «die unwillig ist, die Geschichte zur Kenntnis zu nehmen, oder unfähig, aus ihr zu lernen», mehr als der fällige Tribut an die hergebrachte nationalpädagogische Rolle der Historie. Seine immer wieder geäußerte Überzeugung, die Nachkriegszeit als Erinnerung an den Krieg und seine Folgen sei noch längst nicht zu Ende, weil diese Lektion auch in der Welt von heute weiterwirke, gibt seiner Sicht der Gegenwart die Tiefendimension. Doch Geschichte ist für Weizsäcker tatsächlich noch die gestaltende Macht in Politik und Weltgeschehen. Sein Denken und Urteilen lebt und webt geradezu in Geschichte, ist durchdrungen von Bezügen und Beispielen, hinter denen ein ausgeprägtes Geschichtsbild erkennbar wird. Wer sonst, zum Beispiel, fände eine Epoche, seine Lieblingsepoche, die frühe Aufklärung, aufgehoben in einem Menzel-Bild, der Begegnung von Friedrich II. mit Kaiser Joseph II.? Und immer wieder das Grundgefühl des Historismus: Nicht wir beherrschen die Geschichte – wir gehören ihr an. Ins Persönliche gewendet: «Ich war schon vor mir da, also bin ich.»

Dabei steht der Weltbürger Weizsäcker mit seinem historischen Standbein fest in der überkommenen Fragen- und Gestaltenwelt der deutschen Geschichte – Dreißigjähriger Krieg und Preußen, Luther und Bismarck, Sonderweg und Weg nach Westen –, und gerne erzählt er von einem Wartburg- und Weimar-

Besuch François Mitterrands, der seine Pointe in dem Dank des französischen Staatspräsidenten findet, endlich die Entstehungsorte deutscher Kultur kennengelernt zu haben – bisher habe man ihn nur den Rhein hinauf- und hinuntergeführt. Im mitteldeutschen Geschichtsraum, in Magdeburg und im Harzvorland, nicht in Köln oder München, sieht Weizsäcker den Anfang der deutschen Nation. Und wenn in der «Frankfurter Allgemeinen Zeitung» Sachsen-Anhalt eine nur «geringe kulturelle Substanz» bescheinigt wird, bekommt das Blatt einen geharnischten Leserbrief des Altbundespräsidenten: das Land gebe «einen unübertrefflichen und unersetzbaren Begriff von den Ursprüngen deutscher politischer und kultureller Identität».

Schließlich zeichnet Weizsäcker aus, dass er der erste Präsident des geeinten Deutschland war, weshalb ihm auch zukam, den deutschen Staatsakt schlechthin zu zelebrieren – die Verkündung der Wiedervereinigung eines über vier Jahrzehnte getrennten Landes. Und wer wäre dafür berufener gewesen? Sein ganzes politisches Leben hindurch hat die deutsche Frage ihn umgetrieben. Aber zugleich offenbarte sich in dieser Krönung seiner Laufbahn ein irritierendes Moment. Die deutsche Einheit kam ja nicht so, wie es Weizsäcker und alle die anderen Deutschlandpolitiker seit den sechziger Jahren angestrebt und gewünscht hatten, nämlich im Kontext eines zusammenwachsenden Europas, sondern sie «bahnte sich ihren eigenen Weg» (Peter Bender), mit Montagsdemonstrationen und Mauerfall. Für einen wichtigen Augenblick, die Phase der Weichenstellung nach dem 9. November 1989, verlor der Bundespräsident, die überragende politische Identifikations- und Integrationsgestalt der alten Bundesrepublik, seine orientierende Kraft.

Das hat das Phänomen Weizsäcker nicht ernstlich beschädigt, aber es hat es verändert. Eingezwängt zwischen der Erkenntnis, dass die Vereinigung nicht anders möglich gewesen wäre, und der Überzeugung, dass sie anders hätte verlaufen müssen, machte er die Schieflage im Seelenleben der Nation zu seinem Thema, halb Mutmacher, halb Therapeut. Wurde der Präsident, in dem sich doch die alte Bundesrepublik repräsentiert sah, zur Stimme der Ostdeutschen? Jedenfalls sah Weizsäcker es nun als seine Aufgabe an, das Bewusstsein dafür zu schärfen, dass das Gelingen der deutschen Einheit nicht allein von den Milliardenbeträgen abhing, die aus der Alt-Bundesrepublik in den Osten überwiesen wurden, sondern auch davon, wie die Deutschen (West) mit den Deutschen (Ost) umgingen. Die kritischere Tonlage gegenüber der politischen Klasse in der Bundesrepublik ist nicht zu überhören.

Sie findet ihren Adressaten, wie bekannt, nicht zuletzt im damaligen Bundeskanzler. Aber der Blick auf das Phänomen Weizsäcker kommt ohnedies an seinem Verhältnis zu Helmut Kohl nicht vorbei – und das nicht nur, weil die zehnjährige Amtszeit des Bundespräsidenten vollständig zusammenfällt mit der noch längeren Ära Kohl. Noch nie in der Geschichte der Bundesrepublik wurde die – ohnehin nicht einfache – Beziehung der beiden obersten Repräsentanten des Staates derart zu einer Funkenstrecke. Zum ersten Male standen Bundespräsident und Kanzler in einem «nicht nur komplementären, sondern auch konkurrierenden Verhältnis» (Wolfgang Jäger). Zu deutlich wurden ihre unterschiedlichen Positionen in vielen Fragen, zu offenbar die Differenz der politischen Charaktere. Und das aufgeheizte Klima der achtziger Jahre tat das seinige dazu, dass beide gegeneinander in Stellung gebracht wurden – allerdings auch der Umstand, dass keiner von beiden viel getan hat, diesen Eindruck auszuräumen. Präsident und Kanzler, der Repräsentant ohne Macht und der Träger der Macht, erschienen als Fixpunkte von Gegensätzen, von Gereiztheiten bis hin zur offenen Rivalität – obwohl sie andererseits, wie der britische Politologe Timothy Garton Ash fand, «eines der effektivsten Doppel der letzten Jahre an der Spitze eines europäischen Staates» gewesen seien.

In diesem Konflikt steckten eine lange, persönliche Geschichte von Frustrationen und Verletzungen, aber auch zwei unterschiedliche Politikauffassungen: Machtpolitik oder Konzeptionspolitik, Parteiinteresse oder Staatsräson, Bauch oder Kopf. Doch schlug sich in der Zuspitzung ihres Verhältnisses nicht auch die Entsagung nieder, die das Amt des Staatsoberhaupts einem politisch ambitionierten Mann wie Weizsäcker abverlangte? Außer dass er gern Bundespräsident war, wäre Richard von Weizsäcker wohl auch gern etwas anderes gewesen, Kanzler oder vielleicht lieber noch Außenminister, *über* welchem Kanzler auch immer.

Das heißt nicht, dass irgendetwas an dieser politischen Existenz unerfüllt geblieben wäre. Richard von Weizsäckers Lebenswerk als öffentliche Figur, als Parlamentarier, Regierender Bürgermeister, Bundespräsident, steht außer allem Zweifel. Aber dazu gehört auch, dass die Abgründe und Abbrüche, die dieses Leben mitgeformt haben, zu groß sind, um einfach mit der Erfolgsgeschichte der Nachkriegszeit verrechnet werden zu können. Ist es ein Zufall, dass die Titel seiner Erinnerungen, «Vier Zeiten», und ihrer Ergänzung, «Drei Mal Stunde Null?», geradewegs Chiffren für ein Leben im Spannungsfeld von Kontinuitäten und Brüchen sind? Seine große Wirkung rührt vermutlich aus den historischen Synthesen, die er vor diesem Hintergrund postuliert, mehr noch: gelebt hat. Sie begründen das Phänomen Weizsäcker – einen Politiker, der mit seinen Fragen und Anregungen, Thesen und Antithesen ein Bild der Deutschen entstehen ließ, das ihnen Vertrauen gab, nicht zuletzt zu sich selbst. Dabei war und ist er nicht der Prinzipienansager der Nation, auch nur bedingt der Mann einer Partei, und mit Ideologien kann er ohnedies nichts anfangen. Er ist ein Gratwanderer, ein Vermittler, ein Zusammenführer. Wie ihm das möglich war, bleibt, wie alles Individuelle, ein Geheimnis. Wie es dazu gekommen ist, bleibt ein spannendes Kapitel unserer Geschichte und Gegenwart.

Teil 1 **Eine deutsche Vergangenheit**

«Halber Schwabe, ganzer Berliner»: Herkunft und Familie

Es ist nichts Geringeres als eine Zeitenwende, in die hinein er geboren wird. Auch dass Richard von Weizsäcker am 15. April 1920 im Neuen Schloss in Stuttgart das Licht der Welt erblickt, verdankt sich weniger der Herkunft der Familie als der Unruhe, die auf die militärische Niederlage und die Revolution im November 1918 folgt. Der feudale Geburtsort ist in Wahrheit eine Mansarde der Dienstwohnung seines Großvaters mütterlicherseits, des Generals Fritz von Graevenitz, der Generaladjutant des württembergischen Königs gewesen war, und für die Familie des Seeoffiziers Ernst von Weizsäcker bilden die Räumlichkeiten im Seitenflügel des Schlosses auch nur ein zeitweiliges Refugium. Der Vater hat den Posten des Marineattachés an der deutschen Gesandtschaft in Den Haag, den er nach dem Zusammenbruch des Kaiserreiches übernommen hatte, bereits ein halbes Jahr später wieder aufgeben müssen und die Familie nach Stuttgart gebracht, damit Marianne von Weizsäcker dort ihr viertes Kind zur Welt bringen kann. Überdies ist die Reise der Weizsäckers in ihre württembergische Heimat ein heikles Unternehmen: Weil der Kapp-Putsch vom März 1920, ein Umsturzversuch reaktionärer Kreise, den die Gewerkschaften mit einem Generalstreik beantworteten, den Verkehr lahmgelegt hat, findet sie auf einem holländischen Frachtdampfer statt. Sechs Tage sind Eltern und Kinder unterwegs, durch das vom Untergang der Monarchie gezeichnete Rheinland, das sich unter alliierter Besatzung befindet.

Die rote Fahne, die nach allen Erzählungen über dem Schloss weht, als Richard von Weizsäcker ins Leben tritt, ist ein Sinnbild chaotisch bewegter Zeiten.

Die dramatische Geschichte des zwanzigsten Jahrhunderts hat in Vergessenheit geraten lassen, wie tief der Umbruch war, den der Ausgang des Ersten Weltkriegs bedeutete. Mit der Revolution und der Errichtung der Weimarer Republik stürzen nicht nur Kaiser, Könige und Landesfürsten; es endet auch eine Ordnung, mit der die Deutschen seit unvordenklichen Zeiten gelebt haben. Dass innerhalb von wenigen Tagen die gewohnte Herrschaftsform, der monarchische Obrigkeitsstaat, dahinsinkt, bewegt viele von ihnen mehr als die Hoffnungen, die sich mit der Republik verbinden. Dazu kommt der dem Deutschen Reich im Juni 1919 von den alliierten Siegermächten auferlegte Versailler Vertrag, der als nationale Katastrophe empfunden wird. Die Erschütterung dringt in alle Schichten der Gesellschaft ein. Sämtliche überlieferten Sicherheiten scheinen in Frage gestellt zu sein: «Man wundert sich, wenn man aus dem Haus geht, dass Häuser und Bäume noch stehen», notiert der liberale Theologe Ernst Troeltsch.

In Württemberg ist zwar das Verhältnis von Monarchie und Volk durch eine ausgeprägte landsmannschaftliche Verbundenheit bestimmt, und gern wird der Ausspruch eines führenden Sozialdemokraten zitiert, dass man zwar eine Republik anstrebe, sich aber als Präsidenten keinen Besseren als den König denken könne. Gleichwohl endet die Monarchie auch hier, und die Unruhe im Reich ergreift dieses Land. Die Herren, die ein Zeitungsfoto etwas verloren auf dem Schlossplatz vor dem Neuen Schloss zeigt, wo Weizsäcker zwei Wochen später geboren wird, sind Mitglieder von Reichsregierung und Reichstag – beide sind vor dem Kapp-Putsch nach Stuttgart geflohen.

Der Zeitenumbruch berührt die Familie der Weizsäckers unmittelbar, denn sie ist eng mit der alten Ordnung verbunden. Richard von Weizsäckers Großvater väterlicherseits, Karl, ist seit 1906 württembergischer Ministerpräsident – ein Mann von eher liberalem Temperament, gleichwohl konservativer Überzeugung, der mit seinem klugen Urteil das katastrophale Ende des Krieges schon früh vorausgesagt hat. Auch die expansionistische, auf die Erweiterung des Reiches gerichtete Kriegszielpolitik hat er scharf abgelehnt und sich zugleich gegen den uneingeschränkten U-Boot-Krieg gewendet, mit dem die Scharfmacher in der militärischen Führung 1917 noch die Wende im Krieg erzwingen wollen. Aber sein Leitbild bleibt der monarchische Beamtenstaat; entschieden stemmt er sich gegen eine Parlamentarisierung, wie Sozialdemokraten und Liberale sie fordern. Obwohl treuer Württemberger, denkt er ganz vom Bismarck-Reich her, das Deutschland die staatliche Einheit gebracht hat.

Auch der Sohn Ernst von Weizsäcker lebt in dieser Vorstellungswelt, umso mehr als Angehöriger der Marine, die ein Symbol des Kaiserreichs ist. Dort hat er eine respektable Laufbahn absolviert – Offizier in der Flottenführung, Teilnehmer an der legendären Schlacht am Skagerrak, schließlich Vertreter der Marine bei der Obersten Heeresleitung. Nun steht er, knapp vierzigjährig, vor den Trümmern seiner bisherigen beruflichen Existenz und der Notwendigkeit eines Neuanfangs. Zu dem Umbruch kommen die Wunden, die der Krieg der Familie geschlagen hat: Ein Bruder des Vaters, zwei Brüder der Mutter sind gefallen – dass Richard von Weizsäcker den Vornamen des einen erhält, lässt erkennen, wie stark die Gegenwart im Banne dieser jüngsten Vergangenheit steht.

Vor allem ist die Familie tief in Württemberg verwurzelt. Wenn Theodor Heuss, der Amtsvorgänger Richard von Weizsäckers, für den ersten deutschen Präsidenten, Friedrich Ebert, das Wort gefunden hat, er sei «aus dem Schatten der hinteren Häuser einer alten Volksgeschichte» gekommen, so könnte man für Weizsäcker sagen, dass sein Hintergrund die Kanzeln, Studierzimmer und Amtsstuben des alten Württemberg sind. Denn die Weizsäckers sind typische Vertreter des schwäbischen Bildungsbürgertums. Mit ihrer Herkunft aus einem Müllergeschlecht in der Nähe des hohenloheschen Städtchens Öhringen und einem sozialen Aufstieg, der sie bis in die oberen Ränge der Gesellschaft führt, sind sie Stoff vom Stoff des Landes, vielfältig hineinverzweigt in seine Bildungs- und Oberschicht. Der Familie entstammen Theologen, Historiker, Juristen und Verwaltungsbeamte – einer der berühmtesten war im neunzehnten Jahrhundert Rektor und Kanzler der Universität Tübingen und verfasste die nach Luther am weitesten verbreitete Übersetzung des Neuen Testaments; ein anderer gelangte auf einen historischen Lehrstuhl der Berliner Universität, als diese Ende des Jahrhunderts die erste in Deutschland war; wieder ein anderer, Victor von Weizsäcker, begründete die psychosomatische Medizin.

Es ist eine bürgerliche Geschichte, die durchaus in der Nähe der großen Gestalten stattfindet, die den Ruhm des Landes verkörpern, der Erfinder, Unternehmer und Denker, deren schöngeistige Aufgipfelung in der schwäbischen Selbstdeutung den stolzen Vers ergibt: «Der Schelling und der Hegel,/der Schiller und der Hauff,/die sind bei uns die Regel,/die fallen gar nicht auf.» In dem württembergischen Ministerpräsidenten gewinnt sie ihren Höhepunkt und reicht zugleich noch in die Lebenszeit Richard von Weizsäckers hinein. Denn obgleich Karl von Weizsäcker schon 1926 stirbt, ist der «Großpapa Weizsäcker» – wie er in der Familie genannt wird – für ihn noch ganz präsent. Der Enkel erinnert sich an «seinen kleinen Wuchs und seinen spitzen Bauch, seine rasche und scharfe Zunge, seinen Witz und sein Wohlwollen». Er habe sich durch «starke Willenskraft und entschiedene politische Überzeugungen» sowie durch seine unbezweifelbare Autorität ausgezeichnet, in der sich das Erbteil des neunzehnten Jahrhunderts und die selbstbewusste Auseinandersetzung mit der neuen Zeit vereinigen. Noch als Bundespräsident reagiert Weizsäcker vergnügt, wenn er in einem Interview darauf angesprochen wird, dass man von dem Vorfahren gesagt habe, er sei eine «eiserne Hand im Samthandschuh» gewesen. In gewissem Sinne lebt gerade er in der Familie fort, denn von ihm leitet sich der erbliche Adel her. Den persönlichen, nicht vererbbaren Adel besaß bereits Carl Heinrich, der Tübinger Theologe und Universitätskanzler. 1916 erhebt der König seinen Ministerpräsidenten in den Freiherrenstand. Richard von Weizsäcker ist der Erste, der den Titel von Geburt an trägt.

Ist Weizsäcker also Schwabe? Es steht außer Frage, dass der Hintergrund von Familie und Herkunft für ihn beträchtliches Gewicht hat – und dass dazu Schwaben gehört, auch wenn er nur sein erstes Lebensjahr dort verbrachte. Das Land hat seine eigene Prägekraft – Theodor Heuss, der ein selbstbewusster Schwabe war, hat die «Eindringlichkeit» als die Eigenschaft hervorgehoben, mit der Kultur und Geschichte in diesem Land fortwirke; die Schwaben seien wenn nicht der «komplizierteste», dann «gewiss der spannungsreichste unter den deutschen Stämmen». Weizsäcker selbst beschreibt seine Herkunftsregion als eine «parzellierte, vielfältige, etwas enge Landschaft, die den neugierigen Drang in die Welt herausfordert, ohne dass es die Heimatliebe lockern würde.» Dieses Fluidum des Schwäbischen hat auch Richard von Weizsäcker zweifellos in der Familie umgeben. In ihr «herrschte das schwäbisch-geistige Element vor», denn die Eltern sind gute Schwaben, obwohl sie entscheidende berufliche Jahre hoch im Norden, in Kiel und Wilhelmshaven, den Häfen der kaiserlichen Marine, und dann in Berlin zubringen.

Zumindest die Nord-Süd-Spannung hält die landsmannschaftlichen Besonderheiten fest, auch in der Familie Weizsäcker. In dem seit seiner Gründung 1871 gerade erst in ein mittleres Staatenalter hineingewachsenen Deutschen Reich gleichen Nord- und Süddeutschland noch lange zwei Festlandplatten, die sich aneinander reiben – aus den Briefen und Tagebüchern von Ernst von Weizsäcker dringt immer wieder einmal der Stolz der

Württemberger und die Distanz gegenüber dem Norden heraus, «dem man mit seinem kleinen Gehirn helfen muss». Die Andersartigkeit Süddeutschlands gegenüber dem preußischen Norden bleibt noch lange zumindest unterschwellig eine mentale Größe – in den Wirren der Revolutionszeit 1918/19 ist keineswegs ganz ausgeschlossen, dass Deutschland in Norden und Süden auseinanderfallen könnte. Andererseits wächst gerade in den Jahren ihres Aufstiegs zur Reichshauptstadt die Neigung der Schwaben zu Berlin, was sie nach dem bekannten Bonmot zur größten Minderheit neben den Türken gemacht hat.

Doch anders als für seine Eltern spielt für Richard von Weizsäcker die landsmannschaftliche Zugehörigkeit keine maßgebende Rolle mehr. Er versteht sich nicht als Schwabe, allenfalls – wie er gelegentlich formuliert – als «Schwabe im Exil», als «Schwabe ohne Schwaben», und wenn er als Bundespräsident beim Besuch in ebendem Neuen Schloss, in dem er geboren ist, von «uns Stuttgartern» spricht, so ist das in erster Linie ein Tribut an das Selbstbewusstsein der Stadt. Er hat auch nichts dagegen, wenn man ihm preußische Züge bescheinigt; jedenfalls habe ihn das Leben zum «halben Preußen» gemacht, auch wenn er «ein bißchen mehr Schwabe» geblieben sei. Ohnedies empfindet er sich als Berliner – die Stadt wird für ihn zum entscheidenden Schauplatz seiner Jugend, und das, obwohl er das Schicksal von Diplomatenkindern teilt: viele Orte, wechselnde Schulen, kaum irgendwo Zeit zum Einwurzeln. Auf die Kleinkindjahre in Basel, wo der Vater Generalkonsul war, folgt die Einschulung in Dänemark – er hat nach eigener Auskunft damals Dänisch so gut wie Deutsch gesprochen –, später kommen ein halbes Jahr Norwegen und drei Jahre Bern hinzu.

Oder ist es gerade der häufige Ortswechsel, der den Berliner Jahren das Gewicht gibt? In dieser Zeit, von 1927 bis 1933, zwischen dem siebten und dem zwölften Lebensjahr, so schreibt er in den «Erinnerungen», beginnt «mein bewusstes Leben». Und dies unter den Umständen der Großstadt: nicht im Villenviertel, sondern in einer typischen Berliner Etagenwohnung, die die Weizsäckers in Wilmersdorf bewohnen. Sie befindet sich in der Fasanenstraße, etwas dunkel, aber geräumig, im Nebenhaus wohnt der SPD-Reichstagsabgeordnete Rudolf Breitscheid, auf den heute eine Gedenktafel hinweist, während das Weizsäcker'sche Haus einem Neubau Platz machen musste. Hier, mitten im alten Westen, wo die Mietshäuser der Jahrhundertwende das Stadtbild bestimmen, verbringt Richard von Weizsäcker «prägende, glückerfüllte Jahre». Damals ist Berlin für ihn «zum Mittelpunkt des Denkens und Fühlens, zur eigentlichen Heimat geworden und ist es bis zum heutigen Tag geblieben». Er ist auch der Erste in der Familie, der, wie er einräumt, nie richtig Schwäbisch sprechen konnte, stattdessen aber «anständig berlinerisch lernte». Das ist für ihn auch ein Mittel, sich gegenüber den älteren Geschwistern zu behaupten – und erlaubt es ihm später, 1981, damit kokettieren zu können, dass er der erste Regierende Bürgermeister der Nachkriegszeit sei, der wirklich berlinern könne ...

Das Berlin, in dem Weizsäcker seine frühen Jahre erlebt, ist die Stadt, in der sich das deutsche Schicksal zuspitzt. Es ist die Stadt der auslaufenden zwanziger Jahre, des Niedergangs der Weimarer Republik und des aufziehenden Dritten Reiches – Golden Twenties und braune Diktatur fast noch auf Tuchfühlung. Doch für den jungen Richard bedeutete diese Zeitspanne vor allem das Aufwachsen in einer Familie, die für ihn – wie er bekennt – ein «entscheidender Rückhalt und Segen im Leben» gewesen und geblieben ist. Immer wieder sei ihm bewusst geworden, «dass das Schicksal mir mit der Familie einen Vorzug von unschätzbarem Wert geschenkt hat». Das Urteil beeindruckt durch die Entschiedenheit, mit der es ein Essential der eigenen Lebenserfahrung bilanziert – und das in einer Zeit, in der die Gesellschaft sich rapide verändert und neue Umgangsformen an Boden gewinnen. Richard von Weizsäckers Diktum kehrt nachgerade die Tendenzen des Zeitgeistes um: «Die Maßstäbe für das Leben kamen nicht von außen, sie kamen aus der Familie.» Er und seine Geschwister erfuhren «das durch nichts zu überbietende Glück, uns ganz in der Familie entfalten zu können». Bekanntschaften spielten für sie erst vergleichsweise spät eine Rolle.

Richard von Weizsäcker muss – wie er plastisch formuliert – drei älteren Geschwistern «hinterherwachsen». Der kleine Richard ist offenbar ein lebendiges, aufgewecktes und aufgeschlossenes Kind gewesen, allerdings auch keck und gelegentlich etwas nervend – was ihm den Spitznamen «Kikeriki» einträgt sowie den liebenswürdigen, unüberhörbar schwäbisch intonierten Spott des Vaters, das größte «Lümple» unter den Kindern zu sein. Zu dem acht Jahre älteren Carl Friedrich ist eine leise Distanz nicht zu verkennen – der künftige Philosoph und Physiker ragt durch seine hohe Begabung hervor und ist schon dabei, sich dem späteren Nobelpreisträger Werner Heisenberg anzuschließen. Die Schwester Adelheid und der Bruder Heinrich, vier beziehungsweise drei Jahre älter, bilden das nähere Umfeld der Kinderjahre, wobei ihm der Bruder am nächsten ist; ihm gehört seine tiefe Zuneigung – sein Relief, angefertigt von Fritz von Graevenitz, einem Onkel, steht auf der Terrasse seines Berliner Hauses.

Doch vor allem ist es das Bild der Mutter, das die Erinnerung an den Familienkreis beherrscht. Sie sei «Mittelpunkt und Herz» der Familie gewesen, und das nicht nur, weil ihr die häusliche Arbeit und die Kindererziehung oblagen. Es ist die seelische Kraft, die sie auszeichnet. «Ein lautes Wort habe ich zeitlebens nicht von ihr gehört», erinnert er sich und hebt ihre «willensstarke Selbstbeherrschung» hervor, die Konsequenz, die sie den Kompromissen spürbar vorzog und die durch «keine nervöse Aufgeregtheit verwirrt» werden konnte; ganz ähnlich beschreibt sie Carl Friedrich, der Bruder: «leise, eigentlich sehr leidenschaftlich, unglaublich beherrscht». Der Vater verkörpert den anderen Part: ihn kennzeichnete, so Richard von Weizsäcker, die den Schwaben eigene Scheu vor Gefühlsäußerungen. Er sei eher ein Verstandesmensch gewesen, mit klaren Prinzipien und großer Autorität. Aber die Mutter sei, obgleich in klassischem Muster ihrem Mann voller Liebe und Zuneigung zugetan, am Ende doch die Stärkere gewesen.

Im Hause Weizsäcker ist eine Familien- und Kinderwelt noch lebendig, die anrührend gestrig erscheint. Da wird sonntagnachmittags gemeinsam gelesen, Dramen mit verteilten Rollen oder Gedichte, der «Zerbrochene Krug» oder Lessings «Nathan», und den «Handschuh» von Schiller kann Richard schon als kleines Kind auswendig. Und kann man zweifeln, dass auch der übrige schwäbische Parnass der Uhland, Mörike und Hauff in hohen Ehren stand? Nicht zuletzt lernt man in Weizsäckers Erinnerungen an das Elternhaus eine Fülle von Spielen aller Art kennen, die längst vergessen sind. Dazu kommen die mit Fleiß und Eifer bewahrten Rituale der familiären Feste, etwa zu Weihnachten. Eine große Rolle spielt die Hausmusik; sie muss von beachtlichem Niveau gewesen sein, denn gelegentlich ist der berühmte Pianist Edwin Fischer dabei, zu den Gästen gehören Ricarda Huch oder Ina Seidel, damals berühmte Autorinnen, aber auch der junge Werner Heisenberg. Ein Foto zeigt die drei jüngeren Geschwister als Trio, am Klavier die Schwester mit braven Jungmädchenzöpfen, Bruder Heinrich mit konzentriertem Jungensblick am Cello und der geigende Richard mit den mageren Knien des Zehnjährigen: ein Bild aus dem Innersten des deutschen Gemüts, fast zu schön, um wahr zu sein. Richard von Weizsäcker beeilt sich, den Eindruck ein wenig zu dämpfen und zu ironisieren: Seine nie erlahmende Musikliebe sei größer gewesen «als mein allzu rasch nachlassender Fleiß». Mit fünfzehn Jahren gibt er das Violinespiel auf, im Schulorchester «gab es zu viele durchschnittliche Geiger wie mich».

Eine heile Welt? Es ist nicht anzunehmen, dass die Volksweisheit, der zufolge unter jedem Dach ein kleines Ach wohnt, für die

Weizsäckers nicht gegolten hat. Doch erstaunt es, dass die historischen Bruchlinien zwischen alter und neuer Zeit, die sich in den zwanziger und dreißiger Jahren durch die bürgerlichen Verhältnisse ziehen, diese Familie gar nicht berühren. Nirgendwo ist da zum Beispiel eine Spur eines Vater-Sohn-Konfliktes, ohne den das Erwachsenwerden in bürgerlichen Milieus damals, wenn man der zeitgenössischen Literatur und diversen Lebensgeschichten folgt, nicht denkbar schien, und das zeitgemäße Ausbrechen in die Jugendbewegung beschränkt sich auf die Mitgliedschaft von Bruder Heinrich in einer konservativen Gruppe der bündischen Jugend. Vergegenwärtigt man sich die Geschichte der Familie Hammerstein, die Hans Magnus Enzensberger unlängst erzählt hat, so drängen sich andere Möglichkeiten auf, die die damalige Zeit und vor allem Berlin bereithielten. Gewiss, das Abdriften in die Boheme und den Kommunismus betrifft in diesem biographischen Bericht vor allem die Töchter, die voll in die Wirren der zwanziger Jahre geraten; die Weizsäcker-Kinder sind dafür zu jung. Aber vergleichbar sind die Hammersteins und die Weizsäckers sehr wohl, der General und der Diplomat, die Familien kannten sich und verkehrten miteinander, und die aufregende Großstadt mit ihren Stürmen und Untiefen umgab beide. Doch für die Weizsäckers wird die Stadt nicht – wie für die Hammersteins – das «große Meer», in dem die Kinder vom sicheren Kurs eines bürgerlichen Daseins abzukommen drohen.

Dabei haben Stadt und Zeit ihren Anteil an der Entwicklung des Jungen, der langsam der Kindheit entwächst. Natürlich ist er zu jung, um viel von der turbulenten Metropole mitzubekommen, zumal das auch nicht die Welt der Eltern ist. Immerhin sieht der Junge den Vater gelegentlich im Frack, die Mutter im Abendkleid, fertig zum Ausgehen – eine Ahnung von der großen Stadt. Das kulturelle Berlin und seine Mythen streifen ihn wenigstens: eines Tages nimmt ein Freund der Familie ihn und seinen Bruder Heinrich mit in eine feierlich ausstaffierte Mansardenwohnung am Kurfürstendamm, wo er neben einen alten Herrn gesetzt wird. Später erfährt er, dass es der Dichter Stefan George war – die starke Hand, die dieser um den Nacken des Jungen legt, vermeint Richard von Weizsäcker «noch bis heute zu spüren». Deutlicher teilt sich ihm die soziale Lage mit, deren Verschärfung Ende der zwanziger und Anfang der dreißiger Jahre überall sichtbar wird. Von seinem Platz im sogenannten Berliner Zimmer sieht das Kind, wie auf dem Hof die Sänger und Leierkastenmänner für ein paar Groschen oder etwas Essbares spielen. Die sozial engagierte Mutter nimmt ihn gelegentlich mit in den Arbeiterbezirk Neukölln, wo sie sich als Hilfsvormund um Problemfamilien kümmert. Auch die Familie selbst spürt die Kürzungen, die in der Spätzeit der Weimarer Republik den Beamten auferlegt werden. Die Behandlung eines komplizierten Armbruchs, den sich Richard zuzieht, bringt zeitweise sogar das Familienbudget in Kalamitäten.

Ist dieses Familienleben so von gestern, dass es eigentlich schon in Weizsäckers Kindheit überholt war, wie Jürgen Leinemann einmal im «Spiegel» befunden hat? Doch für Weizsäcker ist es offenbar – so der Historiker Horst Fuhrmann bei der Vorstellung von dessen «Erinnerungen» –, was für den mythologischen Antäus die Erde bedeutet, also die Kraftspenderin. Jedenfalls ist die Familie mit ihrer festen Binnenstruktur, mit Riten und Spielen, eine Bastion in den Umbrüchen der Epoche, und wenn sie einer Wagenburg gleicht, dann nicht einer, die gegen die Außenwelt verschließt, sondern – wie man an Richard von Weizsäcker und seinem Bruder sehen kann – für sie tauglich macht. Vielleicht ist ihre Existenz ein Beispiel für die Gleichzeitigkeit des Ungleichzeitigen, mit der Ernst Bloch die auseinanderfallende Welt der Weimarer Republik charakterisiert? Oder zeigt ein solcher Familientyp, was für unterschiedliche Inseln der Lebensbewältigung in einer Zeit der Umbrüche möglich – und erfolgreich sind? Zu dieser Art bürgerlicher Lebensweise gehört damals allerdings auch die Zurückhaltung bei der sexuellen

Aufklärung. Bei der Beseitigung der Erkenntnis- und Erziehungslücken in Bezug auf diese wichtigen Geheimnisse des Lebens ist dem immerhin schon achtzehnjährigen Richard – wie er amüsiert berichtet – eine kleine Gruppe von Berliner Ofensetzern behilflich, die er später im Arbeitsdienst kennenlernt.

Nicht zuletzt wird die Schule der Ort, an dem das Beben der Zeit zu spüren ist. Weizsäcker erinnert sich deutlich daran, wie die Elf- und Zwölfjährigen in den Pausen debattierten – über die permanenten Regierungskrisen und die in immer kürzeren Abständen stattfindenden Reichstagswahlen. Sie tauschen sich aus über die Berichte von den Straßenkämpfen, bei denen sich Tag für Tag weit hinten im Wedding oder in Friedrichshain Kommunisten und Nazis gegenseitig verprügeln: «Wir spürten, wie nervös und in einem uns nicht durchschaubaren Sinne gefährlich die Zeiten waren. Wir bekamen als Kinder ein noch unbegriffenes, aber elementares Verhältnis zur Politik.» Die Jungens sind wach – ohne dass sie viel von dem verstehen, was sich vollzieht –, denn das Bismarck-Gymnasium, in das Richard von Weizsäcker neunjährig eintritt, wird vor allem von Akademikerkindern besucht. Fast die Hälfte seiner Klasse ist jüdischer Herkunft, Weizsäcker erinnert sich, dass sie besonders eifrig an den Streitgesprächen teilnahmen.

Dagegen kann er sich antisemitischer Äußerungen nicht entsinnen. Selbst 1937, als er aus Bern für drei Monate zurückkommt, um in der alten Klasse das Abitur abzulegen, ist davon noch nichts zu spüren. Die meisten Lehrer bemühen sich gegenüber den jüdischen Mitschülern um Fairness. In dieser gutbürgerlichen Gegend ist das offenbar kein Einzelfall: Marcel Reich-Ranicki macht ein Jahr später an einem zwei Straßenecken entfernten Gymnasium Abitur und berichtet, dass die Lehrer sich überwiegend anständig verhielten und die Mitschüler die Juden in der Klasse respektierten. Der Preis dafür ist hoch: eine Gleichgültigkeit, die die Absonderung der deutschen Juden und ihre rapide zunehmende Auswanderung gar nicht ins Bewusstsein dringen lässt. Ähnlich zweifelnd betrachtet Richard von Weizsäcker im Rückblick das Verhältnis zu den jüdischen Mitschülern in seiner Klasse: Waren sie Freunde, blieben «aber doch eben andere»? Immerhin: Bis zum Abitur waren alle jüdischen Mitschüler noch dabei. Und alle in der Klasse standen sie «gegen die Welt da draußen eng zusammen».

Den Beginn des Dritten Reiches vergisst er übrigens nie, obwohl er erst zwölf Jahre alt ist. Den Anfang der Geschichtskatastrophe, die tief in sein Leben und das seiner Generation eingreift, behält er schon deshalb im Gedächtnis, weil er ihn als nervenkitzelnden Knalleffekt im Sportpalast erlebt – ein Onkel hat ihn dorthin zu einem Reit- und Fahrturnier eingeladen: Mitten in einer Konkurrenz «sprangen plötzlich von allen Seiten Zeitungsverkäufer durch die Reihen der Tribünen und brüllten die Überschrift ihres Extrablattes heraus: ‹Hitler berufen›». Dass «etwas ungeheuer Aufregendes» geschehen sei, teilt sich ihm gleichwohl mit. Nun wird die Phase seines Erwachsenwerdens hineingepresst in die kurze, dramatische Zeitspanne jener drei, vier Jahre, in denen das Dritte Reich mit Verführung und Gewalt, mit Druck nach innen und Aggressivität nach außen in seine totalitäre Dimension heranwächst. Über seiner Entwicklung in den hergebrachten Bahnen gesicherter Bürgerlichkeit, wohlbehütet von Familie, Schule und Bekanntenkreis, liegt der Schatten einer reglementierenden und zunehmend tyrannisch werdenden Macht, die dazu ansetzt, Deutschland und Europa zu zerstören. Als Richard von Weizsäcker zum jungen Mann geworden ist, sind die Knoten des Unheils geschürzt, die Sprengladungen gelegt, um die Welt in die Luft zu jagen.

Allerdings erlebt Weizsäcker diese gewaltige und gewalttätige Transformation aus einer besonderen Perspektive. Da der Vater Anfang 1933 erst an die Gesandtschaft in Oslo, dann im Spätsommer des gleichen Jahres nach Bern versetzt wird, ist die Familie dem unmittelbaren Zugriff der Nazis entzogen. Zwar lebt und fühlt man mit den Entwicklungen in Deutschland, doch Richard von Weizsäcker ist nicht gezwungen, die Frage täglich zu beantworten, wie man sich gegenüber dem neuen, aggressiven Staatswesen verhalten soll, ob man sich mit ihm arrangieren muss oder zu ihm in Distanz leben kann. Die Maschinerie der Aufmärsche und Appelle, mit denen die Nazis die Jugend in den Griff bekommen wollen, sieht man in Bern nur aus der Ferne.

In der Botschaft ist man nicht auf die Lektüre des «Völkischen Beobachters» und der anderen deutschen Zeitungen angewiesen, die unter dem Druck des Regimes stehen, sondern liest die Neue Zürcher Zeitung, die frei und unbeeinflusst über die Weltereignisse berichtet. Hier ist die bürgerliche Welt noch intakt, und die schweizerische Lebensweise verleiht ihr eine zusätzliche Solidität. Und während Richard von Weizsäckers Altersgenossen in Deutschland dem Zwiespalt ausgesetzt sind, den die Nazi-Ideologie und ihre Parteigänger in die Schulen tragen – obwohl sie sich damit nach vielen Berichten erstaunlich oft nicht durchsetzen –, erlebt er in der Literarschule des Berner Städtischen Gymnasiums eine anregende Schulzeit nach bewährter Art: hohe Anforderungen, Geselligkeit, viel Sport – der deutsche Gastschüler trägt bei der Kantonjugendmeisterschaft im 800-Meter-Lauf sogar einen zweiten Platz davon. Überhaupt ist das Klima in seiner Klasse freundschaftlich, und als ein Lehrer ihn mit spitzen Hinweisen auf die Verhältnisse in Deutschland herauszufordern versucht, stellen sich die Klassenkameraden vor ihn. Ihr Verhältnis ist so eng, dass sechzehn von ihnen ihn dreißig Jahre später in Berlin besuchen, als er dort Regierender Bürgermeister ist.

Und doch geht das Dilemma, in das die bürgerliche Welt durch das Dritte Reich gestürzt wird, an den Weizsäckers keineswegs vorüber. Auch sie erleben den Umbruch der Verhältnisse, obwohl das Leben in den gewohnten Bahnen weitergeht. Trotz der Machtergreifung, ja, auch nach der Etablierung des Führerstaates ist die gesellschaftliche Kontinuität nicht wirklich gebrochen. Die Beamtenschaft, die Justiz bestehen im Großen und Ganzen weiter, erst recht Wirtschaftseliten und Wehrmacht; Examen werden abgelegt und Beförderungen ausgesprochen, und selbst jene, die das Bedrohliche der Bewegung wahrnehmen, schwanken zwischen der Furcht vor einem herannahenden Unglück und der Erwartung, dass es so schlimm schon nicht kommen werde. Wird der Spuk nicht doch bald vorbei sein? Werden die Nazis sich als eine Dilettantentruppe herausstellen? Richard von Weizsäcker bleibt von diesen frühen Jahren des Dritten Reiches der Eindruck einer Atmosphäre, die «undurchsichtig» war. Im gebildeten Bürgertum «gab es noch immer kaum ein Gespür für die Bewegungen und Ressentiments in tieferen Schichten der Bewegung und ebenso wenig für die Hohlräume in der eigenen konservativen Denkweise». Und jene, die einen gewissen Begriff von dem haben, was sich vorbereitet, finden dennoch keine Einstellung gegenüber der unverhüllten Gewalt, mit der sich das Regime der Einrichtungen des Staates bemächtigt, die Öffentlichkeit okkupiert und massenhaft Rechtsbruch begeht. Weizsäckers Fazit ist bitter: «Viele der Ahnungsvollen waren seltsam waffenlos.»

Das bürgerliche Dilemma verkörpert sich in Ernst von Weizsäcker. Einerseits steht der Vater den Nazis skeptisch gegenüber. Der aggressive Stil der Außenpolitik bestürzt ihn, zumal er im Ausland zum Teil auf scharfe Ablehnung stößt – in Norwegen muss die deutsche Gesandtschaft polizeilich gegen Proteste geschützt werden, in der Schweiz gibt es immer wieder Reibereien mit der NSDAP-Auslandsorganisation, deren Leiter Wilhelm Gustloff nach seiner Ermordung zum nationalsozialistischen Märtyrer wird. Dazu kommen die alarmierenden Entwicklungen in Deutschland: der Reichstagsbrand, die Gewaltakte gegen jüdische Geschäfte am 1. April 1933 – Ernst von Weizsäcker erlebt sie in Berlin und ist erschüttert –, der sogenannte Röhm-Putsch, in dessen Folge Hitler die Führungsschicht der SA und eine Reihe von persönlichen Rivalen und Gegnern kaltblütig ermorden lässt. Dieser Tag, an dem das Regime seine Bereitschaft zum Töten bewiesen hatte, bleibt dem dreizehnjährigen Richard in besonderer Erinnerung, weil sein Vater ihn darum bittet, den ganzen Tag Radio zu hören, um ihn auf dem Laufenden zu halten.

Andererseits berühren sich Ernst von Weizsäckers außenpolitische Vorstellungen zunächst weitgehend mit denen Hitlers. Sein Ziel ist die Revision des Vertrags von Versailles – so denken die meisten seiner Kollegen und ein Großteil der deutschen Bevölkerung. Und bringt Hitler sie nicht voran? 1935 wird die allgemeine Wehrpflicht eingeführt, 1936 folgt der Einmarsch ins Rheinland, 1938 der Anschluss Österreichs. Hätte der Diplomat Weizsäcker wegen der nationalsozialistischen Machtübernahme den Dienst quittieren sollen? Er ringt sich zum Bleiben durch, um das Auswärtige Amt nicht den Nazis zu überlassen. Sein Engagement und sein Können befördern sogar seine Karriere. Zudem ist Außenminister Konstantin von Neurath auch Schwabe und ihm seit langem freundschaftlich verbunden. 1938 wird ihm der Posten des Staatssekretärs offeriert. Nach reiflicher Überlegung nimmt er das Angebot an.

Während das Verhängnis unaufhaltsam seinen Lauf nimmt, öffnet sich für Richard von Weizsäcker ein letztes Mal gleichsam die Tür zur Welt. Zwei glückliche Umstände kommen dabei zusammen: Weil er schon als Siebzehnjähriger das Abitur macht, aber erst mit achtzehn zum Arbeits- und Wehrdienst eingezogen werden kann, gewinnt er ein Jahr Zeit. Und da sein Vater als Diplomat im Ausland über Devisen verfügt – die für die Normaldeutschen bereits bewirtschaftet sind –, kann er im Rahmen eines Austauschprogramms im Ausland studieren. Die beiden Semester, die er in Oxford und Grenoble verbringt, sind für ihn «Entdeckungsreisen in das Erwachsenwerden», denn zum ersten Mal ist er fern von zu Hause. Aber vor allem empfängt er eine reichliche Dosis westeuropäischer Lebensart.

Er wird sie nicht vergessen. Noch der Bundespräsident bezeugt, wie tief ihn diese Erfahrung berührt hat. Neunundvierzig Jahre später, beim Staatsbesuch in England 1986, bekennt er in seiner Rede vor beiden Häusern des britischen Parlaments, dass ihn «die persönlichen Eindrücke tief geprägt haben, die ich vor dem Kriege in Ihrem Land empfangen habe». Die liberalen Umgangsformen der Studenten in Oxford gehören ebenso dazu wie der Krönungszug von Georg VI. in London, aber auch die Begegnung mit jenem Landarzt, bei dem er in zwei Sommermonaten englische Liberalität kennenlernt – sein Gastgeber besteht trotz antideutscher Vorbehalte darauf, den Gast zu Nachbarschaftsbesuchen mitzunehmen. Und der Tennisfan Weizsäcker ist beeindruckt von der Begeisterung, mit der die Engländer den deutschen Tennisspieler Gottfried von Cramm feiern, der ins Wimbledon-Finale eingezogen ist. Im Wintersemester in Grenoble – so erklärt er beim Empfang der Ehrendoktorwürde der Universität 1984 – habe er die für «einen jugendlichen Deutschen ermutigende Erfahrung» gemacht, «dass die persönliche Begegnung zwischen Einzelnen imstande war, die Isolierung zu überwinden, in die der Nationalsozialismus das deutsche Volk gedrängt hatte». Die Pointe liefert die Bürokratie: das deutsche Konsulat schickt ihn zur Musterung zu einem französischen Arzt – eine französische Bescheinigung erklärt ihn tauglich für den nächsten Krieg, der im Zweifelsfall Frankreich gilt.

Zurückgekehrt nach Deutschland, greift das Dritte Reich endgültig nach Weizsäcker – erst ist es der Arbeitsdienst, die halbmilitärische Zurichtung, die das Regime den jungen Männern auferlegt, berüchtigt wegen des rüden Tons, der dort herrscht, und des Personals, von dem sie in die Mangel genommen werden; nördlich von Berlin, in der Schorfheide, muss er Stubben roden und Schonungen anpflanzen. Im Herbst beginnt für ihn der Wehrdienst mit der Rekrutenzeit im Potsdamer Infanterieregiment 9, wo bereits sein Bruder Heinrich als Fahnenjunker dient.

Im gleichen Jahr 1938 erreicht die aggressive Politik Hitlers nach innen und außen eine neue gefährliche Stufe. In der sogenannten Sudetenkrise im Frühherbst führt Hitlers Absicht, die Tschechoslowakei auszulöschen und dem deutschen Reich zuzuschlagen, haarscharf am Krieg vorbei. Am Ende steht das Münchner Abkommen, das die deutschbesiedelten Gebiete Böhmens und Mährens abtrennt und nur einen tschechoslowakischen Reststaat übrig lässt. Am 9. November holt das Regime zum großen Schlag gegen die deutschen Juden aus.

Die Sudetenkrise ist die große Stunde Ernst von Weizsäckers. Es gelingt ihm, die Absichten Hitlers und seines Außenministers Ribbentrop zu durchkreuzen. Es ist ein hochkompliziertes, riskantes diplomatisches Manöver, bei dem er auf den unterschiedlichsten Ebenen agiert und bis an die Grenzen landesverräterischer Konspiration geht. Am Ende rettet er mit dem Münchener Abkommen den Frieden – jenen berühmt-berüchtigten «Peace for our Time», den der britische Premier Neville Chamberlain als Ergebnis seinen Landsleuten verkündet. Die Gefahr eines Krieges ist so groß, dass auch im Hause Weizsäcker «fast alle Gespräche darum kreisen» – so erlebt es der jüngste Sohn, wenn er vom Arbeitsdienst nach Hause kommt. Denn in vielen Familien ist die Erinnerung an den Ersten Weltkrieg und seine Opfer noch überaus lebendig.

Noch tiefer gräbt sich der 9. November in sein Gedächtnis ein, auch weil die Erfahrung, die dieser Tag für ihn bereithält, widersprüchlicher kaum sein kann. Am Morgen steht der junge Rekrut in Potsdam auf dem Kasernenhof und erlebt, wie sein Kompaniechef – er heißt Ekkehard von Ardenne und ist ein Enkel jener Frau, die das Vorbild für Effi Briest aus Fontanes Roman war – ein ungewöhnliches Beispiel von Courage gibt. Es wirft zugleich ein Schlaglicht auf die Welt der preußischen Militärs. Beim Appell spricht Ardenne nicht – wie angeordnet – über den 9. November 1923, den Tag des Marsches der Nazis zur Feldherrnhalle, sondern über den 9. November 1918, den Sturz des Kaisers und der Monarchie – Opposition gegen das Dritte Reich mit der Erinnerung an den Kaiser! Am Abend ist Richard von Weizsäcker bei den Eltern in Berlin. Mit dem Fahrrad fährt er zur Gedächtniskirche und sieht mit eigenen Augen, wie die jüdischen Geschäfte geplündert werden. Und er erlebt auch die beschämende moralische Niederlage, die dieses Ereignis für die nichtjüdischen Deutschen bedeutet: Die «meisten Passanten gingen, wie ich, an den zertrümmerten Geschäftsauslagen stumm und fassungslos vorbei».

Mit dem Einmarsch Hitler-Deutschlands in Prag am 15. März 1939 neigt sich die Waage endgültig in Richtung Krieg. Im August verdichtet sich Hitlers Entschlossenheit zum Befehl, den Überfall auf Polen vorzubereiten. Die diplomatischen Manöver, mit denen Ernst von Weizsäcker in der Sudetenkrise den Krieg noch verhindern konnte, versagen diesmal, obwohl er bis in die letzten Augusttage hektisch aktiv ist. Von alledem erfährt der Sohn in seiner Potsdamer Garnison nichts. Wie seine Kameraden ist er auf die Berichte in den Zeitungen angewiesen, wo von polnischen Provokationen gegenüber den Deutschen die Rede ist. Später wird er schreiben: «Wir wussten wenig und glaubten das meiste.» Am Vortag des Kriegsausbruchs notiert die Mutter in ihr Tagebuch: «Kann Gott zulassen, dass ein Mensch diese Katastrophe über Deutschland und ganz Europa bringt? Und unsere Söhne? Keinen, keinen bin ich bereit, für diesen Krieg zu opfern. Der Ring der Familie, der unendliche Reichtum in den Kindern, unser ganzer Stolz – ich weiß es doch vom letzten Krieg, was das Wort heißt: Vergangen. Dann geht das Leben weiter, und nie, nie mehr kommt zurück, was unser war. Neue Menschen kommen, die die nicht gekannt haben, die unser Stolz waren.»

Da befinden sich ihre jüngsten Söhne mit ihrem Regiment schon auf einem Truppenübungsplatz in Pommern, nahe der Grenze, bereit zum Einsatz gegen Polen.

«Grausamer Zerstörer des Lebens»: der Krieg

Achtzehnjährig wird Richard von Weizsäcker von dem Schicksal heimgesucht, das Millionen von jungen Männern damals erwartet: er muss die Uniform anziehen, zunächst die des Arbeitsdienstes, dann die der Wehrmacht. «Es sollte sieben Jahre dauern», heißt es in den «Erinnerungen», «bis ich sie wieder loswurde.» Der Satz fängt lakonisch auf, was für sein Leben einen unverrückbaren Grundstock bilden wird. Weizsäcker hat den Zweiten Weltkrieg, das ungeheure Geschehen, das die Existenz einer ganzen Generation aufs Spiel setzte – nicht nur in Europa, sondern auf der halben Welt –, bis zur Neige auskosten müssen. Er hat ihn buchstäblich vom ersten bis zum letzten Tag mitgemacht: Am frühen Morgen des 1. September überschreitet er mit seinem Regiment in der Tucheler Heide die polnische Grenze, und im Frühjahr 1945 erlebt er das bittere Ende – die verlustreichen Kämpfe, in denen sich die Wehrmacht im Baltikum und in Ostpreußen vor den übermächtigen sowjetischen Kräften zurückzieht; nur einer Verwundung ist es zu verdanken, dass der Krieg für ihn bereits im April vorbei ist. So bleibt ihm die russische Gefangenschaft erspart.

Sieben Jahre, in denen Menschen seines Alters sich und die Welt erproben, verbringt er auf diesem seltsamen Kontinent des Militärs und des Krieges. Was bedeutet: Kommandoton und Kameradschaftsenge, Kampf und Sterben, Rangordnung und Riten, alles zusammen – wie Weizsäcker schreibt – «eine Mischung von

Kälte und Wärme, von jugendhafter Sorglosigkeit und tödlichem Ernst, von Anstand und ethischer Ausweglosigkeit». Eine gestohlene Jugend? Jedenfalls eine Erfahrung, die nicht abzuschütteln ist. Der ältere Bruder Carl Friedrich ist überzeugt davon, dass ihn nichts so tief geprägt hat wie die Jahre des Krieges, dieses «schreckliche Schnellkochverfahren»; danach «trat mir plötzlich ein erwachsener, reifer Mann entgegen, der für Hunderte von Leben Verantwortung getragen hatte». Und mit allen überlebenden Kriegsteilnehmern verbindet ihn das Schicksal, fortan von dem Heer derer begleitet zu werden, die als Freunde oder Kameraden dem Krieg zum Opfer gefallen sind. Für Richard von Weizsäcker gilt das in der denkbar schmerzhaftesten Weise: am zweiten Tag des Krieges fällt sein geliebter Bruder Heinrich, das Vorbild und Beispiel, ein paar hundert Meter von ihm entfernt, als erster Offizier des Regiments. «Kaum hatte der Krieg begonnen, hatte er schon mein Leben für immer geprägt.» Die ganze Nacht wacht er bei dem Toten, bis er ihn am Morgen gemeinsam mit seinen Kameraden beerdigt. Seinen Vater habe er seither «nie mehr lachen gesehen».

Der Zweite Weltkrieg ist – noch mehr als der Erste – das Trauma der Epoche. Er hat Europa und die Welt von Grund auf verändert. Es hat fast ein halbes Jahrhundert gedauert, bis seine Zerstörungen halbwegs beseitigt waren. Auch für Richard von Weizsäcker bildet er eine Art Kontrapunkt des Lebens. Die Erinnerungen an diese sechs Jahre begleiten ihn, so bekennt er, «ohnehin ständig», mit «ihren bösen und guten Erfahrungen aus einer schweren Zeit». Es ist der Existenzhintergrund einer Generation, die, wie es die Zeitgenossin Marion Gräfin Dönhoff ausdrückt, das Schicksal hatte, «sehr jung – viel zu jung – vor immer neuen Abgründen zu stehen». Das Leben als Palimpsest, das Pergament, auf dem die verborgene Schrift noch erkennbar ist, die Vergangenheit hinter der Gegenwart?

Aber sie meldet sich ja immer wieder, an vielen Orten, wenn er als Repräsentant der Bundesrepublik die Sowjetunion oder Polen besucht. Als die sowjetischen Gastgeber 1973 beim Besuch einer Bundestagsdelegation in Leningrad von den deutschen Soldaten als den «Hunnen» sprechen, die ihr Land überfallen haben, konfrontiert Weizsäcker sie mit dem Bekenntnis, einer dieser «Hunnen» gewesen zu sein, der 1943 an der anderen Seite der Front lag – zum Entsetzen des anwesenden deutschen Botschafters. Doch sein Freimut führt zu einer offenen Aussprache. Auch beim Staatsbesuch 1987 in Moskau erinnert er daran, dass er im entscheidenden Kriegswinter 1941/42 «einer der vordersten Infanteristen» gewesen ist, «die bis in Sichtweite an das Flakfeuer über Moskau herangekommen waren», bevor der deutsche Angriff in der grimmigen Kälte des russischen Winters zusammenbrach. Auch begegnet er Gesprächspartnern, denen er im Krieg an der Front gegenübergelegen hat – die alten Frontsoldaten witzeln dann, wie gut es sei, dass man sich noch nicht damals getroffen habe. Und die Einladung der polnischen Regierung an den Achtzigjährigen, sie bei der Reform der Streitkräfte zu beraten, bekommt ihr Gewicht durch den Umstand, dass er am 1. September 1939 mit der ersten Angriffswelle die Grenze nach Polen überschritt.

Andererseits ist Weizsäckers Verhältnis zu dieser Phase seiner Biographie von äußerster, ja fast schamhafter Zurückhaltung geprägt. Steckt in ihm – wie Gräfin Dönhoff vermutet – ein unheilbarer Zivilist? Es muss auffallen, dass ihm – obwohl sechs Jahre in Uniform, Ordensträger, Offizier – nichts von dem Habitus des Soldaten anhängt, den viele Kriegsteilnehmer ein Leben lang nicht abschütteln können. Nirgendwo ist da etwas von der Kamerad-weißt-du-noch-Anhänglichkeit an das schlimme, zugleich unauslöschbare Erleben. Weizsäcker ist auch immun gegenüber dem Heroismus der Kriegserfahrung, den der Erste Weltkrieg hervorbrachte und der im kollektiven Bewusstsein in Deutschland noch bis weit in die dreißiger Jahre hinein sein Unwesen treibt. Er gesteht, weder der vitalistischen Auffassung des Kampfes als inneres Erlebnis à la Ernst Jünger noch dem philosophisch aufgeputzten «Genius des Krieges», den der Philosoph Max Scheler beschrieben hat, etwas abgewinnen zu können. Mit demonstrativer Distanz nennt Weizsäcker den Krieg «unbegriffen» in seiner Gegenwart und «ganz unbegreiflich» im späteren Rückblick. Selbst die verbreitete Ansicht, dass der Krieg immerhin eine Reife vermittle, die die Kriegsgeneration den Nachlebenden voraushabe, lässt er nicht gelten: der Krieg bringe «keine Überlegenheit hervor, nur eine bleibende schwere Erfahrung». Gestützt auf seine eigene Anschauung, «und nicht erst im Licht der heutigen Waffensysteme», sieht er im Krieg «nichts als den grausamen Zerstörer des Lebens».

In Weizsäckers Rückblick ist der Krieg grau und grausam. Und das von Anfang an: In der Nacht marschiert sein Regiment in Potsdam zum Bahnhof, begleitet nur von einigen Angehörigen und Passanten, die am Straßenrand stehen, «so hörbar stumm und sorgenvoll, wie eine Menschenmenge nur sein kann» – drastisches Gegenbild zur umjubelten Verabschiedung der Truppen zu Beginn des Ersten Weltkriegs. Zur Erinnerung des Infanteristen Weizsäcker an den Polen- und Russland-Feldzug gehört, dass da «wirklich zu Fuß marschiert» wurde. Im Gedächtnis bleiben die Gewaltmärsche, durch endlose Weiten, an den Städten vorbei, durch menschenleere Dörfer, zumeist – wegen des Luftschutzes – bei Nacht, «erschöpft, halb im Trancezustand», dem allmählich heraufziehenden Licht aus dem Osten entgegen, bis dann die Truppe eine kurze, unruhige Rast findet.

Mit Ausnahme des Frankreich-Feldzugs, während dessen er sich auf Reserveoffizierslehrgängen befindet, und einer Verwendung im Oberkommando in Ostpreußen für einige Monate, liegt der Schauplatz von Weizsäckers Kriegserfahrung im Osten: Der Weg seines Regiments misst die gewaltige europäische Landfläche der Sowjetunion aus, man erreicht fast Moskau und Leningrad und kämpft sich schließlich entlang der Ostseeküste zurück. Drei Jahre werden er und seine Kameraden hin- und hergeschoben von der riesigen Militärmaschinerie des Krieges: von Einsätzen und Verlegungen, Rückzügen auf Reservestellungen und Neuaufstellungen, von Truppenergänzungen und schmalen Ruhezeiten. Zweimal wird das Regiment fast aufgerieben – Ende 1941 vor Moskau ist es auf sieben Offiziere, 70 Unteroffiziere und 241 Soldaten geschrumpft, anderthalb Jahre später besitzt es abermals nur die Hälfte seiner Gefechtsstärke –, zweimal wird Weizsäcker verwundet.

Im Gegensatz zum Drang des Erzählens und Bramarbasierens über den Krieg, der, nach verbreitetem Urteil, die deutsche Nachkriegszeit beherrscht, räumt Weizsäcker seine Hemmungen ein, über seine Erlebnisse zu berichten. «Warum noch einmal darauf zurückschauen, mehr als ein halbes Jahrhundert danach?», schreibt er in seinen «Erinnerungen»: «Was darf man davon erwarten?» Gleichwohl hat er das Bedürfnis, das eigene Verhalten und das seiner Kameraden zu rechtfertigen. Denn er ist sich klar über die Kluft, die zwischen seiner Generation, die den Krieg lebenslang mit sich herumträgt, und den Nachgeborenen besteht, die ihre skeptischen, vorwurfsvollen Fragen stellen: Wie konnte es dazu kommen? Und vor allem, seit ein, zwei Generationen: Was haben die Soldaten der Wehrmacht gewusst – von den Leiden der Zivilbevölkerung, dem Wüten der Einsatzkommandos, von der Vernichtung der Juden? Aber auch: Was hätten sie wissen können?

Weizsäcker besteht darauf, dass er und seine Kameraden «keine besseren oder schlechteren Menschen waren als unsere Väter, die fünfundzwanzig Jahre zuvor in den Krieg gezogen waren, oder als unsere Nachkommen, die heute über uns urteilen». Die Zeit sei barbarisch gewesen, argumentiert er beispielsweise im Gespräch mit Studenten, sie selbst aber gewiss keine Barbaren. Erzogen mit humanistischen, bürgerlichen Idealen, hätten sie in einen unmenschlichen Krieg ziehen und töten müssen.

Weizsäcker weiß, wie schwer er damit Gehör finden kann. Hat er das Gefühl, dass es letztlich unmöglich ist, weil die Verständnishorizonte so unterschiedlich sind? Auffällig oft erzählt er von einer Diskussion mit jungen Leuten, bei der er vom Erlebnis des Krieges berichtet, auch vom Tod seines Bruders, und anschließend von einem jungen Mann gefragt wird, weshalb er sich denn nicht sogleich zum Zivildienst gemeldet habe. In seiner Verblüffung über so viel Ahnungslosigkeit auf Seiten der nachwachsenden Generationen steckt – so scheint es – auch Resignation.

Als ein halbes Jahrhundert nach Kriegsende die sogenannte «Wehrmachtsausstellung» eine heftige öffentliche Auseinandersetzung über die Frage entfacht, ob die deutsche Armee im Zweiten Weltkrieg «sauber» geblieben sei – wie in der Nachkriegszeit gerne behauptet wurde – oder ob sie an den Verbrechen vor allem des Vernichtungskriegs gegen die Sowjetunion beteiligt war, gehört Richard von Weizsäcker nicht zu denen, die reflexhaft und voller Empörung erklären, nichts gewusst zu haben. Doch die Ausstellung und die wütenden Kontroversen, die sie auslöst – Demonstrationen, Proteste, schließlich eine Debatte im Bundestag –, lassen ihn keineswegs gleichgültig. In seinen «Erinnerungen», an denen er zur gleichen Zeit arbeitet, wird offenbar, wie sehr ihn das Thema umtreibt. Denn es rührt nicht zuletzt an die Frage, wie man anständig durch diese Zeit kommen konnte – sie ist für ihn eine Leitfrage seines Lebens.

Weizsäcker gesteht, dass es schwer sei, den Texten und Bildern der Ausstellung «standzuhalten». Und er räumt ein, dass es «Führungsstäbe und Einheiten der Wehrmacht» gegeben habe, «die sich an barbarischen Gewalttaten gegen wehrlose Juden, Zivilbevölkerung und Kriegsgefangene beteiligten». Man könne «von keiner insgesamt integren Wehrmacht sprechen», die «sich inmitten böser Mächte allein als heile Zufluchtsburg des Anstandes bewahrt hätte». Gegenüber diesen Einsichten, die er «schwer» und «notwendig» nennt, sei es ebenso dringlich «zu differenzieren». Also: darauf zu bestehen, dass es nicht «*die* verbrecherische Wehrmacht» gegeben habe und dass Unterschiede zwischen einzelnen Truppenteilen und ihren Feldzügen bestanden – zum Beispiel zwischen dem Krieg in Frankreich und dem im Osten und dort auch wieder zwischen Front und Hinterland. Alles andere «liefe darauf hinaus, kollektive Urteile über Schuld oder Unschuld anzustreben». Das aber wäre fatal, wer das versuche, verirre sich «im ethischen Niemandsland; er erstickt schon im Keim den Prozess der Erkenntnis», auf den es ankomme.

Konkret versucht er anhand der Erfahrungen in seinem Regiment die Situation zu beschreiben, in denen sich Soldaten der Wehrmacht befanden: «Eine wahrheitsgemäße Kenntnis besaßen wir im Grunde nur von den Verlusten in den eigenen Reihen, dagegen praktisch nie einen Überblick über den militärischen Verlauf der Feldzüge und kaum je verbürgte Nachrichten über Gewalttaten gegen wehrlose Menschen im rückwärtigen Heeresgebiet.» Weizsäcker beschreibt sie als «dumpfe Gerüchte», räumt indessen ein, dass die Angehörigen seiner Truppe ihnen «zu lange nicht konsequent genug nachgingen». Kriegsverbrechen habe er in der vorderen Linie nicht erlebt, doch seien in ganz seltenen Fällen verwundete deutsche Soldaten, die in die Hand der Sowjettruppen gefallen seien, verstümmelt aufgefunden worden – mit der Folge, dass der Gedanke an eine sowjetische Gefangenschaft «Furcht und Schrecken» ausgelöst habe.

Allerdings habe es auch in seinem Regiment einmal einen Befehl gegeben, keine Gefangenen zu machen, und er erinnert sich «lebhaft an unsere Empörung über diesen Quasi-Mordbefehl, den wir vom Regimentsstab aus – ich war damals Regimentsadjutant – nicht weitergaben und der, soweit mein Überblick reichte, bei uns auch nirgends angewendet wurde». Auch den sogenannten Kommissarbefehl, der besagte, dass gefangene Politkommissare sogleich zu erschießen waren, habe man «als Ungeheuerlichkeit und als Verbrechen gegen das Kriegsrecht empfunden»; auch hier wisse er von «keinem einzigen Fall seiner Anwendung» im Bereich seines Regimentes. Später, als ein Autor im Zusammenhang mit der Ausstellung auch den Ruf der Männer des 20. Juli 1944 und auch den von Weizsäckers Regiment in Zweifel zieht, ergreift Weizsäcker nochmals in der «Zeit» das Wort. In Ergänzung zu Marion Gräfin Dönhoff, die den Artikel in Grund und Boden argumentiert, unternimmt er den Versuch einer Ehrenrettung: «Es waren ja gerade Erfahrungen mit dem Unrecht, die zum Beispiel unter den Offizieren meines Regiments die Einsicht von der Notwendigkeit des Widerstandes reifen ließen.»

Der Rest ist das Beharren darauf, der psychologischen und praktischen Eigengesetzlichkeit des Krieges ausgeliefert gewesen zu sein. Zudem sei der Druck auf die Soldaten noch gewachsen, als es mit dem deutschen Kriegsglück zu Ende ging: zunehmende innere Anspannung, verheerende Verluste, schrille Propaganda aus der Heimat. Immer häufiger habe es Befehle zum Durchhalten gegeben, die nur noch Ratlosigkeit erzeugten: Sollte man sie weitergeben, auch wenn man von ihrer Unhaltbarkeit überzeugt war? Gab es Antworten, die vor dem eigenen Gewissen standhielten? Umso bitterer ist die Erkenntnis, die Richard von Weizsäcker gewinnt und die ihm im Laufe der Zeit immer klarer wird: «Indem wir die uns zugewiesene Pflicht erfüllten, wurden wir mit unserer Haltung zum Bösen hin instrumentalisiert.» In dieses Dilemma, diese Falle seien er und seine Kameraden geraten, trotz aller ehrenwerten Leitbilder, ihrer Erziehung, ihrer guten Vorsätze, und ohne Chance, sich daraus zu befreien: «das war das Entscheidende, und früher oder später wussten wir es».

Wie sehr Krieg und Kriegserinnerung auch noch den bald Neunzigjährigen belasten, zeigt ein «Spiegel»-Gespräch im Sommer 2009. Als er mit der Kopie einer Meldung konfrontiert wird, Soldaten seines Regiments hätten unter dem Eindruck verstümmelter Kameraden keine Gefangenen gemacht, ist er erregt: die

Meldung sei «so oder so eine Ungeheuerlichkeit». Er habe nicht «im Entferntesten» je etwas von einer solchen Meldung gehört, «ebenso wenig, dass innerhalb unseres Regiments je so gehandelt wurde». Für «unseren Bereich» weist er die Möglichkeit zurück. Eine begründete Erklärung zu einer «Abendmeldung» vom Regimentsgefechtsstand, die bald siebzig Jahre zurückliegt? Oder eine Reaktion nach dem Muster, dass nicht sein kann, was nicht sein darf? Weizsäcker räumt ein, dass ihn das Papier mit dem bieder getippten Schreibmaschinentext «verstört», doch ansonsten fordert er Verständnis: Natürlich sei «der Krieg grausam geführt worden, menschlich grauenhaft gewesen. Die Wehrmacht hat aber millionenfach Gefangene gemacht, und natürlich haben die nicht alle Gefangenen misshandelt oder massakriert». Es fehlt nicht das Lob des eigenen Regiments, «ein alter Traditionstruppenteil, wo es auch im Krieg um persönliches Verhalten und Disziplin ging». Schließlich gerät die Antwort fast zum – leicht gereizten – Appell der «Alten» an die «heute Aktiven» und ihre Fragen und Forschungen: «Was sie in jahrelanger Arbeit erforscht haben, war uns damals bei weitem nicht alles schon bewusst. Es gilt, der historischen und moralischen Verständigung der Generationen zu dienen. Dabei darf und muss man sich gegenseitig ein Gefühl von Anstand zutrauen.»

Das eigene Regiment wird überhaupt zum wichtigen, kaum zu überschätzenden Brennspiegel für Weizsäckers Bild des Krieges und sein Urteil über die Rolle der Wehrmacht. Es ist das Infanterieregiment Nr. 9 in Potsdam, eine militärische Berühmtheit, die gleichermaßen anerkennende Empfindungen und Ressentiments hervorruft, Stolz und Spott – das «preußischste aller preußischen Regimenter» ist eines der Etikette, die ihm anhaften, «Regiment Graf 9» ein anderes, denn es ist die bevorzugte Truppe des preußischen Adels. Weizsäcker wird 1938 aufgenommen, weil sein Bruder Heinrich dort seit zwei Jahren Fahnenjunker ist, also Offiziersanwärter. Die Einheit versteht sich als Hort preußischer Traditionen, sieht sich in der Nachfolge der alten preußischen Garderegimenter und kultiviert eine national-konservative Haltung. Der Geist, der hier weht, ist elitär, orientiert an den preußischen soldatischen Tugenden, dem Dienen, der Pflicht und der Ehre. Damit gerät das Regiment im Dritten Reich zunehmend zwischen die Fronten. Von ihrem eigenen Rang überzeugt, begrüßen die «Neuner» zunächst das wachsende Prestige, das der auf Militanz getrimmte NS-Staat dem Soldatischen verschafft, erst recht dessen Verneigung vor dem Preußentum. Andererseits fordern der Ausbau der nationalsozialistischen Parteiherrschaft und die damit verbundenen Rechtsbrüche sowie der rüde Ton der Parteigrößen den Widerstand der Offiziere heraus, die dem preußischen Ehrbegriff huldigen. Mehr und mehr empfindet sich das Regiment als Refugium, als «Republik der freien Grenadiere». Zu ihm fühlen sich vor allem die Konservativen hingezogen, die dem Dritten Reich mit Vorbehalten begegnen.

Wegen dieses besonderen Charakters ist Heinrich von Weizsäcker, der ursprünglich Historiker werden wollte, zum Infanterieregiment 9 gestoßen. Auch Richard, sein Bruder, betrachtet die Truppe als eine Art Schutzraum. Hier trifft er auf Menschen von gleicher Herkunft und Überzeugung, hier hat sich ein besonderer Geist erhalten, unabhängig vom Machtanspruch der Partei, der die deutsche Gesellschaft durchdringt. Deshalb herrscht auch ein offenerer Ton als anderswo im Dritten Reich, in dem sich eine Atmosphäre des Misstrauens und der Bespitzelung ausbreitet – und aus dem Gefühl sozialer Exklusivität erwächst den Regimentsangehörigen ein Selbstbewusstsein, das ihnen zugleich eine Art innerer Freiheit gegenüber der Naziideologie verschafft. Richard von Weizsäcker empfindet das Regiment als «Bewusstseinsinsel», keineswegs repräsentativ, wie er einräumt, vielleicht auch verbunden mit der Gefahr, die Dinge «etwas rosiger» zu sehen.

Weizsäcker muss in der Truppe rasch akzeptiert worden sein. Denn schon 1942 wird er Regimentsadjutant, zunächst für ein

Jahr; er behält diese Position bis zum bitteren Ende. Sie ist eine militärische Schlüsselstellung: Als rechte Hand des Kommandeurs verantwortet der Regimentsadjutant die Befehlsstränge, vertritt den Chef und ist zugleich Personalchef des Regiments. Die Urteile ehemaliger Kameraden über Weizsäcker verraten, weshalb er in seinen jungen Jahren und als Reserveoffizier diesen Posten erhält, der üblicherweise nur aktiven Offizieren übertragen wird: unisono wird sein Organisationstalent gelobt, seine Ruhe, seine Umsicht, seine Fähigkeit zu vermitteln.

Ist es unwahrscheinlich, dass die Besetzung eines solchen Postens auch Aufschluss gibt über das Klima in der Truppe? Die Zeitzeugenberichte, die Werner Filmer und Heribert Schwan Mitte der achtziger Jahre in ihrem Buch «Richard von Weizsäcker. Profile eines Mannes» gesammelt haben, sind zwar kaum mehr als Sonden in einer unübersichtlichen Organisation, die sich über die Jahre proteushaft verändert. Aber sie lassen Schlüsse auf die Haltungen zu, die in diesem Regiment möglich waren. Vor allem eine spektakuläre Begebenheit, von der mehrere Angehörige der Truppe berichten, zeigt die Erbitterung, die die jungen Soldaten erfasst hat, aber auch ihren Corpsgeist. Im Zentrum steht der Schuss auf das Hitlerporträt an der Wand, zu dem sich ein junger Offizier in der Erregung hinreißen lässt. Um die Konsequenzen dieser Aktion abzuwehren – die für alle hätten gefährlich sein können –, schießt Weizsäcker hinterher, alle anderen folgen. Ein robuster Fall von Solidarität: «keiner durfte und wollte sich ausschließen, von dem was geschehen war und noch hätte folgen können». Gegenüber dem Regimentskommandeur wird der Vorfall dann als «Keilerei» junger Offiziere ausgegeben. Einen ähnlich aufsässigen Freimut offenbart auch der Kommentar, mit dem Weizsäcker einem Offizier, dessen Vater hingerichtet worden war, seine Versetzung in die Heimat mitteilt: er werde «für dieses Schwein» seinen Kopf gewiss nicht weiter hinhalten wollen. In einem anderen Fall lässt der Regimentsadjutant eine

Der Krieg **49**

Anforderung der Gestapo, einen Offizier des Regiments wegen seiner Verbindung zu den Verschwörern des 20. Juli 1944 nach Berlin zu überführen, kurzerhand verschwinden. Der Betroffene, nach dem Krieg Professor in Frankfurt, hat später erklärt, Weizsäcker habe ihm damit das Leben gerettet – die Angehörigen des Regiments seien von einem «geistigen Strom aus einem anderen Deutschland» getragen gewesen.

Auch beim Hitler-Attentat hat das Infanterieregiment 9 eine herausragende Rolle gespielt; nicht weniger als neunzehn seiner Offiziere sind nach dem Scheitern hingerichtet worden. Zu diesem aktiven Widerstand gehört Richard von Weizsäcker nicht, aber er ist als überzeugter Angehöriger dieses Regiments sozusagen ein stiller Teilhaber des Geschehens. Mit der Lebensluft des Regiments nimmt er auch die Haltung und den Geist auf, die einen wichtigen Impuls des 20. Juli bilden. Kaum irgendwo anders ist so überzeugend nachzuvollziehen, wie aus Elitebewusstsein, konservativen Grundsätzen und preußischem Erbe Schritt für Schritt die Bereitschaft zum Staatsstreich erwächst. Noch beim «Tag von Potsdam», dem 21. März 1933, als Hitler mit einem fragwürdigen Spektakel in der Garnisonskirche in Potsdam versuchte, Preußen für das Dritte Reich einzuspannen, war es das Infanterieregiment 9, das vor ihm und Hindenburg die Gewehre präsentierte. Elf Jahre später stehen Angehörige des Regiments in der ersten Reihe bei dem Versuch, das Land von der nationalsozialistischen Herrschaft zu befreien. Durch «persönliche Kontakte und Freunde und durch ihre Gedanken und Taten» ist Weizsäcker – so hat er es zwanzig Jahre nach dem Attentat formuliert – «mit den Ereignissen in einer Weise verbunden, die meinen Lebensweg bestimmt hat».

Gewiss ist Richard von Weizsäcker auch durch seinen Vater an die Gedankenwelt der Opposition herangeführt worden. Dessen Ringen mit den Hardlinern in der Reichsführung während der Sudetenkrise 1938 hat ihn ebenso beeindruckt wie sein Entschluss, auch danach noch im Amt zu bleiben, um das Schlimmste zu verhindern. Auch verkehrten einzelne Köpfe der Verschwörung – zum Beispiel Generaloberst Ludwig Beck und Hans von Dohnanyi – im Hause Weizsäcker. Als Richard 1942 für einige Monate ins Oberkommando des Heeres versetzt wird, lernt er auch Claus Schenk Graf von Stauffenberg kennen – und ist von der Ausstrahlung des zehn Jahre Älteren beeindruckt. In das direkte Umfeld der Verschwörung gerät er dann durch seine besondere Nähe zu zwei Offizieren seines Regiments – zu Axel von dem Bussche, einer imponierenden Gestalt, der zum lebenslangen Freund wird; und zu Fritz-Dietlof Graf von der Schulenburg, eine, so Weizsäcker, «revolutionäre Ausnahmeerscheinung»: 1932 der NSDAP beigetreten, hat ihn das Entsetzen über die Entwicklung des Dritten Reiches zu einer der zentralen Figuren bei der Vorbereitung des 20. Juli gemacht.

Vor allem Busches Bericht von einem Massenmord an Juden in der Ukraine hat Weizsäckers Verhältnis zum Widerstand beeinflusst. Bussche hatte im Herbst 1942 mit eigenen Augen gesehen, wie 3000 Juden von SS-Leuten gezwungen wurden, sich in Gräben zu legen, die sie selbst ausgehoben hatten, um danach durch Schüsse in den Hinterkopf getötet zu werden; es war für ihn ein Schlüsselerlebnis. Der hochdekorierte Offizier stellt sich 1943 für ein Attentat gegen Hitler zur Verfügung. Bei einer Vorführung neuer Uniformen soll er sich mitsamt einer am Körper befestigten Sprengladung auf den Diktator stürzen und mit ihm in die Luft sprengen – auf Anforderung Stauffenbergs hat Weizsäcker im Regimentsstab die Papiere und die Reise nach Berlin organisiert. Doch das Attentat muss abgesagt werden, weil am Tag zuvor der Waggon mit den Uniformen bei einem Fliegerangriff zerstört wird. Wenige Tage später wird Bussche schwer verwundet und verliert ein Bein. Der hünenhafte Invalide mit seiner großen Ausstrahlung wirkt in der Nachkriegszeit als eine beeindruckende Figur an unterschiedlichen Schauplätzen, im Auswärtigen Amt, in der Entwicklungshilfe, in der Ökumene, ohne sich endgültig für eine Laufbahn zu entscheiden. Weizsäcker, für den er wohl einer der Menschen war, die ihm am nächsten standen, nennt ihn «einen herzerwärmenden, aber nie einfachen Freund».

Schulenburg weiht Weizsäcker wenige Wochen vor dem Attentat in die Anschlagspläne ein; «es geht bald los», erklärt er ihm in Potsdam während eines Heimaturlaubs und bittet um Unterstützung. Zudem stellt er in Aussicht, ihn nach dem Anschlag zusammen mit anderen Offizieren des Regiments nach Berlin zu holen. Weizsäcker kann insofern als ein potenzieller Teilnehmer des Umsturzversuchs gelten, zumal sein Umgang mit einigen Verschwörern sowie diverse Fernschreiben und Reisepapiere, die über seinen Tisch gingen, ihn leicht hätten kompromittieren können. An der Bedeutung des Attentats für ihn wie für die Menschen, denen er sich verbunden fühlt, lässt er ohnehin keinen Zweifel. Der 20. Juli 1944 – so hat er den Rang dieses Tages für seine Biographie umschrieben – «wurde und blieb prägende Grundlage im Reifeprozess meiner Generation und des Freundeskreises, in dem ich seither gelebt habe».

Zu diesem Prozess gehört indessen auch ein schleichendes Gefühl der Zerknirschung, ja, der Bedrückung, das diese Generation plagt. Zeigt sich darin die Lebenslast, für das Verhängnis der deutschen Vergangenheit zwar nicht verantwortlich, aber doch sein Zeuge gewesen zu sein, unfähig, aber vielleicht auch nicht entschlossen genug, dem Schicksal in die Speichen zu greifen? Sind es Gefühle von Schuld? Oder von Scham? Fast unwirsch reagiert Weizsäcker auf die Frage des «Spiegels», ob er sich im Nachhinein nicht mutiger gewünscht hätte: «Wir saßen an keinen Schalthebeln. Wir waren ständig einseitiger Propaganda ausgesetzt.» Aber er räumt auch ein: Sie waren «oft zu bequem, nicht mutig genug, die Augen wirklich aufzumachen und den Anzeichen von Unrecht nachzugehen». Als leuchtende Beispiele nennt er die Studenten der Weißen Rose oder den Berliner

Arbeiter Quangel, den Helden von Falladas Roman «Jeder stirbt für sich allein», der nach dem Kriegstod des einzigen Sohnes zusammen mit seiner Frau dem Regime mit selbstgefertigten Flugblättern widersteht. In seinen Augen zeichnet sie aus, dass sie das Schlichte und eigentlich Selbstverständliche getan hätten, «die Spuren von Nazi-Verbrechen beim Namen zu nennen, für die Wahrheit zu zeugen und dafür das eigene Leben einzusetzen».

Es spricht für Weizsäckers Umgang mit der Vergangenheit, dass er auch die Ratlosigkeit nicht verschweigt, die unter den Kritikern des Regimes herrschte. Wann war der richtige Zeitpunkt für ein Attentat gegen Hitler? Wie groß war die Gefahr einer neuen Dolchstoßlegende, wie sie nach dem Ersten Weltkrieg ins Kraut geschossen war? Wie weit waren die Menschen bereit, mitten im Krieg eine Tat mitzutragen, die sich gegen die eigene Führung richtete? Ein nächtlicher Streit über dieses Thema im Haus seines Bruders in Straßburg wenige Wochen vor dem 20. Juli 1944, bleibt Weizsäcker unvergessen. Wie schwer die Erinnerung daran wiegt, kann man daran erkennen, dass er noch in seiner Gratulationsansprache bei dessen achtzigstem Geburtstag 1992 darauf zu sprechen kommt. Im Rückblick findet er solche Debatten «schwer erträglich». Denn sie stehen in einem niederschmetternden Kontrast zu der Einsicht, dass die Zahl der Kriegs- und Lageropfer in den zehn Monaten nach dem gescheiterten Attentat größer war als in den gesamten Kriegsjahren davor. Weizsäcker resümiert den Verlust und das Scheitern in einem Eingeständnis, das seine Zeitgenossen mit einschließt: «Wir haben es nicht geschafft.» Die Worte lassen das Ausmaß der Trauer erahnen, die sich irgendwo am Grund des Lebens dieser Generation befindet. Und so lautet seine Antwort auf die Frage, ob er sich als Überlebender schuldig gefühlt habe: «Es gab solche Momente. Aber dann will man weiterleben, so anständig wie möglich.»

«Wie ausgetrocknete Schwämme»: Studentenjahre

Das Jahr 1945 ist der Wendepunkt der deutschen Geschichte, in dem Ende und Anfang zusammenkommen: ein buchstäblicher, schmerzhafter «Abschied von der bisherigen Geschichte» (Alfred Weber) und der Beginn einer ganz neuen, ein beispielloser Fall und die Einleitung einer erstaunlichen Umkehr – «das Ende, das ein Anfang war» lautet der Titel einer der vielen Veröffentlichungen, die versuchten, Tiefe und Tragweite dieses historischen Moments zu erfassen und ihn mit der Dokumentation von Zeitzeugenberichten im Gedächtnis zu erhalten. In der Geschichte der Bundesrepublik figuriert es als ein so einschneidendes Ereignis, dass es offenbar immer wieder erzählt werden muss – und auch erzählt wird, je länger es zurückliegt, desto mehr. Seit den sechziger und siebziger Jahren ist das Jahr 1945 in einer erstaunlichen Weise zu einem Fluchtpunkt der Nachkriegsgeschichte geworden. Die ungeheuren Ambivalenzen dieses Jahres und seines Schlüsseldatums, des 8. Mai, hat Richard von Weizsäcker nicht zuletzt zum Gegenstand seiner berühmtesten Rede gemacht.

Hing ihre Wirkung damit zusammen, dass Weizsäcker damals, 1985, nicht zuletzt von sich selbst und seinen Erfahrungen gesprochen hat? Denn auch für sein eigenes Leben bedeutet dieses Jahr die große Zäsur. Involviert in den letzten Akt des ostpreußischen Dramas, den Widerstand gegen die von allen Seiten vordringenden sowjetischen Truppen und in den Strom der Flüchtlinge, wird er verwundet und in letzter Minute nach Danzig und Kopenhagen transportiert. Von Potsdam aus setzt er sich nach Lindau am Bodensee ab, wo seine Großmutter, die Witwe des württembergischen Ministerpräsidenten, eine kleine Hühnerfarm betreibt. Hier findet er Zuflucht, demobilisiert sich sozusagen selbst, und da er sich der Besatzungsmacht – hier sind es die Franzosen – nicht stellt, bekommt er auch keinen Entlassungsschein. Er ist also in gewisser Weise bis zum heutigen Tage nicht aus der Wehrmacht entlassen – die von ihm gern erzählte Schwejkiade illustriert die Wirren des Kriegsendes. In der kleinen, familiären Landwirtschaft beginnt das neue Leben. Es ist einfach, erträglich und hat bei aller Bedrängnis zuweilen fast idyllische Züge.

Doch es ist zugleich ein nicht untypischer Splitter der «Zusammenbruchsgesellschaft» (Christoph Klessmann), also jene reduzierte Form des sozialen Lebens, die Krieg und Kriegsende übrig gelassen haben. Wie überall geht es zuerst darum, die Existenz zu sichern, wird die Familie für viele zum rettenden Halt, obgleich sie selbst durch Kriegsverluste und Flucht oft zerrissen und amputiert ist. Bis zu Weizsäckers Ankunft ist der alte Bauernhof ein Frauen- und Flüchtlingshaushalt. Zu ihm gehören die Schwester, die mit zwei kleinen Töchtern Ostpreußen verlassen musste – ihr Mann ist seit 1944 vermisst und wird nicht wiederkehren –, und die Tante aus Breslau, die Frau des Medizinprofessors Victor von Weizsäcker, die zwei Söhne verloren hat. Der Bruder Carl Friedrich, bis vor kurzem leitender Mitarbeiter des «Uranprojekts», des deutschen Geheimprogramms zur militärischen Nutzung der Kernenergie, ist in England interniert, der Vater Ernst von Weizsäcker lebt in der deutschen Vatikan-Botschaft, wohin er 1943 versetzt worden war.

Und gewiss ist das Haus auch erfüllt von den Berichten und Gerüchten über die Schicksale von Verwandten, Freunden und Bekannten, die in dieser Zeit die Runde machen, in der es zunächst keine verlässlichen Nachrichten gibt und am Anfang sogar die Post nicht funktioniert: Haben sie überlebt? Sind sie ausgebombt? Wohin hat es sie verschlagen? In seinen «Erinnerungen» lenkt Richard von Weizsäcker den Blick auf die Last, welche die Frauen im Krieg zu tragen hatten, auf «ihren Schmerz, ihre stille aufopfernde Kraft», die niemand, der «es miterlebt und mitempfunden» habe, je vergessen werde. Es ist ein wichtiges Moment seiner Betrachtung des Krieges, das auch in seiner Rede vom 8. Mai 1985 einen bedeutenden Rang einnimmt. Man kann sich gut vorstellen, dass er dabei auch den Frauenhaushalt bei Lindau im Gedächtnis hat.

Aber stärker als diese Erfahrung des Endes wiegt der Neuanfang, der sich für Richard von Weizsäcker aus dem Zusammenbruch ergibt. Bereits im Wintersemester kann er in Göttingen das Studium aufnehmen; eine der britischen Besatzungsmacht abgerungene «Jugendamnestie» macht es möglich. Diese ersten Jahre nach dem Ende des Dritten Reiches sind für die Universitäten und für das geistige Leben insgesamt eine Ausnahmezeit, in der sich die Not der Nachkriegssituation und die neuen Möglichkeiten euphorisierend und inspirierend mischen. Alle, die sie erlebt haben, beschreiben sie als Zeit des Aufbruchs – auch Richard von Weizsäcker. Schon die Bedingungen sind außergewöhnlich: Das meiste ist Improvisation, Hörsäle und Seminarräume sind überfüllt, Bücher fehlen, die Studenten selbst sind dem normalen Studienalter zumeist längst entwachsen – «eine seltsame Generation», so Weizsäckers Blick auf sich und seine Kommilitonen, mit «widersprüchlichen Empfindungen», «unschuldig-schuldig, durch Nazizeit und Krieg verwirrt und gereift zugleich». Mit ihrer Wissbegierde, ihrem Drängen nach Maßstäben, ihren Fragen und ihrer Skepsis fordern sie die Professoren heraus. «Wir waren wie ausgetrocknete Schwämme», erinnert sich Weizsäcker. Das beeindruckt und verändert auch die Professoren, nicht alle, aber ihre klügsten Köpfe – viele gestehen sich ein, dass sie eine solche Studentengeneration noch nicht erlebt haben. Sie begriffen, so Weizsäcker, dass «unsere Fragen auch die ihrigen waren, die sie ganz offen an sich selbst und ihre Fachgebiete stellten». Das alles macht diese Jahre zu einer «aufregenden und bewegenden Zeit», in der die Universität dank solcher herausragenden Persönlichkeiten – wie er meint – «ihre Herausforderung bestand».

Das kleine Göttingen, in dem Weizsäcker sein Jurastudium aufnimmt, ist für solche Erfahrungen ein erstaunlich geeigneter, ja, geradezu prädestinierter Ort. Weitgehend unzerstört, wird die Hochschule, die als erste in Deutschland den Lehr- und Studienbetrieb nach Kriegsende wieder aufnimmt, bald zu einem Kraftfeld des akademischen Lebens. Denn gerade die kleinen Universitäten erleben in den Nachkriegsjahren eine Blütezeit. Die ungewöhnliche akademische Situation wird bereichert durch den Zustrom von Professoren, die ihr Wirkungsfeld in Ostpreußen und Schlesien verloren oder die Ostzone und Berlin verlassen haben. So wird Göttingen auch zum Sitz der Kaiser-Wilhelm-Gesellschaft, der bis dahin in Berlin beheimateten größten deutschen Forschungseinrichtung, die 1948 als Max-Planck-Gesellschaft neu gegründet wird. Das alles bringt eine Reihe von bedeutenden Gelehrten in die kleine Stadt, die das ohnehin vorhandene Aufgebot brillanter Köpfe noch vergrößert.

Richard von Weizsäcker nutzt es eifrig; seine Erinnerungen an seine Göttinger Jahre sind erfüllt von Bildungserlebnissen vor den Kathedern bedeutender Forscher. Der Anglist Herbert Schöffler gehört dazu, ein Shakespeare-Spezialist, aber für Weizsäcker fast noch denkwürdiger als Verfasser einer seinerzeit renommierten, geistreichen «Geographie des deutschen Witzes»; der Historiker Hermann Heimpel, eine mitreißend vortragende Kapazität auf dem Gebiet der mittelalterlichen Geschichte; die Theologen Hans-Joachim Iwand und Friedrich Gogarten, Zeugen des Kirchenkampfes im Dritten Reich; schließlich der Alttestamentler Gerhard von Rad, dem er – wie er sich erinnert – das Verständnis für die Kraft der Erinnerung in der menschlichen Existenz verdankt. Es versteht sich von selbst, dass Weizsäcker auch die Vorlesungen des Staatsrechtlers Rudolf Smend und des Privatrechtlers Franz Wieacker besucht, beide Lichtgestalten der juristischen Fakultät, während der Jurastudent seine Ausbildung nach bewährter Übung im Wesentlichen beim Repetitor absolviert. Auch einen der letzten Vorträge des bald achtundachtzigjährigen Physik-Nobelpreisträgers Max Planck hat er in Göttingen gehört.

Nicht weniger wichtig als dieses Bildungsprogramm ist die späte, gleichsam nachgeholte Studentenzeit, die Weizsäcker und seine Kommilitonen mit Hingabe auskosten. Materiell geht es dürftig zu, sodass ein CARE-Paket schon ausreicht, ein Fest zu improvisieren. Doch nach Militärzeit und Krieg öffnen sich nun weit die Tore zur Welt von Bildung, Kultur und zivilem Leben. Das Studium generale, die Vorlesungen aus unterschiedlichen Wissenschaftsgebieten für Hörer aller Fakultäten, hat Konjunktur. Das von der gelenkten Öffentlichkeit im Dritten Reich zurückgestaute Bedürfnis nach Austausch und Diskussion lässt vielerlei Kreise und Zirkel entstehen, und es erweist sich als Glücksfall, dass der Bruder Carl Friedrich inzwischen Professor für theoretische Physik in Göttingen geworden ist. Sein Haus und sein intellektueller Horizont wirken anziehend auf Professoren und Studenten, Freunde der Familie und zufällige Bekannte. In der Bunsenstraße, wo er wohnt, findet Richard von Weizsäcker Unterkunft und seine Studienzeit einen intellektuellen Halt.

Unbedingt gehören zu seiner Göttinger Zeit auch das Theater und die Konzertszene. Auf den hinteren Plätzen, wo die Karten eine Mark kosten, absolviert er Lehr- und Bildungsjahre, die den passionierten Kulturliebhaber mit einem Fundus für das ganze Leben ausstatten. Es bezeugt seine große Leidenschaft, dass Weizsäcker in den «Erinnerungen» getreulich den Namen des damaligen Göttinger Intendanten überliefert – er heißt Fritz Lehmann –, dazu den Spielplan der ersten zwei Nachkriegsjahre: «die fünf großen Mozartopern, den Fidelio, zweimal Verdi (Macht des Schicksals und Maskenball), die Carmen und den Rosenkavalier». Die Aufzählung der Stücke, die er gesehen hat, von T. S. Eliots «Mord im Dom» über Sartres «Fliegen» bis zu Thornton Wilders «Wir sind noch einmal davongekommen», belegt, dass die Theaterereignisse, die die Zeitgenossen in diesen frühen Nachkriegsjahren überall in Deutschland bewegten, auch Göttingen erreichten.

Richard von Weizsäcker erinnert sich an «ein angefülltes und bisweilen turbulentes Leben im Freundeskreis». Er selbst hat dazu, ohne Zweifel, kräftig beigetragen. Der Student Weizsäcker, an den etwa der Pädagoge Hartmut von Hentig zurückdenkt, damals ebenfalls in Göttingen immatrikuliert und seither ein lebenslanger Freund, ist ein höchst anregender, zu unermüdlichem Gespräch aufgelegter Kommilitone und ausdauernder Partner für Feste und Theaterbesuche. Oft findet der gegenseitige Austausch auch bei einem Spaziergang statt, dieser «eigentümlichen Form der Annäherung, die darin besteht, dass man nebeneinander geht und nicht aufeinander zu»; sie liegt, so von Hentig, Weizsäcker besonders. Solch ein Gespräch dauert «meist über Mitternacht hinaus, handelt von Gott und der Welt» und endet oft mit dem verzweifelten Ausruf Richard von Weizsäckers: «Es ist doch alles anders!», mit dem er sich gegen vereinfachende Schlüsse und markige Urteile zur Wehr setzt.

Anfangs kommt solchen Gesprächen noch die von der britischen Besatzungsmacht verhängte Ausgangsbeschränkung in die Quere oder zugute, je nachdem. Sie beginnt um zehn Uhr abends, und wenn die Debatte dann partout noch fortgeführt werden muss, bleibt man bis zum Ende der Sperre, also bis sechs Uhr morgens. Erstaunlich ungebrochen ist der Spieltrieb der Jungstudenten, die alle ein paar Jahre Krieg auf dem Buckel haben. Diese *happy band of brothers and sisters*, wie Hentig die Gesellschaft bezeichnet, die sich in ihren Dachstuben bei billigem Rotwein, Brot und Käse versammelt, vereint offenbar nicht zuletzt das Vergnügen an Scharaden. Er nennt beeindruckende Beispiele: etwa Weizsäckers Lösung der Aufgabe, das Marx'sche Diktum «Religion ist Opium für das Volk» darzustellen – er entledigt sich der Aufgabe, indem er kurzerhand die Bibel aus dem Regal zieht und eine Zigarre darauflegt. Als die Mitspieler weiter im Dunkeln tappen, habe er, so berichtet von Hentig, entschuldigend eingeräumt: «Mehr kann ich nicht.»

Es gehört zu den besonderen Merkmalen dieser Studentenzeit, dass sie von den Erfahrungen der Kriegsjahre unterfüttert ist – und das nicht nur in Gestalt der verschlissenen und umgefärbten Uniformteile, die viele Studenten noch immer tragen. Die alten Verbindungen halten, der Regimentskamerad und Freund Axel von dem Bussche hat Weizsäcker zum Beispiel den Studienplatz besorgt, um ihn nach Göttingen – kein Zufall, dass er es im Militärjargon formuliert – «quasi einzuberufen»; der Major von dem Bussche wird auch erster Asta-Vorsitzender. Andere Kriegskameraden landen ebenfalls in Göttingen und werden dort Teil des Freundeskreises, der Richard von Weizsäckers privates und politisches Leben begleiten wird. Klaus Ritter gehört dazu, der später das Institut für Wissenschaft und Politik in Ebenhausen aufbauen und lange leiten wird, oder die beiden Brüder Peter und Konrad Kraske, von denen der eine Theologe wird – später wird er drei der vier Kinder Weizsäckers taufen – und der andere als CDU-Bundestagsabgeordneter und kurzzeitiger Generalsekretär der Partei eine wichtige Rolle in ihrer Vor-Kohl-Phase spielt. Wie fruchtbar Göttingen in diesen Jahren ist, für Weizsäcker, aber auch – wenn man so sagen darf – für das intellektuelle Leben der Bundesrepublik, zeigt, wer noch zu seinen Kommilitonen zählt: der Politologe Wilhelm Hennis, die Politiker Horst Ehmke und Peter von Oertzen – zukünftige Bonner Größe der eine, linker SPD-Querkopf der andere – oder der spätere Berliner Gerichtspräsident Uwe Jessen. Für Weizsäcker und seine Studienfreunde ist es «eine erfüllende und prägende Epoche des Lebens». Sie haben in ihrer Göttinger Zeit eine «geistige Lebensgrundlage» gefunden.

«Die Dämonie des Bösen»: der Wilhelmstraßenprozess

Im fünften Semester unterbricht Richard von Weizsäcker sein Studium, um die Verteidigung seines Vaters im sogenannten Wilhelmstraßenprozess in Nürnberg zu unterstützen. Ernst von Weizsäcker wird von den Alliierten angeklagt, als Staatssekretär im Auswärtigen Amt an der Vorbereitung des deutschen Angriffskrieges und an Menschenrechtsverletzungen beteiligt gewesen zu sein. Damit beginnt für den Jurastudenten ein einschneidender biographischer Zwischenakt. Die Pose, die das berühmte Prozessfoto zeigt – es illustriert den damaligen Bericht des «Spiegel» –, erinnert an eine antike Vater-Sohn-Statuette: Der Vater verhalten-stolz zum Sohn aufblickend, dieser jungenhaft-selbstbewusst in der Robe des Verteidigers; die Bildunterschrift «Open the door, Richard» spielt – wie Richard von Weizsäcker in seinen «Erinnerungen» verrät – auf einen zeitgenössischen Schlager an. Die Geschichte, für die das Bild steht, begleitet ihn zeitlebens. Immer wieder ist der Vater wegen seiner Rolle im Dritten Reich angegriffen worden, hat sich der Sohn für dessen Verteidigung rechtfertigen müssen. Ist dieser Prozess – wie der Journalist Gunter Hofmann vermutet hat – die «Wunde» seines Lebens? Seinetwegen ist Richard von Weizsäcker jedenfalls immer wieder mit kritischen Fragen konfrontiert gewesen, und in einer gewissen Weise hat sich für ihn diese Verteidigung lebenslang fortgesetzt.

Weizsäcker selbst betrachtet die anderthalb Jahre, die das Nürnberger Zwischenspiel dauert, als ein «unersetzliches, zentrales Kapitel meines Lebens». Das betrifft vor allem das Verhältnis zum Vater, das in dieser Zeit eine neue Qualität gewinnt, denn dieser öffnet sich dem Sohn auch emotional, was sich der eher spröde Mann bislang versagt hatte – ohnedies war er in Richards Kinder- und Jugendjahren aufgrund beruflicher Aktivitäten oft abwesend. Doch es besteht kaum Zweifel daran, dass alles, was sein Selbstverständnis bisher geprägt hat – Herkunft, bürgerliche Erziehung, Kriegserlebnis –, durch den Prozess einer massiven Prüfung unterzogen wird. Denn die Antwort auf die Frage «Wie konnte es geschehen?», die in diesen frühen Nachkriegsjahren gleichsam über der Trümmerlandschaft Deutschland schwebt, verschränkt sich mit der Notwendigkeit, das konkrete Handeln des Vaters zu verteidigen und zu erklären. In Nürnberg verbindet sich für ihn das deutsche Verhängnis aufs intimste mit dessen Tragödie.

Dass Weizsäcker sich dieser Aufgabe unterzieht, versteht sich nicht von selbst. Der Kriegsheimkehrer ist nach herkömmlichen Maßstäben mit seinem Studium bereits spät dran. Bringt er ein Opfer auf dem Altar der Familie? Er selbst beharrt darauf – zuletzt 1986 in einer spektakulären Kontroverse mit «Spiegel»-Herausgeber Rudolf Augstein –, dass er seinen Vater «aus tiefer innerer Überzeugung» verteidigt hat. Aber das Motiv ist kaum zu übersehen, die ganze Familie schart sich um ihr Oberhaupt und versucht, die Vorwürfe abzuwehren, die die Anklage gegen Ernst von Weizsäcker erhebt – am Anfang steht immerhin die Drohung der Todesstrafe. Vor allem Bruder Carl Friedrich setzt alle Hebel in Bewegung, um die Verteidigung des Vaters zu unterstützen. In einer Briefaktion bemüht er sich um Ehrenerklärungen – unter anderem von Papst Pius XII., der Ernst von Weizsäcker aus dessen Zeit als Botschafter beim Vatikan kennt und schätzt. Er sucht in aller Welt nach Entlastungszeugen, organisiert die Finanzierung der Verteidigung und stellt sich dem Gericht als Zeuge zur Verfügung.

Dabei betrachtet Richard von Weizsäcker – wie viele andere Deutsche – die Verfolgung der Untaten des Dritten Reiches durch alliierte Gerichte mit starken Vorbehalten. Marion Gräfin Dönhoff, die spätere «Zeit»-Herausgeberin, hat das gern mit einer Anekdote illustriert. Im Winter 1945/46 fährt sie mit Axel von dem Bussche und Weizsäcker nach Nürnberg, um sich ein Bild vom Prozess gegen die Hauptkriegsverbrecher zu machen. Als Bussche und Weizsäcker die beiden amerikanischen Panzer erblicken, die vor dem Tor des Justizpalastes stehen, reagieren sie mit dem Ausruf: «Die raus, wir rein!» Der Gefühlsausbruch – so erklären sie der konsternierten Gräfin – entspringt ihrem Wunsch, dass nicht die Sieger, sondern die Deutschen selbst über die in ihrem Namen verübten Untaten zu Gericht sitzen mögen. Gut möglich, dass darin auch etwas von der forschen Haltung zu spüren ist, mit der die junge, enttäuschte Frontkämpfergeneration damals ihren Anteil am Neuanfang einklagt. Die Zeitschrift «Der Ruf» zum Beispiel, die sich selbst als «Unabhängige Blätter der jungen Generation» bezeichnet, erhebt vehement den Anspruch auf ihre Teilhabe an der Auseinandersetzung mit der Vergangenheit und hat damit beträchtlichen Erfolg. Anders als die Älteren, die unter der Last der Verantwortung für Krieg und Niederlage schweigsam geworden sind, nehmen sich die Jüngeren heraus, auch gegenüber den Besatzungsmächten selbstbewusst aufzutreten. Dieser Einstellung mag auch die Haltung des Frontoffiziers Richard von Weizsäcker entsprochen haben.

Zwei Jahre später, 1947, nach der Anklageerhebung gegen seinen Vater, zieht Weizsäcker nach Nürnberg um und nimmt seine Tätigkeit auf. Schauplatz des Prozesses ist der Justizpalast – ein wilhelminischer Kasten, unzerstört in der zerbombten mittelalterlichen Stadt, für die der Diplomat Albrecht von Kessel das Bild vom «Todesskelett» findet. Der Achtundzwanzigjährige wird Assistent des ebenfalls erst 34-jährigen Anwalts Hellmut Becker, den mit Carl Friedrich von Weizsäcker eine Freundschaft verbindet, die auch Richard einschließt; nicht zuletzt wegen dieser persönlichen Nähe hat ihm die Familie die Verteidigung übertragen. Zu ihr gehören der amerikanische Anwalt Warren E. Magee, außerdem als weitere Assistenten Sigismund von Braun, ein Diplomat, der unter Ernst von Weizsäcker in der deutschen Vatikan-Botschaft tätig war – er wird im auswärtigen Dienst der Bundesrepublik Karriere machen und selbst Staatssekretär werden –, und Karl Arndt, später Präsident des Bremer Oberlandesgerichts. In diesem kleinen Team ist Weizsäcker keineswegs nur ein Adlatus des Hauptverteidigers. Zwar tritt er nicht offiziell als juristischer Akteur auf – das will Becker ihm ersparen –, aber er ist häufig im Gerichtssaal anwesend und erweckt dort durch seine «offene und ernste Art manche Sympathie», wie der Hauptankläger Robert Kempner sich erinnert. Für Becker selbst ist er, was die Vorbereitung des Verfahrens und die Ausarbeitung der Schriftsätze angeht, unentbehrlich: Praktisch alles, was er erarbeitet oder erklärt habe, sei zuvor mit Richard von Weizsäcker diskutiert worden.

Der Prozess ist ein wichtiges Ereignis der frühen Nachkriegsjahre, auch wenn er im Schatten des Nürnberger Hauptkriegsverbrechertribunals steht, das schon im Oktober 1946 mit der Verurteilung ehemaliger Nazi-Größen und führender Repräsentanten der Wehrmacht von Hermann Göring bis Alfred Jodl sein Ende findet. Robert Kempner nennt es «das größte historische Seminar, das in der Weltgeschichte jemals stattgefunden hat». Ähnlich sieht es Weizsäcker: er habe in Nürnberg einen «zeitgeschichtlichen Unterricht von einer prägenden Eindrücklichkeit» absolviert, «wie sie kein abstraktes Studium je hätte bieten können». Die Verteidigung seines Vaters ist für den jungen Mann eine Rosskur in Sachen Vergangenheitsaufarbeitung. Unerbittlich wird er mit den Untaten des Regimes konfrontiert. 39 000 Seiten an Dokumenten liegen dem Gericht vor, die Verhandlungsprotokolle umfassen 28 000 Blatt, zudem wird eine beträchtliche Anzahl von Zeugen und Sachverständigen gehört. In den Nürnberger Prozessen kommt zum ersten Mal die ganze bestürzende Wahrheit über die nationalsozialistischen Verbrechen ans Licht, nicht zuletzt auch über den Holocaust (den es allerdings als Begriff noch nicht gibt). Und weil nach angelsächsischem Recht verhandelt wird, bei dem sämtliche Beweismittel dem Richter vorgetragen werden müssen, ist das Verfahren zugleich eine Expedition in ein unbekanntes (Schreckens-)Gelände: Für alle Anwesenden, so erinnert sich Becker, enthielten die Materialien «ununterbrochen neue Enthüllungen». Alle «lernten täglich aus Zeugenaussagen und vor allem aus Akten Dinge über die jüngste Vergangenheit Deutschlands, die uns neu waren und immer neu erschütterten».

«Groß, schlank, etwas gebeugt und weißhaarig» sitzt Ernst von Weizsäcker auf der Anklagebank – so berichtet es der «Spiegel», der sich freilich die Anmerkung nicht verkneifen kann, dass Weizsäcker denselben Platz einnimmt, der beim ersten Prozess dem später zum Tode verurteilten Hauptangeklagten Hermann Göring vorbehalten war. Die Beschuldigten dieses Verfahrens, das seinen Namen der Berliner Adresse des Auswärtigen Amtes und anderer Reichsministerien verdankt – es ist der vorletzte und größte der zwölf sogenannten «Nachfolgeprozesse» –, sind hohe Beamte, Minister, Staatssekretäre und Wirtschaftsführer, also die bürgerliche Elite des Dritten Reiches. Ernst von Weizsäcker ist einer ihrer markantesten Vertreter. Als ranghöchster Beamter des Auswärtigen Amtes, Staatssekretär seit 1938, ist er einerseits ein Repräsentant des NS-Staates – bei den außenpolitischen Großereignissen des Dritten Reiches sieht man ihn neben der Nazi-Spitze, oft in der protzigen NS-Diplomatenuniform. Andererseits versteht er sich als Mann des Amtes, der dessen Eigenständigkeit und Professionalität gegen den Dilettantismus von Hitler und den neuen Machthabern zu bewahren versucht. Ein Nazi ist er jedenfalls nicht: Im Familienkreis habe er von Hitler nur als «Narr und Verbrecher» gesprochen, berichtet Sohn Carl Friedrich, und Richard überliefert das abfällige Urteil des Vaters über Joachim von Ribbentrop, den Außenminister: dieser gehöre «in die Hände meines Bruders» – des Neurologen Victor von Weizsäcker. Die Parteimitgliedschaft und den SS-Rang, der ihm 1938 bei der Übernahme des Staatssekretärpostens verliehen wird, betrachtet er als unumgänglichen Tribut an seine Stellung.

So umstritten er als Akteur erscheint, so unbestritten ist, dass er versucht hat, eine eigene Rolle im Amt zu spielen. Je deutlicher sich die aggressive Politik des Regimes entfaltet, desto mehr sieht er seine Aufgabe darin, wenigstens den drohenden Krieg zu verhindern. Bei alledem sei sich sein Vater, so Richard von Weizsäcker, vollkommen bewusst gewesen, dass er «das Odium auf sich genommen hatte, im Amt eines verruchten Systems geblieben zu sein». Lange habe er mit sich gerungen, ob er ausscheiden solle, doch habe er sich schließlich zum Bleiben entschieden, um Einfluss auf die Außenpolitik zu behalten. Dass er dem Regime auf diese Weise den Regierungsapparat bereitstellte, ohne den es seine Absichten nicht hätte verwirklichen können, dass er schlimme Vorgänge mitverantworten musste – ganz abgesehen von der Respektabilität, die er dem NS-Regime verschaffte –, glaubte er um des hohen Zieles willen in Kauf nehmen zu müssen.

War er ein Mann des Widerstandes? Ernst von Weizsäcker hat dies von sich nie behauptet, auch sein Sohn nicht, wenngleich er dazu neigt, dem Vater ein Widerstehen gegen Hitler zu attestieren, das von Widerstand kaum noch zu unterscheiden ist. Aber was war er dann? Das Zentrum des Widerstandes im Auswärtigen Amt, wovon vor allem jüngere, ihn bewundernde Diplomaten-Kollegen überzeugt sind? Oder war dieser Widerstand – wie der amerikanische Historiker Klemens von Klemperer befand – eher der eines «erschöpften Staatsdieners der alten Schule als der eines empörten Mannes»? Andere wie der Diplomat Ulrich von Hassel, eine große Gestalt des 20. Juli 1944, würdigen seine Rolle im Auswärtigen Amt, glauben jedoch nicht, dass sie auf ihn bauen können, als der Widerstand sich formiert: «der ganze Kreis um W.», notiert Hassel 1942 in seinem Tagebuch, «zeigt auf die Dauer immer mehr, dass er im Grunde schwach und beeindruckbar ist. Etwas, das nach Handeln schmeckt, ist von dort nie zu erwarten».

Dagegen hat Friedbert Pflüger, der langjährige Pressereferent des Bundespräsidenten von Weizsäcker, die Frage aufgeworfen, ob nur «die Planer von Attentaten dem Widerstand zuzurechnen» seien, nicht jedoch jemand, «der die Verschwörer über Jahre gewähren lässt, sie nach außen deckt und mit Informationen versorgt»? Richard von Weizsäcker ist jedenfalls überzeugt davon, dass sein Vater nach dem 20. Juli 1944 nur deshalb nicht in die Mühlen der Verfolgung geriet, weil er als Botschafter beim Vatikan außer Reichweite der Gestapo war – die Front verlief schon nördlich von Rom.

Es ist nicht zuletzt die Zwiespältigkeit der Situation, die das Urteil über Ernst von Weizsäcker belastet. Margret Boveri, die ihm zugetane Publizistin und Berichterstatterin vom Nürnberger Prozess, die sich mit besonderer Leidenschaft in die Problematik der gespaltenen Identitäten vertieft hat, sah in ihm ein geradezu klassisches Beispiel des «Ineinanderspielens von wirksamer Gegenarbeit und schuldhaftem Mitmachen». In vergleichbarer Weise brachte der norwegische Bischof Eivind Berggrav Weizsäckers Haltung auf den Begriff «Widerstand durch Mitwirkung». Aber wie weit kann ein solches Doppelspiel gehen? Richard von Weizsäcker kommt den Kritikern seines Vaters durchaus entgegen. In seinen «Erinnerungen» setzt er die Haltung seines Vaters einer Fülle von Zweifeln aus und gibt zu erkennen, dass er sich über die problematischen Züge seines Verhaltens im Klaren ist: «War es möglich, war es überhaupt denkbar, den Charakter und die Verbrechen des Regimes zu verabscheuen, ja zu bekämpfen, und ihm dennoch zur Verfügung zu stehen? Konnte dies unter bestimmten Voraussetzungen geradezu geboten sein? Oder war es schlechthin nicht zu rechtfertigen? Welchen Preis musste einer bezahlen, der im Amt blieb, also mitwirkte, um auf die Entwicklung in seinem Sinne verändernd einzuwirken oder um wenigstens Schlimmeres zu verhüten? Was konnte es überhaupt heißen, Schlimmeres verhüten zu wollen, da doch das undenkbar Schlimmste geschah?»

Allerdings ist Ernst von Weizsäcker auch in den Judenmord verwickelt, also in jenen ungeheuerlichen Vorgang, der im Laufe der Nachkriegszeit als Zivilisationsbruch begriffen worden ist und den eigentlichen Tiefpunkt der deutschen Geschichte bedeutet. Das Auswärtige Amt hatte zu den Deportationen Stellung zu nehmen, soweit es sich bei den Betroffenen um Angehörige anderer Staaten handelte. Dass er Deportationen mit seiner Paraphe gebilligt hat, wird ihm zum Verhängnis; deshalb wird er verurteilt. Kann man seiner Erklärung glauben, er habe das Ziel dieser Deportationen, die Vernichtung der Juden, nicht gekannt? Richard von Weizsäcker jedenfalls glaubt, dass sein Vater «mehr als genug» gewusst habe, ist aber zugleich überzeugt davon, dass ihm nicht klar gewesen sei, was der Name Auschwitz bedeutete; bis 1943, dem Zeitpunkt seiner Versetzung nach Rom, habe der Vater dieses Wort nicht gekannt, so wie er selbst den Begriff «sicher nicht vor dem Frühjahr 1945» gehört habe. Außerdem habe sein Vater keine Chance gehabt, mit irgendeiner Aussicht auf Erfolg in die nationalsozialistische Politik gegenüber den Juden einzugreifen.

Angesichts der heute verfügbaren Forschungsergebnisse über die damalige Kenntnis beziehungsweise Unkenntnis der Deutschen in Bezug auf den Mord an den Juden stoßen solche Beteuerungen auf Skepsis, und sie bleiben erst recht erstaunlich, wenn – wie der Sohn in seiner Rede vom 8. Mai 1985 behauptet hat – selbst den Durchschnittsdeutschen nicht hat entgehen können, dass Deportationszüge rollten, sofern sie nur ihre Augen und Ohren geöffnet hatten. In seinen «Erinnerungen» wiederum erklärt Richard von Weizsäcker die Haltung der Deutschen mit den Bedingungen der Existenz in einem totalitären Regime und dem unfassbaren Ausmaß der Verbrechen, in das es sich hineingesteigert hat. Es habe den Deutschen «nicht nur die Information» gefehlt, «es überstieg einfach ihre Vorstellungskraft, dass so Ungeheuerliches hatte geschehen können». Gilt das auch für den Vater und für ihn selbst? Weizsäcker erörtert das nicht, sondern verweist auf die Psychologie der Lebenswirklichkeit und den Mechanismus des menschlichen Bewusstseins, Schlimmes von sich fernzuhalten oder sich damit zumindest zu arrangieren. Zu allen Zeiten habe es die Versuchung gegeben, «möglichst wenig zur Kenntnis nehmen, wenn etwas geschieht oder gerüchteweise verlautet, was nicht geheuer ist; das Gewissen ablenken lassen, wegschauen, schweigen. Kaum einer von uns, die wir die damalige Zeit als Erwachsene erlebten, war davon wirklich ganz frei, auch ich nicht».

Was Ernst von Weizsäcker – und seine Verteidigung durch den Sohn – zum Fall macht, ist nicht so sehr das Scheitern seiner Anstrengungen. Das, so versichert Richard von Weizsäcker, habe «niemand ... schärfer gesehen als mein Vater». Noch aus dem Gefängnis habe er selbstkritisch, selbstquälerisch an seine Frau geschrieben: «Ich habe mir eine Funktion zugetraut, die im entscheidenden Augenblick über meine Kräfte ging. Ich kritisiere nicht den von mir im Frühjahr 1938 getroffenen Entscheid, den Kampf anzunehmen. In meinem schließlichen Verhalten habe ich aber zu sehr die Kraft des Möglichen anwenden wollen und habe den Wert des Irrationalen unterschätzt. Mit mehr Herz und vielleicht Fanatismus hätte ich es auf eine Katastrophe ankommen lassen, ja, sie im richtigen Moment bewusst hervorrufen müssen. Konkret gesagt: Ich hätte unmittelbar vor Kriegsausbruch eine Kraftprobe auf Biegen und Brechen – in dieser Lage also Brechen – machen sollen... Mein Verhalten ab Herbst 1939 ist unrühmlich...» Den Rest beantwortet unnachsichtig die Geschichte: Ernst von Weizsäckers Meisterstück, das Münchner Abkommen, das 1938 den Frieden sicherte, der, wie er sagte, «letzte glückliche Tag meines Lebens», gilt heute als Paradigma eines politischen Fehltritts, weil es der deutschen Opposition die Chance des aktiven Widerstands aus der Hand schlug und Hitlers Kriegswillen anstachelte.

Es ist sein politischer Habitus, ja, sein Weltbild, auf das sich heute die Vorbehalte gegen Ernst von Weizsäckers Doppelstrategie stützen. Wolf Jobst Siedler, ein eher konservativer Publizist, hat als Urgrund seines Irrens die Ordnungsvorstellungen der alten deutschen Eliten ausgemacht. Deshalb habe Weizsäcker Hitlers Revisionspolitik zunächst mitgetragen, im Glauben, dass das Regime und er das gleiche Ziel verfolgten. Auch sei das Betreiben der Revision von Versailles, der Grenzkorrekturen von Malmedy bis zum polnischen Korridor, selbst das Streben nach einer mitteleuropäischen Hegemonie, die beispielsweise der Tschechoslowakei kein Existenzrecht einräumt, gar nicht so weit ab «von dem, was auch Erzberger oder Rathenau dachten und dann später Stresemann und Brüning wollten». Auf eine Revision von Versailles drängten sie alle. Aber, so Siedler, «durfte man Versailles für diesen Mann revidieren wollen? Und konnte man ihn noch zu zähmen hoffen, nachdem längst deutlich geworden war, dass es gar nicht um Versailles ging», sondern um einen radikalen, verbrecherischen Expansionskurs? Siedlers Diagnose endet mit dem Befund einer erstaunlichen, verhängnisvollen Blindheit: «Der Einbruch des Außersittlichen in das Herz Mitteleuropas, die Verkörperung des schlechthin Bösen in der Gestalt des deutschen Staatsoberhaupts – das war ihm offensichtlich eine unvollziehbare Vorstellung, so viel Anschauung sein tägliches Amt auch bot. Noch in der Apokalypse scheint er nicht begriffen zu haben, dass er es mit dem Antichrist zu tun gehabt habe, und insofern war der rastlos für das halbwegs Vernünftige Tätige repräsentativ für die Wirklichkeitsflucht der alten deutschen Führungsschicht.»

Nicht so ganz anders fällt übrigens Richard von Weizsäckers Urteil aus: «In seinem ganzen Weltbild fehlte es an der Vorstellungskraft, die Dämonie des Bösen zu begreifen, wie sie bereits am Werke war.» Aber woher diese Schwäche bei einem Mann, dessen Intelligenz und Aufgeschlossenheit außer Frage stehen? Wie sind seine gewaltigen Illusionen zu erklären, gegenüber der Politik Hitlers wie auch, nach dem Krieg, gegenüber den Alliierten? Denn offenbar hatte Ernst von Weizsäcker auch kein Gespür dafür, dass allein das Ausmaß der Katastrophe, in die das Dritte Reich die Welt gestürzt hatte, die Siegermächte veranlasste, seine Diener nach der einfachen Logik des Mitgegangen-Mitgehangen zu behandeln, ohne sich auf weiter gehende Differenzierungen einzulassen. Stattdessen glaubte er ernsthaft daran, dass es für ihn – wie er in seinen «Erinnerungen» bekannt hat – nach der Kapitulation noch eine politische Aufgabe geben könne, und ist tief enttäuscht darüber, «dass jedermann verfemt war, der mit diesem Regime zu tun gehabt hatte, sei es als Anhänger, Mitläufer oder auch in stiller und noch so rühriger Opposition».

Liegt der Grund dafür in seiner Persönlichkeit, in ihrer Fixierung auf die Welt des alten monarchischen Beamtenstaates, der tief in ihm steckte? Noch in seinen 1950 erschienenen «Erinnerungen» – also mehr als dreißig Jahre nach dem Sturz von Kaiser und Königen – bezeichnet er «eine konstitutionelle Monarchie mit einem einsichtigen Fürsten an der Spitze als diejenige Ordnung, die in normalen Zeiten dem Deutschen am besten angepasst sei». Oder ist es der Hochmut des Metiers, der ihn glauben ließ, mit den diplomatischen Schachzügen, die er so brillant beherrschte, die Machthaber gegeneinander auszuspielen und zur gleichen Zeit widersprüchliche Ziele verfolgen zu können: also eine Politik nach dem Muster «Für Großdeutschland – gegen den großen Krieg» zu betreiben (wie der Historiker Rainer Blasius seine Monographie über Weizsäckers Rolle während der Sudetenkrise genannt hat)? Erstaunlicherweise hat er Politik, wie sein Sohn Carl Friedrich feststellt, eigentlich nur als Außenpolitik wahrgenommen. Oder ist der Fall Weizsäcker ein Beispiel der «machtgeschützten Innerlichkeit», in der Thomas Mann eine Hypothek der Deutschen sah, ihrer Stärken und, vor allem, Schwächen? Es berührt schon sonderbar, wie Ernst von Weizsäcker nach einem Weltuntergang, dessen Zeuge aus nächster Nähe er wurde, seine tief verbitterte Rechtfertigung in eine arglose, maritime Bildersprache kleidet, eine Art politisches Seegarn: «Was sollte mir altem Seemann zustoßen? Mein Boot war doch nicht leck. Die Takelage war in Ordnung. Das ‹stehende und laufende Gut›, wie man es in der Seemannssprache nennt, war doch solide. Wie sollte es da Havarie geben?»

Fast ebenso bemerkenswert wie der Prozess selbst – heute kaum mehr als eine Fußnote der Zeitgeschichte – ist seine Resonanz in der Öffentlichkeit. An ihrem Beispiel zeigt sich, dass die deutsche Unglücksgeschichte damals wahrhaftig «noch qualmt» (Barbara Tuchman): Deutschland steckt nach wie vor tief in der Vergangenheit von Krieg und Niederlage, und seine Zukunft ist noch ganz unabsehbar, obwohl sie doch im Jahr darauf, 1949, mit der Gründung der Bundesrepublik markant einsetzt. Auch sehen sich die Deutschen – was Richard von Weizsäcker in Erinnerung ruft – mit den grob vereinfachenden Geschichtsbildern der Alliierten konfrontiert, die eine direkte Linie von Luther zu Hitler ziehen und im Dritten Reich die logische Konsequenz der deutschen Vergangenheit sehen. Der Krieg und die deutschen Verbrechen gehören dazu, als Folge dieser Geschichte, wenn nicht sogar des deutschen Nationalcharakters – was nach allem, was geschehen ist, kaum verwundert. Zudem steckt eine zeithistorische Erforschung des Dritten Reiches, die dessen Gründe und Hintergründe untersucht, noch in den Kinderschuhen.

Wie desolat die Lage von den Deutschen empfunden wird, signalisiert der Ingrimm, mit dem die deutschen Kommentatoren den Morgenthau-Plan heranziehen, um auf den Wilhelmstraßenprozess einzuschlagen; dabei ist dieses Konzept der De-Industrialisierung Deutschlands für die Alliierten schon kein Thema mehr. Der Journalist Hans-Georg von Studnitz etwa zeigt sich überzeugt davon, dass der Prozess «die Elite des deutschen Volkes treffen und die Deutschen zu einer führungslosen Herde machen» solle – der Nürnberger Berichterstatter der «Zeit» ist allerdings ein eingefleischter Konservativer. Aber auch Paul Sethe, eine Lichtgestalt des Nachkriegsjournalismus, ist in der «Frankfurter Allgemeinen» der gleichen Auffassung: mit den alliierten Prozessen gegen hohe Beamte, Industrielle und Offiziere sollen «die führenden Schichten des Volkes ins Mark getroffen werden, sollte aber auch das einfachste Selbstgefühl der Deutschen verwundet werden»; auch für ihn bilden die Prozesse «eine Art verfeinerte Morgenthau-Politik». Der Artikel erscheint übrigens nach Verkündigung des Urteils, als Weizsäcker im Landsberger Gefängnis sitzt und in der jungen Bundesrepublik die Debatte um die Wiederbewaffnung beginnt. Sethe ergreift die Gelegenheit zu einem seiner brillanten publizistischen Aufschläge, die zugleich den Erregungspegel der Auseinandersetzung dokumentieren: «Was soll eine deutsche Kompanie denken, die an den Mauern von Landsberg vorbeimarschiert, wenn solche Männer dahinter sitzen?»

Für die Schiffbrüchigen der deutschen Katastrophe, die es ans Ufer einer unsicheren Zukunft geschafft haben, zumal in den bürgerlichen Schichten, wird Weizsäcker zu einer symbolischen, wenn nicht gar nationalen Figur. Eine große Zahl derer, die sich schlecht und recht durchs Dritte Reich gebracht haben und nun versuchen, ihre Vergangenheit zu rechtfertigen, sieht in ihm die Verkörperung des «anständigen Deutschen», zu denen sie, natürlich, auch gehören wollen. Viele unter den durch den Zusammenbruch aus der Bahn geworfenen Diplomaten, Verwaltungsleuten und Wirtschaftsführern suchen und finden in ihm eine Bezugsperson. Das Echo des Verfahrens ist entsprechend groß: die schon genannte Margret Boveri verarbeitet den Prozess unter dem Titel «Der Diplomat vor Gericht» zu einem Buch, in dem sie Weizsäcker bescheinigt, dass an ihm «der langwährende, verwickelte und schmerzhafte deutsche Zwiespalt» sichtbar geworden sei. Als die «Erinnerungen» Ernst von Weizsäckers erscheinen, herausgegeben von seinem Sohn Richard, werden sie in der «Zeit» vorabgedruckt und in der «Frankfurter Allgemeinen» sozusagen auf Knien besprochen.

Vor allem in Kreisen des Auswärtigen Dienstes, in dem Ernst von Weizsäcker als Fachmann, Kollege und Vorgesetzter einen bedeutenden Ruf besaß, findet seine Haltung Anerkennung und Sympathie. In der Einschätzung des klugen und redlichen Albrecht von Kessel, Mitarbeiter Weizsäckers auf vielen Stationen und schließlich auch in der Endstation Vatikan-Botschaft, bewirkt der Prozess, dass sein Chef «als Symbol des tragischen Schicksals der Wohlgesinnten dasteht und sich auch als solches empfindet». Im Überschwang nennt er ihn den «christlichen Seneca unserer Epoche, der noch einmal Zeugnis abgelegt hat für die unzerstörbaren Kräfte des Guten». Doch beginnt bald auch schon der Versuch früherer Diplomaten, aus Weizsäckers Rolle im Auswärtigen Amt eine Rechtfertigung für ihr eigenes Verhalten im Dritten Reich abzuleiten. Für manche wird er «zum Anker- und Ausgangspunkt» (Norbert Frei) der Stilisierung der Auswärtigen Amtes und seiner zumeist jüngeren Mitglieder als Hort des Widerstands. Schon Margret Boveri stellt Weizsäcker in eine Reihe mit Admiral Canaris oder dem Hitler-Attentäter Graf Stauffenberg, die, wie sie formuliert, «im Leviathan gegen den Leviathan» arbeiteten, also für den deutschen Widerstand gegen das Dritte Reich stehen. Ernst von Weizsäcker selbst sieht das übrigens mit Abstand: Es sei «merkwürdig, wie die ‹Widerstands›-Literatur schon fast nicht mehr zu übersehen ist», schreibt er 1949 an seine Frau. «Schon schreibt einer vom anderen ab. Man kann dabei gut beobachten, wie geschichtliche Thesen geprägt werden.»

Ernst von Weizsäcker wird im April 1949 zu einer Gefängnisstrafe von 7 Jahren verurteilt, die bald darauf um zwei Jahre verkürzt wird. Nach nur achtzehn Monaten wird er im Herbst 1950 aus der Haftanstalt Landsberg entlassen und stirbt bereits 1951. Schon in seinem Plädoyer hatte der Anwalt Hellmut Becker Winston Churchill zitiert, der im britischen Unterhaus erklärt hatte, der Prozess sei ein «tödlicher Irrtum» gewesen – für Richard von Weizsäcker eine wichtige Bestätigung seiner Überzeugung, dass sein Vater unschuldig und Opfer eines Fehlurteils war. Noch während der Haftzeit erfährt Ernst von Weizsäcker breite Unterstützung auch in der deutschen Öffentlichkeit – namhafte Persönlichkeiten aus Politik, Publizistik und Kirche treten für ihn ein, und bei den Forderungen nach einer Amnestie für verurteilte Kriegsverbrecher, die im Schatten der Debatte um eine Wiederbewaffnung in der jungen Bundesrepublik mit erstaunlicher Leidenschaft erhoben werden, wird sein Name durchweg als erster genannt. Bundeskanzler Adenauer verwendet sich gegenüber dem amerikanischen hohen Kommissar John McCloy für den Inhaftierten, desgleichen Bundespräsident Heuss, der für sich sogar in Anspruch nimmt, die vorzeitige und exklusive Entlassung Weizsäckers erreicht zu haben – er habe ihm, den er für unschuldig hält, ersparen wollen, gemeinsam mit anderen Inhaftierten, die aus triftigeren Gründen verurteilt worden seien, das Gefängnistor zu verlassen.

Richard von Weizsäcker hat den Prozess im Rückblick eine emotionale, zutiefst menschliche Erfahrung genannt. Das Erlebnis des Tribunals an der Seite des Vaters habe ihm einen tieferen Einblick in dessen Persönlichkeit verschafft, «so schwer zugänglich gerade sie den Anklägern und manchen Historikern erschien». In den eineinhalb Jahren des Verfahrens sei «eine menschliche Existenz mit ihrem Horizont und Handeln in einer extremen Situation» zutage getreten. Schließlich bleibt ein Gefühl der Erschütterung über die Rolle des Menschen in der Geschichte, in dem sich Schicksalsklage und Schicksalsergebenheit vereinen: «Wie sollen wir dem Drama der Geschichte gerecht werden, das uns überwältigt und dessen Mitwirkende wir doch sind?» Er resümiert die Erfahrung von Nürnberg mit der schlichten persönlichen Einsicht, «mir selbst und vor allem anderen jungen Menschen nur zu wünschen, niemals in eine Lage zu kommen, in der mein Vater war». Wenn aber doch, dann mit der Haltung, die dieser gezeigt habe. Kein Ende nirgends, jedenfalls für Richard von Weizsäcker: Die Nachfahren der Protagonisten des alten Deutschlands ringen um seine Ehre.

Ohne Zweifel bleibt der Fall Weizsäcker eine Herausforderung für das zeithistorische Bewusstsein in der Bundesrepublik. In den frühen Nachkriegsjahren war sein Leben «zwischen Widerstand und Mitwirkung unter dem Nationalsozialismus» – wie Hellmut Becker, sein Verteidiger, festgestellt hat – «von exemplarischer Bedeutung für das Verstehen der Zeit, die nun unmittelbar hinter uns lag». Im Abstand der Jahrzehnte wird Weizsäckers Schicksal eher zum Probefall für die Erwägung, wie weit zivile, «normale» Existenz im Dritten Reich möglich war, ob und in welchem Grade man sich dem Regime anpassen musste. Es wirft die Frage auf nach der Rolle der deutschen Oberschicht und der Rechtfertigung bürgerlichen Lebens im NS-Staat überhaupt. Inwieweit konnte jemand Staatssekretär im Auswärtigen Amt sein, ohne zum Helfershelfer der Nationalsozialisten zu werden, und welches Verhalten kann ihn von einer Mitschuld freisprechen? Hinter der Doppelstrategie, die Ernst von Weizsäcker verfolgt hat, taucht das Problem des Doppelgesichts des Dritten Reiches auf, das ein totalitäres Regime war und zugleich der Rahmen für ein «normales» bürgerliches Leben. Der Fall

Weizsäcker markiert in diesem Sinne jene Fronten, die sich tief in die Nachkriegsgeschichte eingegraben haben: hier die Nachgeborenen, die den Stab über die Vätergeneration brechen, die Hitler nicht verhindert, sondern mitgetragen hat; dort der Versuch, dem Handeln dieser Generation unter den Bedingungen einer Diktatur gerecht zu werden. Formuliert man das Problem als Frage, ob es ein richtiges Leben im falschen geben kann, wird offensichtlich, dass es über das Dritte Reich hinausführt.

Das mag der Grund sein, warum der Fall Weizsäcker immer wieder die Gemüter gereizt hat – sei es in der Folge von Weizsäckers Rede am 8. Mai 1985, sei es im Kontext des Historikerstreits oder der erbitterten zeithistorischen Debatten der achtziger Jahre. Dabei erledigen sich die rechtsextremen Attacken auf die Weizsäckers von selbst: Notorisch wird das Vater-Sohn-Verhältnis dazu herangezogen, um Weizsäckers politische Haltung vulgär-analytisch als Bewältigung des Vaterkonflikts zu desavouieren – Zeugnis eines verbohrten Denkens, das seinerseits die Entwicklung der Bundesrepublik nicht bewältigt hat. Anders die Kontroversen, die auf dem Boden der kritischen Auseinandersetzung mit der deutschen Geschichte stehen: Sie entzünden sich – und das immer von neuem – an den Zweifeln und der Verzweiflung, die die Rolle der Eliten im Dritten Reich und der Umgang der Nachkriegsdeutschen mit der NS-Vergangenheit wahrhaftig erzeugen können – und das Verhalten des Vaters sowie dessen Verteidigung durch den Sohn müssen als Belege dafür herhalten. Dass der Vater mit dem Verbleiben im Amt «seinem Führer ... bis zum letzten Tag gedient habe», dass er sich also dem «Nazi-Regime zur Verfügung gestellt habe», was der Sohn leugne, hat «Spiegel»-Herausgeber Rudolf Augstein etwa zum Kernstück einer Philippika gemacht, mit der er unter dem Titel «Die neue Auschwitz-Lüge» im Oktober 1986 gegen einen angeblichen Geschichtsrevisionismus zu Felde zog. Als Weizsäcker sich in einem Brief wehrt, legt Augstein nach: es seien «eben die

Weizsäckers» gewesen, «die Hitlers und Ribbentrops Krieg mitgetragen und mitgeführt» hätten.

Auch in diesem Fall stellt sich der Sohn vor den Vater. Er wiederholt die Argumente, die er seit dem Prozess immer wieder vorgetragen hat: Den Vater habe nicht der Wunsch geleitet, «sich dem Regime zur Verfügung zu stellen, sondern der Versuch, in den Gang der deutschen Außenpolitik einzugreifen», und auch der «Spiegel»-Herausgeber bekommt den Satz zu hören, keiner möge in die Lage kommen, in der sein Vater gewesen sei. Dass Weizsäcker bei seinen Erklärungen und Erläuterungen oft die bis in den Wortlaut identischen Formulierungen und Zitate nutzt – von der Antwort auf Augstein bis zu seinen «Erinnerungen» aus dem Jahr 1994 –, offenbart, wie sehr er seine Lesart des väterlichen Schicksals zu einer Wagenburg gegen den Zeitgeist ausgebaut hat. Andererseits zeigen seine Reaktionen auf Urteile über seinen Vater, dass dieses Bauwerk auf einem nicht immer unerschütterbaren Grund steht. Jedenfalls reagiert er äußerst empfindlich auf Kritik am Verhalten des Vaters – nicht anders als der Bruder, wenn dieser sich in die familiäre Verteidigung einschaltet. Carl Friedrich von Weizsäcker ist dann zurückhaltender im Ton, aber unüberhörbar verletzt in der Sache: Es sei «oft quälend zu sehen, wie in der notwendigen, hocherwünschten Aufarbeitung der Fakten die Schuldzuweisungen ungenau erfolgen, sei es zornig, sei es hämisch, sei es entschuldbar unwissend». Wo immer im Laufe der Jahrzehnte die Integrität des Vaters in Zweifel gezogen wurde, waren die beiden Brüder zur Stelle. Und noch der fast neunzigjährige Richard von Weizsäcker antwortet auf die Frage, ob ihn denn der Vater immer noch beschäftige, lapidar: «Selbstverständlich. Es gibt keine historische, keine moralische, keine menschliche Immunität, im Alter wie in der Jugend.»

Die Frage nach den Möglichkeiten und Grenzen «normaler», bürgerlicher Existenz im Dritten Reich gehört offenbar zu den Themen, die nicht vergehen. Zwanzig Jahre nach Weizsäckers

Disput mit Rudolf Augstein taucht es, wenn auch verschoben, in einem Interview auf, das ausgerechnet Augsteins Tochter Franziska mit dem Altbundespräsidenten führt. In der «Süddeutschen Zeitung» konfrontiert sie ihn im Mai 2006 mit dem bekannten Vorwurf, Adenauer habe die alten Nazis in die Bundesrepublik eingebunden – ein Hauch rächender Unschuld schwingt unverkennbar mit. Weizsäcker widerspricht, mit einem Unterton von Schärfe: «Ihre Formulierung geht fehl. Er hatte Globke, ja. Und es gibt Berufszweige, bei denen nicht aufgepasst wurde, nicht zuletzt die Richterschaft.» Als Franziska Augstein, die These von der nachkriegsdeutschen Restauration bekräftigend, weitere Berufsgruppen aufzählt – Juristen, Mediziner, Diplomaten, Industrielle, Bankdirektoren –, stellt Weizsäcker pointiert ein Bild bürgerlicher Existenz im Dritten Reich dagegen: «Sie meinen die Leute, die unter Hitler ihren Berufen nachgegangen sind, ohne sich notwendige politische Gedanken zu machen. Tja, sollte man die alle ausgrenzen, nur weil sie danach, zumeist unpolitisch, in ihren Berufen tätig waren?» Und er schließt die Erwiderung mit den Erfahrungen seines Berufslebens ab, notabene in einem Wirtschaftszweig, in dem die personelle Kontinuität besonders hoch war: «In meinem Arbeitsfeld habe ich übrigens keinen alten Nazi getroffen, weder bei Mannesmann noch bei Boehringer.»

Teil 2 **Der Weg in die Politik**

«Wo die wesentlichen Entscheidungen fallen»:
Karriere in der Wirtschaft

Als Richard von Weizsäcker sechs Jahre alt ist, prophezeit sein Bruder Carl Friedrich, aus Richard werde einmal ein «Parlamentsredner». Es sei eine «eher stöhnende Prognose» gewesen, hat Weizsäcker gestanden, denn sie war alles andere als lobend gemeint und bezog sich auf die schwer zu bremsende Redeneigung des jüngsten Familienmitglieds. Aber dass er schließlich zu einer politischen Tätigkeit strebte, ist wohl früh erkennbar gewesen – nicht zuletzt ihm selbst. Die Wahl des Jurastudiums deutet zumindest darauf hin, und mehr noch vielleicht der Entschluss, an der Verteidigung seines Vaters mitzuwirken. Später hat er einmal bemerkt, er habe immer vorgehabt, die Politik zum Hauptberuf zu machen. Allerdings: Wenn Weizsäcker eine politische Karriere wirklich so fest im Sinn hatte, so ist ihr das jedenfalls nicht anzusehen. Das Erstaunliche an seiner beruflichen Laufbahn besteht darin, dass sie zunächst in eine ganz andere Richtung weist. Anders als etwa sein Göttinger Kommilitone Wilhelm Hennis, der nach seinem Jurastudium sogleich Mitarbeiter der SPD-Bundestagsfraktion wird – und schon gar nicht nach dem heutigen Muster, dem zufolge die politische Laufbahn bereits «in der Obersekunda beginnt», wie Weizsäcker spottet –, geht er in die Wirtschaft. Als er sich zum ersten Mal um ein politisches Mandat bewirbt, ist er fast fünfzig. Bis dahin wird er fünfzehn Jahre in der Welt der Industrie verbringen – durchaus erfolgreich.

Weizsäcker schert damit auch aus der Familientradition aus. Tastende Versuche, in die Fußstapfen dieser Sippe von Beamten und Wissenschaftlern zu treten, führen nicht weit: dem eben gegründeten Institut für Zeitgeschichte in München, für das ihn seine Tätigkeit beim Nürnberger Prozess prädestiniert hätte, mag er sich am Ende doch nicht anschließen; im Auswärtigen Amt, das sich im Aufbau befindet, kommt er nicht zum Zuge – dort scheut man vor dem Namen Weizsäcker zurück –; und die Chance, Richter zu werden, lässt er sich entgehen. Stattdessen ergriff er die sich bietende Gelegenheit, als wissenschaftlicher Mitarbeiter in die Rechtsabteilung des Bergbaukonzerns Mannesmann einzutreten.

Es ist ein Anfang nach handfester Art, den Weizsäcker gern beschreibt: Büro auf dem Gelände der Zeche «Consolidation» in Gelsenkirchen, neben dem Schalker Markt, 120 DM Monatsgehalt nebst 6 DM Tagegeld für jeden in Gelsenkirchen verbrachten Arbeitstag, Unterkunft als Untermieter bei einer Steigerswitwe. Kann es da verwundern, dass es ihn bewegt, als er drei Jahrzehnte später die Grube als Bundestagsvizepräsident besucht und vom Betriebsrat einen Gutschein über das bescheidene Tagegeld ausgehändigt bekommt, weil er nach seinem alten Arbeitsverhältnis Anspruch darauf habe? Die Tätigkeit am Schalker Markt nutzt er nicht zuletzt, um die Referendarzeit hinter sich zu bringen. Mit dem Assessorexamen fängt er im November 1953 in der Rechtsabteilung in Düsseldorf an.

Begründet hat Weizsäcker den Entschluss, in die Wirtschaft zu gehen, auch mit dem Wunsch, dort tätig zu sein, «wo die wesentlichen Entscheidungen fallen». Da ist er bei Mannesmann am richtigen Ort – erst recht, als er 1957 Leiter der wirtschaftspolitischen Abteilung wird. Denn die Wirtschaft ist – wie er findet – der Bereich, mit dem das öffentliche Leben in der Bundesrepublik richtig losgeht. Als Weizsäcker 1950 in die Firma eintritt, beginnt in der deutschen Großindustrie gerade der von den Alliierten angeordnete Prozess der «Entflechtung». Doch als er drei Jahre später seine Arbeit in der Düsseldorfer Zentrale aufnimmt, ist der riesige Komplex schon wieder vereint und auf dem Weg, seine Bedeutung für die Montanindustrie zurückzugewinnen. Mannesmann ist eines der maßgebenden Unternehmen im Bereich von Kohle und Stahl, und in den fünfziger Jahren sind das die entscheidenden Rohstoffe für den Wiederaufbau und den wirtschaftlichen Aufstieg der Bundesrepublik. Dementsprechend wächst auch der Konzern massiv.

Vor allem aber wird Richard von Weizsäcker durch sein Arbeitsgebiet mitten hineingestellt in einen höchst dynamischen, zukunftsweisenden Sektor der deutschen Industrie. Er hat zu tun mit den neuen Strukturen, die die Weichen für den Wandel der Unternehmen stellen und zugleich den neuen Rahmen für die Wirtschaft und das Arbeitsleben in der Bundesrepublik setzen. Damals entsteht ein neues Unternehmens- und Kartellrecht, die Mitbestimmung wird gegen viele Widerstände eingeführt und ein Betriebsverfassungsgesetz nach endlosen Debatten verabschiedet. Er erlebt, wie Schritt für Schritt gesellschaftspolitisches Neuland erobert wird und die Verfassung der Unternehmen ebenso wie das Verhältnis zwischen den Tarifpartnern die Form erhalten, in der sie seither die Wirtschafts- und Arbeitswelt der Bundesrepublik bestimmen. Im Rückblick hat Weizsäcker die Bedeutung seiner Tätigkeit heruntergespielt: sie sei mehr «eine Lehre in Wirtschafts- und Sozialpolitik als eigene Beteiligung an Aufgaben der Unternehmensführung» gewesen. Wie auch immer: Es bleibt für Weizsäckers Lebensweg ein wichtiges und formendes Moment, dass er als junger Mann daran mitwirkt, wie in Westdeutschland das System der Marktwirtschaft und Sozialpartnerschaft entsteht, das über viele Jahrzehnte die Besonderheit der Bundesrepublik, ihren Stolz und ihren wirtschaftlichen Erfolg begründet. Der in die Politik geratene Intellektuelle, der politische Philosoph oder philosophische Politiker – um gängige Etikettierungen Weizsäckers zu bemühen – ist dabei, als die «Deutschland AG» und der «rheinische Kapitalismus» entstehen.

Es gehört auch zu Weizsäckers Biographie, dass er die Jahre, in denen er in Gesellschaft und Privatleben Fuß fasst, an Rhein und Ruhr verbringt – in der Region, die in den fünfziger Jahren zum wirtschaftlichen und politischen Motor der Bundesrepublik wird. Hier, im größten industriellen Ballungsgebiet des Landes, ist das entschlossene Sich-Aufrichten aus Zerstörung und Zusammenbruch noch eindrucksvoller wahrzunehmen als anderswo. Hier beginnt die Erfolgsgeschichte, die bald Wirtschaftswunder heißt und zum Symbol des deutschen Wiederaufstiegs wird. Als Weizsäcker 1950 in den Beruf eintritt, hat sich außerdem das Zentrum der deutschen Politik bereits an den Rhein verlagert – Nordrhein-Westfalen, das größte Bundesland, bildet für West-Deutschland ohnedies den Mittelpunkt von Macht und Einfluss, und mit der Wahl Bonns zum Regierungssitz entsteht hier der politische Schwerpunkt des Landes. Seit 1953 ist Weizsäckers Arbeitsplatz Düsseldorf, das «der Schreibtisch des Ruhrgebiets» genannt wird, welches wiederum den stolzen Titel «stählernes Herz der Bundesrepublik» trägt.

Hier nimmt die an Effizienz, Sicherheit und Konsum orientierte Mentalität der Nachkriegsrepublik Gestalt an. Das «Land aus dem Schmelztiegel» ist der wichtigste Schauplatz für den damals bewunderten, später belächelten Geist der fünfziger Jahre – vom frühen Glamour Düsseldorfs mit dem Zeichen des hochaufragenden Thyssen-Hauses bis zu jenem altmodisch-protzenden Stil der Stillosigkeit, der nicht zufällig «Gelsenkirchener Barock» genannt wird, inbegriffen die ironische Schärfe des Kommödchens, des bedeutenden Nachkriegskabaretts. Nach Düsseldorf folgt als Wohn- und Arbeitsort Ingelheim, dann Bonn, doch die Rheinschiene, die pulsierende Ader der frühen Bundesrepublik, bleibt der Hintergrund für diese Berufs- und Lebensjahre

Richard von Weizsäckers, in denen er «diesen großen Strom hinauf- und wieder hinuntergezogen» ist.

Diese Aufbaujahre in Westdeutschland sind ein Kapitel mit vielen Seiten, geprägt von vorwärts- und rückwärtsgewandten Tendenzen. Gerade im Ruhrgebiet wird der Aufbruch beherrscht von den alten Wirtschaftsclans, die bereits am Ende der Weimarer Republik aktiv waren und ihre Karrieren im Dritten Reich ungerührt fortgesetzt haben. Doch lässt sich an Weizsäckers Laufbahn auch ablesen, wie viele produktive Ideen inmitten dieser alten, vielleicht zu unbefangen wiederhergestellten Wirtschaftswelt entstehen. Die Herausforderungen des Wiederaufbaus und Strukturwandels verlangen nach Antworten und rufen gesellschaftliche Debatten hervor. Es gibt Gesprächskreise und Initiativen, in denen sich Berufskollegen zum Meinungsaustausch treffen, häufig im privaten Rahmen. Die Verhältnisse sind noch nicht gefestigt, die Entwicklungen formbar.

Für Richard von Weizsäcker, der in solchen Gesprächskreisen aktiv ist, bilden dabei die christlichen Soziallehren ein Thema, das ihn besonders fesselt. Vor allem die starke Rolle, die katholische Gesellschaftskonzepte in den Orientierungsdebatten der ersten Nachkriegsjahre spielen, regt die Diskussion an, auch in protestantischen Kreisen. Man zerbricht sich den Kopf über die Form der Beteiligung von Arbeitnehmern an Gewinn und Kapital – Miteigentum, Belegschaftsaktien, Investivlohn lauten die Schlüsselbegriffe. Ein anderes gesellschaftspolitisches Thema ist die Mitbestimmung, der umstrittene Debütant in der gesellschaftspolitischen Diskussion, über die die Meinungen weit auseinandergehen. Weizsäcker gehört dabei zum liberalen Flügel und spricht sich für die Mitbestimmung aus – von konservativeren Gesprächspartnern wird er deshalb auch schon einmal «zwischen rot und rosa eingeordnet». Es passt dazu, dass er daran beteiligt ist, als Mannesmann ausgerechnet das Frankfurter Institut für Sozialforschung – Hort der kritischen, stark marxistisch angehauchten Theorie – mit einer empirischen Untersuchung beauftragt. Nicht ohne Amüsement beobachtet er, wie die Intellektuellen mit der ihnen fremden Welt der Wirtschaftskapitäne umgehen.

Seine Karriere in der Wirtschaft verschafft ihm schließlich auch den Vorzug, dass er die Welt der Rhein- und Ruhrindustrie, zu der Politiker nur selten Zugang haben, von innen kennenlernt. Er kommt in Berührung mit den Kreisen der Wirtschaftselite – mit ihren durch persönliche Beziehungen geknüpften Netzwerken und firmenbezogenen Loyalitäten, mit ihren gemeinsamen Erfahrungen und geschlossenen Zirkeln, mit ihren Jagden und Empfängen. Bereits die Umstände, unter denen Weizsäcker zu Mannesmann gekommen ist, verraten etwas über die Wirksamkeit dieser Muster. Bei den Nürnberger Prozessen ist Günter Geißeler, der Verteidiger des angeklagten Industriellen Alfried Krupp von Bohlen und Halbach, auf den jungen Kollegen aufmerksam geworden. Er «holt» ihn, wie er berichtet, als Mitarbeiter in die Firma, als er die Leitung der Rechtsabteilung von Mannesmann übernimmt und Weizsäcker das juristische Examen abgelegt hat. In seiner Einschätzung des jungen Mannes spielt die gemeinsame militärische Vergangenheit keine unwichtige Rolle: beide waren Frontoffiziere, Regimentsadjutanten und am Ende des Krieges Hauptleute. Da gilt das Prädikat, dass er «einer von uns» ist, vom Revier gepackt und kameradschaftlich in seiner Haltung, als kollegialer Ritterschlag. Ein kräftiger Hauch von Kameraderie und Frontbewährung ist dabei. Aber ist das ein Wunder? Der Krieg, kaum ein Jahrzehnt her, steckt der ganzen Generation noch tief in den Knochen, und so erstaunt es kaum, dass die Strukturen des Berufslebens nach wie vor von dem Geist des soldatischen «Einer-für-alle» durchdrungen sind.

Im selben Maße, wie die grundsätzlichen Rahmenbedingungen für den Bergbau, die Eisen- und Stahlindustrie sowie die Industrie insgesamt für Mannesmann an Bedeutung gewinnen, wird auch das politische Engagement Weizsäckers registriert und honoriert. Die Abteilung für Wirtschaftspolitik, die er 1957 übernimmt, ist ganz auf ihn zugeschnitten. Schließlich gerät er sogar in die Nähe der geheimnisvollen Zone, in der sich Wirtschaft und Politik berühren: Er arbeitet Wolfgang Pohle direkt zu, einem früheren Leiter der Rechtsabteilung von Mannesmann, später Vorstandsmitglied der Firma, der 1959 schließlich Generalbevollmächtigter der Flick KG wird. Dieses «gelernte und bewährte Raubein der Montanindustrie» – wie ihn der Wirtschaftspublizist Kurt Pritzkoleit in den sechziger Jahren nennt, durchaus anerkennend – ist ein geradezu klassisches Exemplar der Elite an Rhein und Ruhr: bereits in der Weimarer Republik und im Dritten Reich auf wichtigen Positionen, ist er seit 1940 bei Mannesmann, überwintert dort den Krieg und gehört zu den Verteidigern der Unternehmensführer in Nürnberg, um dann in den fünfziger und sechziger Jahren eine wichtige Rolle an der Nahtstelle von Politik und Wirtschaft zu spielen – er ist Bundestagsabgeordneter, führendes Mitglied im Bundesverband der Deutschen Industrie und wirkt in zahllosen Aufsichtsräten und Beratungsgremien mit. Weizsäcker bewegt sich also durchaus in den Vorzimmern der Macht.

Der junge Mann von Mannesmann wird auch – wie es sich für aufstrebende Führungskräfte gehört – zu den Veranstaltungen geladen, bei denen die Größen der deutschen Wirtschaft Nachwuchspflege betreiben, halb Fortbildungsseminare, halb Karrierebörse. Es passt dazu, dass er dabei – und zwar im Streit – auf eine monumentale Gestalt der fünfziger Jahre trifft, die wie kaum eine andere das Klima dieser Aufstiegsjahre repräsentiert, den BDI-Präsidenten Fritz Berg. Der massige Mittelständler aus dem Sauerland, cholerischer Lobbyist der Industrie, Vertrauensmann Adenauers und Gegenspieler Ludwig Erhards, greift bei einem Unternehmergespräch, das natürlich im feinen Baden-Baden stattfindet, die sogenannte Göttinger Erklärung an. Mit ihr haben 18 deutsche Physiker 1957 gegen die von der Bundesregierung angestrebte atomare Bewaffnung der Bundeswehr protestiert, darunter Carl Friedrich von Weizsäcker, der die Erklärung sogar entworfen hatte. Richard von Weizsäcker widerspricht und stellt – zum Schrecken des Diskussionsleiters vom BDI – die von Berg beanspruchte Führungsrolle der Industrie in Frage. Dieser Schlagabtausch hindert Berg übrigens nicht, Weizsäcker wenig später einen Posten in seiner Firma anzubieten. Auch zu einer der Tee-Einladungen Konrad Adenauers für Journalisten, Politiker und Unternehmer, die damals einen legendären Ruf haben, wird er gebeten. Und gerät wieder mit Berg aneinander. Allerdings greift Adenauer zu seinen Gunsten ein.

Der Übervater der Anfangsjahre der Bundesrepublik, den Weizsäcker damals zum ersten Mal persönlich erlebt, beeindruckt ihn durchaus. Er registriert den «starken Eindruck überlegener Sicherheit», den er ausstrahlt. Doch vor allem der Ratschlag, den der Patriarch den jungen Leuten gibt, bleibt ihm in Erinnerung: «Sie und Ihre Generation, machen Sie mal Ihre Ausbildung fertig, gründen Sie Ihre Familien, in der Politik brauchen wir Sie jetzt nicht.» Adenauers Vorbehalt gegenüber der politischen Aktivität der Jüngeren verstärkt Weizsäckers Eindruck, dass die ältere Generation den Aufbau der Bundesrepublik dominiert. Und es bestätigt das Empfinden der Frontgeneration, nicht angemessen zum Zuge zu kommen: im Krieg früh zu großer Verantwortung gelangt, fühlt sie sich jetzt gleichsam zurückgestuft. So heißt es in den «Erinnerungen» des Siebzigjährigen: «Die Väter- und Großvätergeneration war wieder da. Jetzt waren die alten Veteranen aus der Weimarer Zeit und die Heimkehrer aus der äußeren oder inneren Emigration an der Reihe, wir jungen Kriegsteilnehmer dagegen noch lange nicht.» Tatsächlich geht der Gründergeneration der Bundesrepublik jeder Jugendkult ab: «Jugend war damals in der Politik nicht sehr gefragt.»

Richard von Weizsäcker ist schon in den fünfziger Jahren keineswegs ein unpolitischer Zeitgenosse. Bereits 1954 hat ihn sein Kriegskamerad Konrad Kraske für die CDU geworben. Aber diese Mitgliedschaft bleibt im bescheidenen Rahmen des honoratiorenhaften Parteibetriebs und schläft bald ein. Ernsthafte Konsequenzen, gar solche parteilicher Aktivität, zieht sie nicht nach sich. Wie wenig ausgeprägt sein Engagement in der Partei ist, aber auch wie fließend politische Bindungen damals sind, spiegelt sich in einer Episode: Der damalige Hauptgeschäftsführer des BDI, Gustav Stein, verspricht ihm bei der Bundestagswahl 1957 ein sicheres Mandat auf dem Ticket der Freien Demokraten. Den Einwand, er sei Mitglied der CDU, wischt Stein leichthin zur Seite: er müsse nur «auf eine würdige Weise» aus der Partei austreten. Die Episode verrät einiges über Weizsäckers damalige Haltung zur Parteipolitik wie über deren unausgeprägten Charakter: Offensichtlich fühlt er sich weder bemüßigt, sich zu einer Partei zu bekennen, noch war der Unterschied zwischen CDU und FDP so groß – zumindest im Milieu der Ruhrwirtschaft –, dass ein solches Manöver anstößig gewesen wäre.

Dass Weizsäcker zu den Liberalen passe, hat ihm schon einmal ein Freund bescheinigt, der – ebenfalls in der Stahlindustrie tätig – ihn in einem langen Gespräch für die Partei zu gewinnen versucht. Nachdem beide «mehrfach die Breite Straße auf und ab durchmessen» hatten, gesteht ihm Weizsäcker, bereits Mitglied der CDU zu sein. Ein Mannesmann-Kollege kolportierte hingegen einmal die Äußerung Weizsäckers, man könne durchaus auch der SPD beitreten, sie sei doch «eine Partei mit Tradition». Tatsächlich stimmt er bei seiner ersten Wahl in Göttingen für die Sozialdemokraten – aber vor allem, weil er deren Kandidaten Adolf Grimme schätzt, eine hochrespektable Persönlichkeit der frühen Bundesrepublik, der in Weimarer Zeiten religiöser Sozialist war, nach dem Krieg niedersächsischer Kultusminister und schließlich Generaldirektor des Nordwestdeutschen Rundfunks. Aber insgesamt fühlt sich Weizsäcker doch den bürgerlichen

Parteien näher. Anders als zum Beispiel die Bürgersöhne Hans-Jochen Vogel und Horst Ehmke, die nach dem Krieg in die noch sehr traditionelle SPD eintreten, hätte er sich, wie er gesteht, unter den «Genossen» fremd gefühlt.

Nach acht Jahren bei Mannesmann folgen zwei Stationen, die ihn in neue, ganz anders geartete Arbeits- und Berufsfelder führen. 1958 verlässt er den Montankonzern und übernimmt die Leitung der kleinen Privatbank Waldthausen & Co. mit Sitz in Essen und Düsseldorf. Der Wechsel in das ihm ganz unbekannte Fach ist privat bedingt. Die Bank gehört zwei Vettern aus der Familie seiner Frau, die kurz nacheinander gestorben sind. Er folgt dem Wunsch der Verwandtschaft, die das Unternehmen von einem – wenn auch angeheirateten – Familienmitglied geführt sehen möchte. Für vier Jahre übt er sich von nun an als persönlich haftender Gesellschafter in der Rolle eines selbständigen Unternehmers, der für Erfolg und Misserfolg direkt verantwortlich ist. Zum Bankier aus Leidenschaft ist Weizsäcker in dieser Zeit offenbar nicht geworden. In der Biographie bleibt unterm Strich die Erfahrung des Bankgeschäfts, mit seinen Prinzipien und handwerklichen Besonderheiten, vor allem aber das Gefühl, sich in einem fremden Berufsfeld bewährt zu haben. Im Übrigen sei es eine Zeit harter Arbeit gewesen, ein «großer heilsamer Schlauch». Er ist wohl ganz erleichtert, als er die nur vorübergehend übernommene Verantwortung wieder abgeben kann.

1962 wechselt Weizsäcker zu dem Pharmakonzern C. H. Boehringer nach Ingelheim am Rhein. Auch diese Verpflichtung ist eine sehr persönliche Veränderung und in erster Linie die Folge langjähriger Verbindungen, die die ganze Weizsäcker'sche Familie einschließen. Robert Boehringer, der Onkel des Firmenchefs Ernst Boehringer, war mit Ernst von Weizsäcker befreundet und für Richard von Weizsäcker ein hochgeachteter Mentor – neben den Eltern sei er der für ihn «wichtigste Erwachsene» gewesen.

Der Chemie-Industrielle gehörte zum engsten Kreis des Dichters Stefan George, war dessen Freund, Erbe und Nachlassverwalter und hatte seinerzeit den Besuch des jungen Richard bei George in Berlin vermittelt.

Auch sein Neffe Ernst Boehringer ist eine außergewöhnliche Persönlichkeit. Er hat das Familienunternehmen zu großem Erfolg gebracht und führt es mit dem Anspruch, dass die Erträge auch öffentlichen und kulturellen Aufgaben zugutekommen sollen. Er sucht in Weizsäcker nicht nur ein neues Mitglied der Geschäftsführung, sondern einen Vertrauten und hat ihn wohl auch als Nachfolger im Auge. Das macht die Position ebenso vielversprechend wie schwierig. Weizsäcker wird Mitglied des Vorstands mit der Zuständigkeit für Personal, Recht und Steuern, ist aber nicht zuletzt Vertrauter des Firmenchefs. Auf der Grundlage dieser Erwartungen entwickelt sich zwischen Boehringer und Weizsäcker ein väterliches Verhältnis, und großzügig wird ihm auch die Möglichkeit eingeräumt, ein Drittel seiner Zeit für andere Aufgaben zu verwenden. Die Beziehung zum Unternehmen ist anscheinend so persönlich geprägt, dass sie den Tod Ernst Boehringers 1965 nicht lange übersteht. Jedenfalls kommt Weizsäcker zu dem Schluss, es sei besser, die Firma zu verlassen.

Weizsäckers Boehringer-Zeit erfährt ein rundes Vierteljahrhundert später ein Nachspiel. 1991 enthüllt der «Spiegel», dass der Konzern als Hersteller von Dioxin in die Vietnam-Problematik um das Entlaubungsmittel Agent Orange involviert war. Die eindrucksvolle Recherchearbeit zielt allerdings auch auf Weizsäcker. Sie versucht den Eindruck zu erwecken, er habe als Vorstandsmitglied von dieser Verwicklung Kenntnis haben müssen – und wird auch, wie die Leserbriefe zeigen, prompt so verstanden. Belege dafür gibt es nicht, allerdings ist es nach der Struktur des patriarchalisch geführten Unternehmens und Weizsäckers Stellung eher unwahrscheinlich. Der Bundespräsident selbst gibt ein Beispiel seiner Fähigkeit zu knapper Zurückweisung, bei Anerkennung des Interesses an der Aufklärung der Dioxin-Geschichte: Er könne nicht hinnehmen, dass er und sein Amt zu diesem Zweck «instrumentalisiert» würden. Der Autor habe aus den Bruchstücken seiner Antworten und eigenen Deutungen «ein falsches Bild meiner damaligen Stellung und Kenntnis gezeichnet».

In seiner Biographie sind die fünfzehn Jahre, die Richard von Weizsäcker in der Wirtschaft tätig ist, eine Phase des Übergangs. Sie sind jedoch – so darf man annehmen – eine persönlich erfüllte Zeit. In sie fällt die Gründung einer Familie, deren Bedeutung für den familiengeprägten Weizsäcker gar nicht hoch genug einzuschätzen ist. 1953 heiratet er Marianne von Kretschmann, in einer Eheschließung ganz traditioneller Prägung: Marianne ist gerade Unterprimanerin, man lernt sich standesgemäß auf einer Hubertusjagd kennen, die Berufsabsichten – vermutlich Medizin – gibt sie für die Familiengründung auf. Sind es das Kriegserlebnis – in ihrem Falle die Bombennächte im Ruhrgebiet – und der Nachkriegswille zur Wiederherstellung bürgerlicher, «normaler» Verhältnisse, die diese Entscheidung mitbestimmen? Marianne von Weizsäcker ist im Haus ihrer Großeltern in Essen aufgewachsen, aber die Familie kommt aus Franken, Schleswig-Holstein und Berlin. In die deutsche Geschichte ragt ihre Großtante hinein, Lily Braun, eine preußische Generalstochter, die zur Reformsozialistin und Frauenrechtlerin wurde – Autorin der zu Jahrhundertbeginn berühmten «Memoiren einer Sozialistin» und Mutter des am Ende des Ersten Weltkriegs gefallenen, hochbegabten Schriftstellers Otto Braun, dessen nachgelassene Aufzeichnungen in der Weimarer Republik viel gelesen wurden. In den fünfziger Jahren werden den Weizsäckers vier Kinder geboren: 1954 Robert, 1956 Andreas, 1958 Beatrice, 1960 Fritz – Zahl und Geschlechterverhältnis übrigens ganz so wie im Weizsäcker'schen Elternhaus.

Aber diese eineinhalb Jahrzehnte enthalten auch eine nicht nur embryonal, sondern vollständig ausgebildete Lebensoption. Jedenfalls fällt es nicht schwer, sich vorzustellen, was aus Richard von Weizsäcker geworden wäre, wenn er dem Weg gefolgt wäre, den er mit der Tätigkeit bei Mannesmann, der Leitung der Bank und der Führungsposition bei Boehringer eingeschlagen hat. Alles weist auf eine bedeutende Wirtschafts- und Industriekarriere hin – bald hätte man ihn in diversen Vorstands- und Aufsichtsratspositionen sehen können, vielleicht auch im europäischen oder internationalen Rahmen, und an ehrenvollen Verpflichtungen auf den verschiedenen Ebenen des öffentlichen Lebens hätte es sicher nicht gefehlt. Oder hätte sich ihm eine Laufbahn im Spannungsfeld von Wirtschaft und Politik eröffnet? Zumindest in seiner Zeit bei Mannesmann deutet alles in diese Richtung. Hinter dem Wirtschafts- und Gesellschaftsrechtler Richard von Weizsäcker, der dem Bundestagsabgeordneten Pohle mit Redeentwürfen zuarbeitet, ist ohne Mühe ein zukünftiger Abgeordneter Weizsäcker auszumachen – das Mitglied im Wirtschaftsausschuss etwa, der Repräsentant von Verbänden oder aber der Sprecher einer der großen Industrie- und Wirtschaftsorganisationen. Richard von Weizsäcker hat sozusagen den Marschallstab für eine bedeutende Karriere im Tornister. Er nutzt ihn nicht. Holt ihn die Familientradition ein? Zu ihr gehört es, dass man – wie es der Bruder Carl Friedrich ausdrückt – «einem Ganzen» dient. Früher «nannte man das Nation oder Vaterland. Man kann es heute auch Frieden nennen, kann verschiedene Namen dafür finden.» Von einem bestimmten Zeitpunkt an heißt es für Richard von Weizsäcker Kirchentag, dann Politik.

«Lobbyist der Vernunft»:
Kirchentag und Polen-Denkschrift

Richard von Weizsäckers Verwandlung zum Politiker beginnt ganz unspektakulär. Zweimal klopft Anfang der sechziger Jahre das Schicksal gewissermaßen an die Tür, auch wenn die Tragweite dieser Ereignisse noch kaum zu erahnen ist. 1961 fragt ihn Reinold von Thadden-Trieglaff, der Gründer und Präsident des Deutschen Evangelischen Kirchentages, ob er sich vorstellen könne, seine Nachfolge anzutreten. Der Kontakt hat sich auf der Ebene persönlicher Bekanntschaft ergeben – über die Großmutter seiner Frau, die kirchlich interessiert und engagiert ist. Dort hat Weizsäcker den pommerschen Gutsbesitzerssohn kennengelernt, eine starke Persönlichkeit mit charismatischen Zügen. Weizsäcker bittet Thadden-Trieglaff um Bedenkzeit und erklärt sich bereit, zunächst im Präsidium mitzuarbeiten. Der impulsive Kirchenmann drängt weiter, und 1964 wird Weizsäcker zum Präsidenten des großen evangelischen Laientreffens gewählt, das alle zwei Jahre stattfindet. Mitglied des Präsidiums bleibt er bis zu seiner Wahl zum Bundespräsidenten 1984.

Im August 1962, ein Jahr nach Thaddens Anfrage, tritt Weizsäcker in der Wochenzeitung «Die Zeit» mit seinem ersten großen Artikel an die Öffentlichkeit. In einem ganzseitigen Beitrag übt er Kritik an der deutschen Außenpolitik und ruft dazu auf, sie der veränderten Situation der Bundesrepublik anzupassen. Für die Leser ist er zu diesem Zeitpunkt noch – wie seine Vorstellung durch das Blatt erkennen lässt – «ein Bruder» Carl

Friedrich von Weizsäckers, der schon damals eine Berühmtheit ist: Atomphysiker, Philosoph und öffentliche Figur, in den bunteren Blättern auch als «Atomphilosoph» apostrophiert. Der Artikel ist angeregt durch Marion Gräfin Dönhoff, die Politik-Chefin der «Zeit», die Richard von Weizsäcker schon seit den frühesten Nachkriegsjahren kennt. Er schreibt gleichsam das «Tübinger Memorandum» fort, eine Initiative von acht prominenten deutschen Protestanten, die sich nach der Erschütterung durch den Mauerbau und der Bundestagswahl 1961 gegen die Neigung wendet, «den Blick vor gesellschaftlichen Übelständen zu verschließen und harten Entscheidungen auszuweichen». Das 1962 an die Öffentlichkeit gelangte Papier tritt für die Akzeptanz der Oder-Neiße-Grenze und Reformen in Sozial- und Bildungspolitik ein.

Thadden-Trieglaffs Anfrage und die Anregung von Gräfin Dönhoff treffen auf einen Mann, der bereit ist, Neues zu wagen – Richard von Weizsäcker ist Anfang vierzig, hat breitgestreute Interessen, ist unabhängig und gewillt, sich öffentlich zu engagieren. Spielt bei seinem Entschluss eine Rolle, dass auch die Gesellschaft in Bewegung gerät? Im Rückblick ist offenkundig, dass Weizsäckers Entscheidung für den Kirchentag ebenso wie seine Teilnahme an der politischen Debatte mit der Veränderung des öffentlichen Klimas einhergeht, die mit den sechziger Jahren beginnt. In Deutschland geht die Ära Adenauer zu Ende, während in Amerika mit der Wahl des jungen Präsidenten John F. Kennedy eine neue Zeit anbricht. Der Mauerbau am 13. August 1961 signalisiert eine Situation des politischen Ernstfalls, die schlagartig offenbart, dass die bisher gültigen Ansichten und Überzeugungen nicht weiterführen. Die Temperatur der innenpolitischen Debatten steigt. Ist es in einer solchen Situation verwunderlich, dass für Richard von Weizsäcker, aufgewachsen in einem politisch aufgeschlossenen Elternhaus, die Wirtschaft an Anziehungskraft verliert und das öffentliche Leben an Faszina-

Richard von Weizsäcker (links) mit Mutter und Geschwistern Heinrich, Adelheid und Carl Friedrich (von links), um 1926.

Als Schüler der Untertertia (erste Reihe, Vierter von links) am Berliner Bismarck-Gymnasium, 1934.

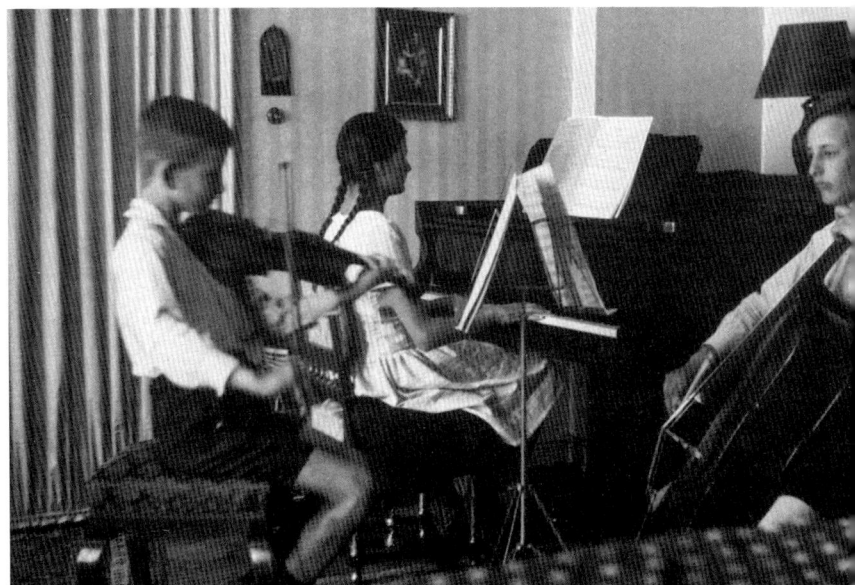

Richard, Adelheid und Heinrich (von links) bei der Hausmusik in der Fasanenstraße, Berlin um 1930.

Als Leutnant auf Heimaturlaub, Berlin 1941.

Richard von Weizsäcker als Hilfsverteidiger seines Vaters im Nürnberger Wilhelmstraßenprozess, 1949.

Mit Marianne, geborene von Kretschmann, 1955 in Düsseldorf.

it Gattin Marianne und den Kindern Fritz und Beatrice, Bonn 1968.

Als Kirchentagspräsident bei der Eröffnungsrede zum Stuttgarter Kirchentag, Juli 1969

s Präsidentschaftskandidat, mit Helmut Kohl und Franz Josef Strauß, 1974.

r Regierende Bürgermeister mit einem Mitarbeiter, Berlin 1981.

Mit US-Präsident Ronald Reagan und Bundeskanzler Helmut Schmidt am 11. Juni 198

tion gewinnt? «Wenn es einen wirklich richtungsweisenden Entschluss zu fassen gab», so erinnert Weizsäcker sich an seine Entscheidung für den Kirchentag, «dann war dafür jetzt die Zeit gekommen».

Dabei ist die Anfrage von Thadden-Trieglaff wahrhaftig überraschend. Weizsäcker hat zwar schon häufiger Kirchentage besucht: 1950 etwa erlebt er die bewegende Gemeinschaft von 150 000 Menschen beim Kirchentag in Essen – es ist erst der zweite überhaupt, und die Bewegung steht noch am Anfang. Vor allem die Eröffnungsfeier des Berliner Kirchentags 1961 in der Marienkirche im Ost-Teil der Stadt ist ihm unvergesslich. Denn über dem Treffen der Protestanten liegt die Ahnung einer sich zuspitzenden Lage, auch wenn keiner die Ereignisse des 13. August für möglich hält – sein Schauplatz ist die Stadt, in der Tag für Tag Tausende vom Osten in den Westen wechseln. Doch Weizsäcker ist alles andere als ein Mann des kirchlichen Lebens. Er bekleidet kein Amt, ist nicht durch einschlägige Aktivitäten aufgefallen und hat bislang in keinem Gremium des Kirchentages mitgearbeitet. Auch ist er – wie er es diskret-ironisch mit einer Formulierung des Theologen Paul Tillich ausdrückt – «Teil eher der latenten Kirche als der manifesten», obwohl er dieser immerhin durchaus erwartungsvoll gegenübersteht. Selbstkritisch, aber auch etwas spöttisch, bekennt er am Ende des ersten von ihm geleiteten Kirchentags in Köln 1965, dass er herangewachsen sei, ohne zu wissen, ob er lutherisch, reformiert oder uniert sei. Dabei sei er lutherisch getauft (als Württemberger), in einer reformierten Kirche konfirmiert (als Diplomatenkind in der Schweiz) und gehöre zurzeit, weil er in Düsseldorf lebe, einer unierten Kirche an.

Gewiss, da gibt es die Familientradition, den beeindruckenden Hintergrund württembergischer Pastoren, Stiftsprediger und den Urgroßvater, die Leuchte von Theologie und Kirchengeschichte in Tübingen, und natürlich lebte die Familie in der soliden Kirchen- und Glaubenstreue des schwäbischen Protestantismus. Doch in seiner Elterngeneration ist das Religiöse nur der von ihrer eigenen Familie her pietistisch beeinflussten Mutter Herzenssache. Eher etwas gequält hat Carl Friedrich von Weizsäcker einmal auf die Gretchenfrage geantwortet, wie es die Weizsäckers denn mit der Religion hielten: «Na ja, ich weiß nicht, wir werden ein bisschen als protestantisch hingestellt und sind es wahrscheinlich auch ... Aber das bekennerhaft Protestantische gehört eigentlich nicht zum Stil bei uns.» Ähnlich äußert sich Richard von Weizsäcker selbst: Religion ist «eine lebenserhaltende Überlieferung. Wenn es allzu konkret wird, lässt die Lebhaftigkeit meiner Überzeugung etwas nach.» Es ist der Kirchentag und die Kirchentagsarbeit selbst, die Weizsäcker in ihren Bann schlagen. Diese Erfahrungen – und dazu seine Tätigkeit im Rat der Evangelischen Kirche in Deutschland und in der Ökumene – sind es, die ihn «anzogen und förmlich erzogen» haben.

Seine Wahl zum Präsidenten leitet auch eine neue Phase des Kirchentags ein. Reinold von Thadden-Trieglaff, der pommersche Pietist, der den Gedanken einer breitangelegten protestantischen Laienbewegung während seiner russischen Gefangenschaft am Eismeer entwickelt hatte, kam aus der Bekennenden Kirche und war vom Kirchenkampf des Dritten Reiches geprägt. Mit ihm war der Kirchentag in den Umbrüchen der Nachkriegszeit für die evangelischen Christen – das «wandernde Volk Gottes», wie er sich in biblischer Sprache ausdrückte – zu einem großen Forum für Sammlung und Aufbruch geworden. Unter Weizsäcker hält die neue Gesellschaft der Nachkriegszeit ihren Einzug in die Laienbewegung. Kein «Berufslaie» tritt an die Spitze, sondern ein unabhängiger, weltläufiger Mann, der sein Profil außerhalb der Kirche gewonnen hat. Er besteht auch darauf, das Amt nicht mehr – wie Thadden-Trieglaff – haupt-, sondern ehrenamtlich zu führen, ohne Zweifel auch aus dem Wunsch heraus, sein Standbein in der Wirtschaft zu behalten. Kurz: Er ist der Präsident einer neuen Generation und einer neuen Zeit.

Unter Weizsäckers Ägide beginnt der Kirchentag eine schwierige Gratwanderung zwischen der traditionellen Erbauungsversammlung, die er für das evangelische Kirchenvolk bis dahin war – und die er, natürlich, in gewissem Sinne bleibt –, und dem Bedürfnis nach einem neuen Selbstverständnis, das nach einem veränderten Verhältnis von Christ-Sein und Welt verlangt. Kirchentage wollen nun «Seismograph» sein für das, «was Christen in der Welt bewegt», verstehen sich – wie es der Jargon des frommen Zeitbewusstseins ausdrückt – als «Zeitansage». «Mit Konflikten leben» heißt das Motto des Dortmunder Kirchentages 1963, der gleichsam den Auftakt zu Weizsäckers Präsidentschaft bildet. Und in der Folgezeit öffnet sich die protestantische Laienbewegung so ziemlich allen aktuellen Problemen der Gesellschaft und der Zeit, ja, sie saugt sie geradezu auf und setzt sich leidenschaftlich mit ihnen auseinander.

Die Kirchentage werden zum Diskussions- und oft auch zum Agitationsfeld für die neuen sozialen Bewegungen; ihre Themenfelder reichen von der Umwelt über die Dritte Welt bis zur Friedensbewegung. Weizsäcker steuert den Kirchentag durch die sechziger Jahre, immer darum bemüht, nach innen und außen zu verdeutlichen, was Aufgabe des Kirchentags ist und was nicht – von Köln 1965 über Hannover 1967 bis zu Stuttgart 1969. Seine Ägide reicht bis in die achtziger Jahre, in denen die Kirchentage von der jungen Generation mit dem «Sacropop» neuer gefälliger Lieder und wohlfeilen apokalyptischen Visionen geradezu überschwemmt werden. Schließlich ist Weizsäcker – bereits zum Regierenden Bürgermeister von Berlin gewählt – auch Präsident des Hamburger Kirchentages 1981, bei dem auf dem Höhepunkt der Friedensbewegung die Wogen über der Veranstaltung zusammenzuschlagen drohen.

Die Bedeutung der Kirchentage für Weizsäcker ist gar nicht zu überschätzen. Liegt es an ihrer besonderen Atmosphäre, der Verbindung von Gemeinschaftserlebnis und öffentlich gelebter Freiheit des Bekenntnisses? Sind es die Debatten, bei denen Kontroversen zugespitzt und gleichwohl versöhnlich offen gehalten werden? Oder ist es der Gedanke der Mitverantwortung für die Welt aus dem christlichen Glauben heraus? Immer wieder hat Weizsäcker versichert, wie viel er den Begegnungen und Impulsen verdankt, die ihm die Mitarbeit am Kirchentag und in den anderen kirchlichen Gremien – dem Rat der Evangelischen Kirche und dem Weltrat der Kirchen – verschafft hat. Er zählt diese Erfahrungen zu den wichtigsten seines Lebens. Sie haben seinen Glauben neu erweckt, ihn aber auch um neue persönliche Bindungen bereichert. In der Kirchentagsarbeit sei für ihn – wie er bekennt – nichts Geringeres als ein neuer, «mich verwurzelnder Lebenskreis» entstanden. Um es auf den kurzen Begriff zu bringen, der das Gewicht dieser Erfahrung für ihn am prägnantesten umreißt: In den Kirchentagen findet er seine «geistige Heimat».

Daneben bieten sie für Weizsäcker auch eine Chance, den Umgang mit der Öffentlichkeit zu erproben – nicht die unwichtigste Erfahrung auf dem Weg in die Politik, den er einschlagen wird. Kein Zweifel, dass Weizsäcker auf diesem Gebiet mit einer beträchtlichen Begabung ausgestattet ist. Er kann auf Menschen zugehen, ist ein guter Redner und hat keine Probleme mit öffentlichen Auftritten. Dennoch entwickelt sich auch ein solches Talent nicht im Verborgenen, und auf den Kirchentagen mit ihren großen Kundgebungen, an denen oft über hunderttausend Menschen teilnehmen, hat er dazu reichlich Gelegenheit, genauso wie in den Diskussionen der Arbeitsgruppen mit ihrer konzentrierteren Atmosphäre, die den Treffen zunehmend ihren Stempel aufdrücken. Selbst für seinen Umgang mit den Medien – eine notwendige Bedingung für den Erfolg eines Politikers – mag der Kirchentag eine Etappe bilden. Nach der Wahl zum Kirchentagspräsidenten 1964 in West-Berlin steht er, wie er sich erinnert, zum ersten Mal vor einer Fernsehkamera und erlebt damit – wie er spottet – seine «Medientaufe». Johannes Rau, der mit ihm im Präsidium des Kirchentages sitzt, als Christ und nordrhein-westfälischer Ministerpräsident überaus erfahren in den Eigenarten sowohl des kirchlichen Lebens wie des politischen Geschäfts, gewinnt den Eindruck, dass Weizsäckers Wirken für den Kirchentag eine Art «Generalprobe» für das Amt des Bundespräsidenten gewesen sei.

Im Engagement für den Kirchentag und durch die Arbeit in den Gremien des deutschen Protestantismus wächst auch ganz wesentlich Richard von Weizsäckers Interesse an der Ost- und Deutschlandpolitik, die für seine politische Tätigkeit besondere Bedeutung annehmen wird. Denn die evangelische Laienbewegung ist in den Nachkriegsjahren zu einer Klammer zwischen West- und Ostdeutschland geworden. Je weiter die Teilung fortschreitet, desto stärker strömt der Wille zur deutsch-deutschen Gemeinsamkeit in sie ein. Legendär wird der Leipziger Kirchentag 1954, den Teilnehmer und Beobachter als eine Manifestation dieses Willens empfinden – mehr als eine halbe Million Teilnehmer bezeugen unter der Losung «Seid fröhlich in Hoffnung» singend und betend diese Sehnsucht nach Bewahrung der Einheit. Die Eindrücke bleiben im Gedächtnis: Politiker aus West- und Ostdeutschland, die am Rande des Kirchentags zusammentreffen, verbunden durch die gemeinsame christliche Herkunft; die Rede, mit der Klaus von Bismarck, später selbst Präsident des Kirchentages, den Verzicht auf die Wiedergewinnung seiner pommerschen Heimat bekundet; auch das gemeinsame Choralsingen in den Straßenbahnen der ansonsten kirchenfeindlichen DDR.

Auch nach dem Mauerbau 1961 wird die Verbundenheit der evangelischen Kirchen in West und Ost weiter hochgehalten. Weizsäckers Wahl zum Kirchentagspräsidenten 1964 ist ein Beispiel dafür: Obwohl sein Wirkungsraum auf die Bundesrepublik begrenzt ist, findet sie in beiden deutschen Staaten statt – die westlichen Präsidiumsmitglieder reisen zu diesem Zweck in das abgeriegelte Ost-Berlin. Der Kirchentag bleibt – wie die Evangelische Kirche – eine gesamtdeutsche Angelegenheit. Es ist kein Zufall, dass Richard von Weizsäcker seine Rede über «Die Deutschen und ihre Identität» auf dem Kirchentag 1985 in Düsseldorf hält. Er geht so weit, im Kirchentag den Weg der verantworteten Freiheit zu erkennen, der zwar in den Jahrzehnten der Teilung verblasst sei, aber in der friedlichen Revolution im Herbst 1989 wieder zum Vorschein kommt: Kirche als schützendes Dach, unter dem Menschen sich zusammenfinden, «um Freiheit empfinden und für sie eintreten zu können».

Auch Weizsäckers publizistische Premiere hat mit diesem Thema zu tun. Sein 1962 in der «Zeit» erschienener Aufsatz schaltet sich in die durch das «Tübinger Memorandum» ausgelöste Debatte um die vom Mauerbau zusätzlich belastete deutsch-deutsche Situation ein. Er beschwört die Gefahr, dass die westdeutsche Politik sich selber fesselt, weil sie ihren Kontrahenten vor allem mit ihrer eigenen «Abkapselung» entgegentritt – das Stichwort dafür ist die Hallstein-Doktrin, deren Kern darin besteht, dass die Bundesrepublik allen Staaten, die die DDR anzuerkennen bereit sind, mit einem Abbruch der diplomatischen Beziehungen droht. Es ist die Zeit, in der Kontakte nach Ostdeutschland verdächtig erscheinen oder unterbunden werden, weil sie die östliche Seite aufwerten oder Unsicherheit in die eigenen Reihen tragen könnten.

Weizsäcker plädiert dagegen für eine aktive Ostpolitik. Wie die Dinge sich entwickelt hätten, genüge die Hoffnung nicht mehr, dass Verhandlungen irgendwann zum Erfolg führen werden. Stattdessen müsse die Bundesrepublik auf langfristige Entwicklungen setzen, die Schritt für Schritt ans Ziel führen. Das ist schon, im Ansatz, der Paradigmenwechsel, welcher der späteren neuen Ost- und Deutschlandpolitik zugrunde liegt. Dazu gehört auch Weizsäckers Auffassung, dass es nicht ausreiche, auf deutschlandpolitischen Positionen zu beharren, vielmehr müsse man sie der veränderten Lage anpassen. Vor allem gilt das für die deutsch-polnischen Beziehungen, die sich nach Weizsäckers Überzeugung nur dann verbessern lassen, wenn die Bundesrepublik Polen in der Frage der Oder-Neiße-Grenze zusichert, seine Lebensinteressen zu achten. Leicht verklausuliert bringt er damit die seinerzeit von den meisten Deutschen abgelehnte Anerkennung der Grenze ins Spiel – nicht formaljuristisch, aber politisch.

Zu den Unterzeichnern des Memorandums gehört Weizsäcker nicht, er ist jedoch an den Vorarbeiten beteiligt. Und obwohl es dieses Papier nicht bis in die Geschichtsbücher geschafft hat, ist es dennoch ein wichtiges Signal für das Bedürfnis nach einem Umdenken, das Anfang der sechziger Jahre entsteht. Herausgewachsen aus den heftigen Debatten, in die sich viele Protestanten aufgrund der Konflikte um die Atombewaffnung der Bundesrepublik und des Stagnierens der Deutschlandpolitik gestürzt hatten, lenkt es den Blick auf die Widersprüche der deutschen Position: In der Außenpolitik sei sie wegen der Freiheit Berlins auf die Westalliierten angewiesen, beharre aber zugleich auf den Grenzen von 1937, denen keiner der Verbündeten mehr zustimme; in der Innenpolitik seien Reformen überfällig, doch es fehle die Bereitschaft, den Bürgern die Wahrheit zu sagen. Die Kritik erhält ihre Bedeutung dadurch, dass es nicht Außenseiter sind, die am Zustand der Republik rütteln, sondern Vertreter des wissenschaftlichen und intellektuellen Establishments. Die Textfassung stammt weitgehend von dem Tübinger Juristen Ludwig Raiser, Präsident des Wissenschaftsrats – zu den Mitverfassern zählen der Physiker Werner Heisenberg und der Philosoph Georg Picht, ebenso Hellmut Becker, der bald darauf Direktor des Max-Planck-Instituts für Bildungsforschung in Berlin wird, WDR-Intendant Klaus von Bismarck, der Theologe Joachim Beckmann, der Heidelberger Mathematiker Günther Howe und Carl Friedrich von Weizsäcker. Mit fast allen ist Richard von Weizsäcker verbunden, mit den meisten eng befreundet; und sein Aufsatz in der «Zeit» belegt, dass auch er zu denen gehört, die man spöttisch-freundlich die «protestantische Mafia» nennt.

In der «Zeit» findet Gräfin Dönhoff für die Verfasser das schöne Wort von den «Lobbyisten der Vernunft», und das Blatt ergreift auch entschlossen Partei für die Initiative, indem es dem Abdruck des Memorandums eine lange Artikelreihe zu den angesprochenen Themen folgen lässt. Das Echo ist lebhaft und die Kritik wohlwollend, zumindest solange es um Reformen in der Sozial- und Bildungspolitik geht. In der Frage nach dem Verhältnis zu Polen wird der Tonfall der Debatte scharf, ja verletzend. Sie beißt sich an der Grenzfrage fest und lässt ahnen, in welche emotionalen Tiefen die Aufarbeitung des Zweiten Weltkrieges in Deutschland reicht. Den Verfassern wird «Verrat» vorgeworfen, der Bund der Vertriebenen attackiert sie als «falsche Propheten, die einen Verzicht aussprechen und mit falschen Illusionen einen gefährlichen Pessimismus verbreiten», und der CDU-Vorsitzende Heinrich von Brentano spricht von einem «Dokument geistigen Hochmuts». Doch auch Gräfin Dönhoff befindet, dass man in dieser Frage «sehr anderer Meinung» sein kann, und meldet trotz genereller Zustimmung zu dem Memorandum Zweifel an, ob ihre Generation «das Recht hat, endgültig auf Gebiete zu verzichten, die über 700 Jahre deutsch waren».

Das Memorandum verbindet außenpolitische Zielvorstellungen mit dem Anspruch auf Fortschritte im Innern und gibt damit das Muster für die politischen Reformanstrengungen der sechziger Jahre vor. Mit der Forderung nach einer neuen Politik gegenüber Polen und dem Osten, in deren Konsequenz sich schon die Anerkennung der Oder-Neiße-Grenze abzeichnet, wirft es – so das Urteil Richard von Weizsäckers – tatsächlich «einen Stein ins Wasser». Der Vorgang zieht seine Kreise, insbesondere im deutschen Protestantismus, und führt nur drei Jahre später zur sogenannten Ostdenkschrift der evangelischen Kirche, im Unterschied zum «Tübinger Memorandum» ein kirchenoffizielles Dokument. Es trägt den Titel «Zur Lage der Vertriebenen und das Verhältnis des deutschen Volkes zu seinen östlichen Nachbarn» und wird von der «Kammer für öffentliche Verantwortung» der Evangelischen Kirche in Deutschland erarbeitet, deren Mitglied Weizsäcker wird. Die Mitarbeit an diesem Papier ist für ihn der entscheidende Schritt in die Politik. Da ist, bekennt er, «mein politisches Feuer entstanden».

Dabei ist diese Denkschrift eher ein analysierendes und abwägendes Dokument. Nach zweijähriger Arbeit im Sommer 1965 im Wesentlichen fertiggestellt und vom Ratsvorsitzenden der EKD, Bischof Scharf, im Oktober unterzeichnet, erörtert sie mit protestantischer Gründlichkeit den ganzen Komplex von Vertreibung und Verlust der ehemaligen deutschen Ostgebiete. Mit beträchtlichem theologischem Aufwand werden die vielen damit verbundenen Fragen debattiert: das von den Vertriebenen eingeforderte Recht auf Heimat und das umstrittene Thema eines Gebietsverzichts; die Integration der Vertriebenen in der Bundesrepublik und die schwindenden Chancen auf eine Rückkehr; der Wunsch Polens nach einer Festlegung der Grenzen und die große Frage, wie ein Ausgleich zwischen den beiden Völkern erreicht werden kann, der ihr friedliches Zusammenleben in Zukunft sichert. Die Denkschrift will den Deutschen helfen, mit der für sie schmerzlichsten Folge des Krieges, dem Verlust eines Viertels ihres Territoriums, fertig zu werden – und die Vertriebenen an den Gedanken heranführen, dass sie vermutlich nie mehr in ihre Heimat zurückkehren werden. Die Botschaft kommt gleichsam auf Taubenfüßen daher, denn sie beschränkt sich auf die Absicht, «eine neue Bewegung in die politischen Vorstellungen des deutschen Volkes hineinzubringen». Aber was in gut kirchlichem Geist als seelsorgerische Hilfe gedacht war, wird –

wie Eugen Gerstenmaier, Theologe und führender CDU-Politiker, mit seinem herben schwäbischen Temperament sarkastisch feststellt – «ein politisches Geschoss beachtlichen Kalibers».

Die Wogen der Debatte gehen hoch, sie überschlagen sich geradezu. Zwar ergibt ein Blick auf die Stellungnahmen, dass zwei Drittel bereit sind, sich rational mit den Argumenten der Denkschrift auseinanderzusetzen, während nur ein Drittel dies rundweg ablehnt. Dabei zeigt sich in der Gegnerschaft, wie tief gestaffelt der Widerstand ist, sich auf die Anstrengungen einer Versöhnung mit dem Osten einzulassen. Vor allem die Erwägung, die Oder-Neiße-Grenze hinzunehmen, öffnet einen Abgrund an Betroffenheit, Abwehr und Unwillen, die bisherigen Positionen auch nur ansatzweise in Frage zu stellen. Den Autoren wird «Begriffsverwirrung» vorgehalten, sie werden «Schuld- und Versöhnungsschwarmgeister» genannt, und mit anklagendem Unterton wird die Frage gestellt, woher die Kirche eigentlich das Recht nehme, derart weitreichende politische Forderungen zu erheben.

Diese Vorbehalte verbinden sich in Teilen der Kirche mit der ohnehin latenten Aversion gegen zeitgemäße Entwicklungen im Protestantismus. Sie entlädt sich unter anderem in der Gründung einer «Notgemeinschaft Evangelischer Deutscher» und findet Ausdruck in der Klage über den «Abfall der evangelischen Kirche vom Vaterland» – so ein programmatischer Buchtitel. Die Debatte ist ein eindrucksvoller Beleg dafür, welch weiten Weg die Deutschen in ihren Gefühlen und Überzeugungen noch zurückzulegen haben, wie viel Umdenken und seelische Arbeit notwendig sind, damit ein Vierteljahrhundert später die offizielle Anerkennung der Oder-Neiße-Grenze ohne nationale Zerreißproben möglich wird. Gleichwohl hat die «Ostdenkschrift», so Weizsäcker, «einen entscheidenden Anstoß für die Entspannungspolitik vor allem im deutsch-polnischen Verhältnis gegeben». Zum ersten Mal sei Polen «im Bewusstsein der Bundesrepublik in den besonderen Rang gerückt, der ihm gebührte» – und zwar nicht aufgrund von staatlich-politischem Handeln, sondern dank der Initiative der Kirche, also aus der Gesellschaft heraus.

Eine weitere Denkschrift führt Weizsäcker zwei Jahre später noch tiefer in das verminte und verkarstete deutsch-deutsche Gelände. Sie trägt den Titel «Friedensaufgaben der Deutschen» und sucht mit unterschiedlichen Vorschlägen und Denkfiguren eine gemeinsame Aufgabe der Christen in beiden Teilen Deutschlands zu formulieren. Mit Recht ist angemerkt worden, dass sie gleichsam in Reichweite der ost- und deutschlandpolitischen Impulse argumentiert, die Egon Bahr 1963 mit seinem Konzept «Wandel durch Annäherung» gegeben hat. Für Weizsäcker hat diese Denkschrift das Verdienst, dass sie trotz der sich verfestigenden Teilung ein Stück deutsch-deutscher Gemeinsamkeit herzustellen versucht, und das ganz konkret, denn sie muss – der Mauer wegen – weitgehend in Ost-Berlin erarbeitet werden.

Erhard Eppler, mit dem gemeinsam Weizsäcker im Auftrag der «Kammer für Öffentliche Verantwortung» den westlichen Part dieses Unternehmens übernimmt, hat anschaulich beschrieben, wie die beiden ein Jahr lang alle vier Wochen nach Berlin fliegen, mit der S-Bahn zum Übergang Friedrichstraße fahren, um sich dann zu Fuß in die «halb zerstörte, halb heruntergekommene Auguststraße» zu begeben. Das «einzige Haus, das als instandgesetzt und einigermaßen ansehnlich gelten konnte, war die Auguststraße 80», in der Einrichtungen der getrennten Landeskirche Berlin-Brandenburg ihren Sitz haben und wo sie von den Vertretern der Kirchen im Osten erwartet werden. Ist das Ergebnis dieser Arbeit – wie Weizsäcker und Eppler finden – eine Vorwegnahme dessen, was später, in den achtziger Jahren, als Verantwortungsgemeinschaft der Deutschen postuliert wird? Oder ist diese Denkschrift doch nur das letzte Dokument, in dem sich der Wille der evangelischen Kirche zur Gemeinsamkeit manifestiert, bevor sich die Kirchen in der DDR unter dem Druck der SED im «Bund der Evangelischen Kirchen» organisieren? Jedenfalls gibt es – wie Weizsäcker feststellt – zu diesem Zeitpunkt in Deutschland neben der «Kammer für Öffentliche Verantwortung» kein anderes Gremium, «welches in Ost und West gemeinsam aussprechen und begründen kann, dass und warum wir in Deutschland noch immer zusammengehören».

Doch woher rührt das ost- und deutschlandpolitische Engagement, das in den sechziger Jahren für Weizsäcker zum Schwerpunkt seines Denkens und seiner Tätigkeiten wird – und damit auch zum Ausgangspunkt seines Weges in die praktische Politik? Persönliche Bindungen zum Osten hat er nicht. Anders als Gräfin Dönhoff oder Klaus von Bismarck hat er dort keine Wurzeln, und im Unterschied zu vielen Deutschen in der damaligen Bundesrepublik hat er in der DDR auch keine Verwandten oder enge Bekannte. Gewiss, es gibt die Schwester, die in Ostpreußen verheiratet war, und den Onkel, der in Breslau Professor gewesen ist, doch beide leben längst in der Bundesrepublik. Und was Polen angeht, so kann man wahrhaftig nicht sagen, dass seine Begegnung mit diesem Land unter einem günstigen Vorzeichen steht: Er hat das Land im Zeichen des Kriegs kennengelernt, als einer der Mitakteure des Überfalls im September 1939. Polen, das sind für ihn endlose Märsche und zerstörte Städte. Er hat – so erinnert er sich – nur Gefechte erlebt, kein lebendiges Land. Sind es also Schuldgefühle, die seine Hinwendung zum Nachbarn im Osten begründen? Oder ist es die Erkenntnis, dass die deutsch-polnische Versöhnung die politische Aufgabe seiner Generation darstellt? Seine erste Polenreise wird erst 1970 stattfinden, da ist er bereits Bundestagsabgeordneter.

Die Tatsache, dass er zu den ersten Soldaten gehörte, die in Polen einmarschierten, bleibt nach seinem eigenen Empfinden ein Stein des Anstoßes. Sie macht ihn betroffen und nachdenklich, ebenso das Eingeständnis, wie wenig er und seine Kameraden vom Nachbarn wussten – «erschütternd» nennt er die Ignoranz, mit der sie über das Land herfielen. Selbst die Gebildeten unter ihnen hatten höchstens einmal den Namen des Dichters Mickiewicz gehört, und den meisten reichte das Klischee von der «polnischen Wirtschaft». Vor allem bewegt ihn jedoch der Umstand, dass es kein anderes Land gibt, in dem die Verbrechen und die Schuld der Deutschen im Zweiten Weltkrieg ein solches Ausmaß erreicht haben. Hier ist die Aufgabe eines Neuanfangs am dringlichsten, liegt die Herausforderung der Versöhnung am nächsten. Außerdem ist die Aussöhnung mit Polen – wie Weizsäcker immer wieder hervorhebt – das notwendige, aber fehlende Gegenstück zur erfolgreichen Verständigung mit Frankreich.

Dagegen ist die deutsche Frage in der Nachkriegszeit der große Nenner der Auseinandersetzung darüber, wie die geteilten Deutschen in ihrer Lage, mit ihrer Lage, trotz ihrer Lage weiterleben können. Ein politischer Kopf wie Weizsäcker kommt daran nicht vorbei, erst recht nicht, wenn er aus einem Diplomatenhaus stammt, in dem die großen Themen der nationalen Existenz Gesprächsstoff waren, und prägende Jahre in Berlin verbracht hat. Überdies beginnt in den sechziger Jahren die Frage der deutschen Identität zum Thema zu werden – nicht nur als deutschlandpolitische Debatte, sondern als Teil der Überzeugung, dass es an der Zeit sei, das Gemeinwesen Bundesrepublik in Form zu bringen. Auf breiter Front bröckeln die alten Gewissheiten, nimmt die Spannung zwischen dem wirtschaftlichen Aufstieg der Bundesrepublik und dem Ziel der deutschen Einheit zu. Das alles macht die Ost- und Deutschlandpolitik sozusagen zum Suchorgan der deutschen Politik. Aus ihren Entwicklungen ergeben sich künftige Ziele und Konzepte, Konflikte und Koalitionen.

Ost- und Deutschlandpolitik liegen Weizsäcker offenbar auch ganz persönlich am Herzen. Hinter der Politik steht ein deutliches Bild von dem Land, das seine Heimat ist, von seiner Geschichte und seiner Gestalt. In einem Interview, das er 1992, also längst schon im wiedervereinigten Deutschland mit den Journalisten Gunter Hofmann und Werner A. Perger führt, beide eher geprägt von der alten Bundesrepublik, tritt diese Dimension seines Denkens und Fühlens eindrucksvoll zutage. Als die beiden Journalisten die deutsche Einheit vorsichtig problematisieren – ein uneingelöster Traum? Eine hochgehaltene Überzeugung? –, antwortet Weizsäcker unvermittelt mit der Feststellung, für ihn sei die deutsche Zusammengehörigkeit «kein Traum, sondern Lebensgefühl». Tatsächlich reicht sein Verständnis von Deutschland nicht nur über die Bundesrepublik hinaus, es hat gleichsam eine körperhafte Präsenz, in der sich Anschauung und Erfahrung verbinden – jedenfalls, so Weizsäcker, würde den Deutschen in der Bundesrepublik etwas Entscheidendes fehlen, wenn sie zum Beispiel nicht mehr wüssten, «wie eigentlich ein Deutscher aus Greifswald oder Bautzen spricht und empfindet». Auch «mit dem Klang der verschiedenen heimischen Dialekte im Ohr» aufzuwachsen gehöre dazu. Weizsäcker lebt, keine Frage, mit dem Deutschland, in dem er und seine Generation groß geworden sind, vielmehr: er hat noch diesen Lebensraum vor Augen, der ungeteilt von Aachen nach Königsberg, von München nach Rügen reichte, und wenn er seine Schwester oder seinen Onkel erwähnt, die früher in Ostpreußen und Breslau gelebt haben, vielleicht auch die lang zurückliegende Schulzeit in Berlin, so steckt er die emotionalen Koordinaten dieses Deutschlandbildes ab. Für ihn wie für viele Angehörige seiner Generation ist dieses Deutschland noch immer Resonanzboden; Lebenshintergrund und Lebensgrund zugleich. Die deutsche Teilung hat dieses Gefühl nicht verdrängt, sondern eher verstärkt.

Mit der Kirchentagsarbeit und dem ostpolitischen Engagement erreicht einen – zumindest vorläufigen – Höhepunkt, was Anfang der sechziger Jahre im Leben Richard von Weizsäckers begonnen hat. Am Ende steht sein erstes politisches Mandat, die Wahl in den Bundestag im September 1969. Aus dem hoffnungsvollen Mann der Wirtschaft wird eine Gestalt des öffentlichen Lebens. Ist also der Politiker Weizsäcker, der damals erfunden und gefunden wird, ein Ergebnis der sechziger Jahre – dieses «windungsreichen Zeitraums» (Klaus Hildebrand) zwischen dem Massiv der Ära Adenauer und der sozial-liberalen Koalition, zwischen Minirock und Protestbewegung? Aber was sind die Sechziger: ein Jahrzehnt mit den verwischten Zügen einer Zwischenzeit? Bestimmt vor allem durch Unbeweglichkeit, Konformismus und Mangel an wegweisenden Ideen – wie es lange unbestreitbarer Konsens war? Oder der Zeitpunkt, an dem die Bundesrepublik sich endlich aus ihrer Gründungsphase löst, um anschließend in Studentenrevolte und Terrorismus zu taumeln? Und was wären dann Richard von Weizsäckers sechziger Jahre? Kirchentagspräsident, Mitverfasser der Ostdenkschrift, schon fast ein Mann für jede Herausforderung – Weizsäcker gewinnt in dieser Zeitspanne Positionen und Profil, Kompetenzen und Aufmerksamkeit. Es ist für ihn eine Periode des Übergangs, die zu einem Neubeginn wird. Folgerichtig erscheinen diese Jahre in seiner Skizze der bundesrepublikanischen Geschichte, die er später unter dem Titel «Drei Mal Stunde Null?» entwirft – wobei das Fragezeichen zumeist übersehen wird –, nicht unter den großen Zäsuren 1949, 1969 und 1989 und auch nicht unter dem Jahr 1968, sondern als Vorspiel zum sozial-liberalen Regierungswechsel.

Und die Achtundsechziger, die im öffentlichen Bewusstsein zumeist das Zentrum der sechziger Jahre bilden – als magischer Aufbruchsmoment, als mythische Größe des Umschlagens im gesellschaftlichen Klima der Republik? Weizsäcker – neugierig, ein Liebhaber freier, auch zugespitzter Meinung, gerne auch mal Querdenker – sieht in der Studentenbewegung durchaus eine Zäsur in der deutschen Geschichte und bringt ihr Sympathie entgegen. Als der Achtundsechziger-Mythos in den achtziger Jahren in voller Blüte steht und alle Welt in der Bewegung eine Art zweite Geburt der Bundesrepublik sieht, ist er nicht weit davon entfernt, ihm die staatsoffiziellen Weihen zu erteilen. In seiner Rede zum 40. Jahrestag der Bundesrepublik, ein halbes Jahr vor der Zeitenwende des Mauerfalls, spricht er den Achtundsechzigern so ziemlich alle Eigenschaften der Erneuerung zu: Von 1968 an träten in der Bundesrepublik die gesellschaftspolitischen Themen in den Vordergrund, dränge das politische Engagement in die Gesellschaft vor, werde Basisdemokratie eingefordert und verbreiteten sich die Bürgerinitiativen – das alles verbunden mit dem Bedürfnis nach einer Reform des eigenen Lebens. Dass die Achtundsechziger-Bewegung einen «tiefgehenden Einschnitt» darstellt, bleibt für ihn auch später unbestritten. Er sieht ihr Verdienst in der «neuen Qualität», die «die demokratische Bürgergesellschaft» in Deutschland bekommen hat, sowie in ihrem Beitrag zur Auseinandersetzung mit der Vergangenheit. Ohne ihren Einfluss «sähe die Republik heute anders aus».

Doch diese Anerkennung der Achtundsechziger-Bewegung schließt – darauf legt Weizsäcker später Wert – «auch die sie belastende Seite ausdrücklich ein». Es ist ihre Ambivalenz, die sein Bild von der Studentenrevolte und ihren Folgen bestimmt. Die «zivilisatorische Notwendigkeit», die er ihr mit den Worten von Hans Magnus Enzensberger zubilligt, sei «teuer erkauft» worden. Während sie ein neues Verhältnis zur Vergangenheit erzwang, habe sie «mit ihren vielfach absurden antiautoritären Tribunalen», ihrer «Entschlossenheit zum Bruch mit jeglichem Tabu im menschlichen Bereich» und «ihrer Theoriebesessenheit» auch die reformbereiten Bürger verprellt. Nachdem die Fassaden einer althergebrachten Privilegienordnung «rasch zum Einsturz gebracht» wurden, habe «eine bis heute nicht fündig gewordene Suche nach einem ethischen Minimalkonsens, ohne den auf die Dauer eine humane Gesellschaft nicht funktioniert», begonnen. Nach dem anfänglichen Protest gegen die überkommenen Autoritäten – Stichwort: «Unter den Talaren Muff von 1000 Jahren» –, den Weizsäcker «zum nicht geringen Teil völlig berechtigt» findet, «fing es schon an, aus dem Ruder zu laufen». Als besonders abschreckendes Beispiel, auf das er mehrfach zurückkommt, gilt ihm der Fall eines Germanistikprofessors, den die Studenten gezwungen hätten, zu bekennen, wie oft er seiner Frau untreu geworden sei, bevor er seine Lehrveranstaltung fortsetzen konnte. Sosehr er mit der Achtundsechziger-Bewegung sympathisiert, so wenig bleibt bei Weizsäcker von ihr übrig. Schließlich relativiert er selbst ihre Bedeutung für die Auseinandersetzung mit der Vergangenheit: «Letzten Endes haben die 68er zum Ernstnehmen der Vergangenheit ziemlich wenig beigetragen.»

Insgesamt kommt Weizsäckers Sicht auf die sechziger Jahre einer Ehrenrettung dieses umstrittenen Jahrzehnts gleich – jenseits der Achtundsechziger, die er ihrerseits tiefer hängt: Es bestehe «kein Grund für einen Mythos». Jedenfalls seien die sechziger Jahre besser und anders als der Ruf, der ihnen die längste Zeit nachhing. Die «These von einer schlummernden, nicht wirklich angenommenen, praktizierten Demokratie in der Gesellschaft bis zum Jahr '69» nennt er «ein Märchen», wie es auch nicht erst 1968/69 zur «zweiten, wahren Gründung der Demokratie» gekommen sei. Die Sechziger seien auch «alles andere als ein farbloses, zivilisatorisch verschlafenes Jahrzehnt» gewesen, vielmehr «von turbulenter, am Ende wilder Lebendigkeit geprägt». Sie münden, gewiss doch, in die Jugendrevolte, aber sie begannen «mit bedeutenden gesellschaftlichen Initiativen, die tief in die politische Klasse hineinwirkten».

Die Zeitgeschichte fällt hier mit Weizsäckers eigener Geschichte zusammen. Denn das Tübinger Memorandum und die Ostdenkschrift gehören selbstverständlich ebenfalls zu diesem Bild einer Epoche des Aufbruchs. Weizsäcker zählt dazu – locker zitierend aus der Fülle miterlebter Zeit – den Oberhausener Kongress der Industriegewerkschaft Metall, der 1972 den Begriff der Lebensqualität in die öffentliche Debatte einbringt, die Sozialausschüsse der CDU, die sich um die Verständigung mit Polen bemühen, und Pläne des Bundesverbandes der Industrie zur Entwicklungshilfe. Dieses Panorama der sechziger Jahre vervollständigt sich für den kulturell interessierten Weizsäcker auf den Bühnen, in den Konzertsälen und Ausstellungsräumen. Also etwa – in seiner Erinnerung – mit Joseph Beuys' Revolution der bildenden Kunst, Hans Werner Henzes Oratorium «Das Floß der Medusa», Peter Steins Theaterarbeit an der Berliner Schaubühne, dem jungen deutschen Film und der Premiere der Beatles, die – wie er anmerkt – auf deutschem Boden stattfand.

Mit alldem stehen die sechziger Jahre in Weizsäckers Augen für eine «fruchtbare Phase der aktiven Bürgergesellschaft». Werden sie nicht geradewegs zu einem Gegenbild der – dürftigen – Gegenwart? Dabei spielt vielleicht weniger seine Überzeugung eine Rolle, die Dominanz der Parteienherrschaft sei damals geringer gewesen – was man mit Fug und Recht bezweifeln kann –, als das Lob, das er der Vitalität des politischen und öffentlichen Lebens spendet: den «starken Kräften und guten Köpfen der Gesellschaft», die auf die Parteien einwirkten, sie vorantrieben und ihnen Themen und Anregungen an die Hand gaben, um «etwas zu bündeln und damit zu führen». Weizsäckers Charakterisierung dieses Jahrzehnts entspricht auch sonst nicht unbedingt dessen üblichem Bild. Wer verliert ein gutes Wort ausgerechnet über die Intellektuellenkritik Ludwig Erhards, den «Pinscher-Vorwurf»? Weizsäcker charakterisiert Erhard als aufgeschlossenen Politiker, liberal und offen, der explodiert sei, weil seine Kritiker ihn auf der politischen Ebene angegriffen hätten, während sie für sich selbst beanspruchten, als Dichter nicht angreifbar zu sein. Oder wer rühmt den Justizminister Gustav Heinemann für die Reform des Sozialstrafrechtes und, ausgerechnet, die Verabschiedung der Notstandsgesetze? Zu Weizsäckers sechziger Jahren gehört aber auch der Brandt'sche Musen- und Intellektuellen-Hof: Innerhalb kurzer Zeit sei es dem Kanzler gelungen, «eine fruchtbare, öffentlich spürbare Wechselwirkung zwischen Geist und Macht endlich auch einmal bei uns zustande zu bringen, wie es im Nachbarland Frankreich gute Tradition ist».

Richard Löwenthal hat die sechziger Jahre die «zweite formative Phase» in der bundesdeutschen Nachkriegsgeschichte genannt. Sind sie das auch für Richard von Weizsäcker? In diesem Jahrzehnt beginnt nicht nur sein Weg in die Politik, er wird selbst zur politischen Persönlichkeit. Es gibt diesem Sohn aus gutem Hause, der sich in das öffentliche Leben stürzen will, sozusagen politisch den letzten Schliff. Frei nach Goethes Diktum, es bilde ein Talent sich in der Stille, jedoch «ein Charakter in dem Strom der Welt», reift dieser politische Charakter im Strom der sechziger Jahre heran. Es tritt hervor, was Weizsäcker als Politiker kennzeichnen wird: Offenheit und Liberalität bei eher konservativer Grundstimmung, eine Bereitschaft zur Reform, die frei ist von Ideologisierung und Bilderstürmerei, Veränderungswille aus Offenheit, nicht aus missionarischem Ehrgeiz. Dazu die nie angestrengte Haltung, in der das Bewusstsein seiner Herkunft, aber auch die protestantische Gewissenskultur steckt.

«Beinahe ein richtiges Wendegefühl»: Lehrjahre im Parlament

In politics as in love there comes the moment where you have to kiss the girl, heißt eine Schmonzette des amerikanischen Publizisten James Reston, die der anglophile Richard von Weizsäcker in seinen «Erinnerungen» zitiert. Er illustriert damit seinen Entschluss, in den frühen fünfziger Jahren in die CDU einzutreten. Doch sehr viel genauer trifft das Bild seine Situation Mitte der Sechziger. Bis dahin führte ihn sein Weg zwar schon in Richtung Politik, aber noch fehlt die letzte Entschlossenheit, vielleicht auch der Anstoß, sich wirklich ins politische Getümmel zu begeben.

Das ändert sich im Frühjahr 1965, als ein junger, ihm bis dahin unbekannter Landespolitiker aus Rheinland-Pfalz namens Helmut Kohl bei Weizsäcker in der Stegelgasse 48 in Ingelheim erscheint. Die beiden wandern mehrere Stunden durch die Weinberge, und am Ende hat Weizsäcker das Angebot in der Tasche, bei der Bundestagswahl im Herbst im Wahlkreis Ludwigshafen und auf einem sicheren vorderen Platz der Landesliste zu kandidieren. Allerdings ist er gerade dabei, sich beim Kirchentag zu engagieren – im Jahr darauf findet das Treffen zum ersten Mal unter seiner Verantwortung in Köln statt –, und so sagt er schließlich ab. Obgleich Kohl den greisen Adenauer dazu bringt, dem politisch unbeschriebenen Blatt namens Weizsäcker zwei Briefe zu schreiben, die ihn von der Kandidatur überzeugen sollen, bleibt er bei seiner Entscheidung. Immerhin: Weizsäcker wird Mitglied im Kreisvorstand der Ludwigshafener CDU – Kohls politischer Heimat, wo er in sämtlichen Gremien dominiert.

Wie Kohl, mit 35 Jahren gerade zum Fraktionsvorsitzenden der CDU im Mainzer Landtag gewählt, auf Weizsäcker aufmerksam wurde, weiß man nicht genau. Vielleicht ist es auch nicht so wichtig: Zur Erklärung reicht vermutlich aus, dass Weizsäcker 1963 mit seinem Wechsel zum Pharmaunternehmen Boehringer in das – wie Klaus Dreher, der Biograph des Altkanzlers, leicht ironisch anmerkt – «Einzugsgebiet von Helmut Kohl geriet». Denn der junge Politiker beginnt gerade seinen steilen Aufstieg und will zu diesem Zweck erst den Landesverband und dann das Land selbst auf Touren bringen. Entschlossen setzt das junge, kraftstrotzende Talent auf Reform und Modernisierung. Er verabreicht seiner Partei eine kräftige Dosis Pragmatismus und Unbefangenheit, will überhaupt die CDU für neue Themen öffnen und schiebt deshalb im Laufe der sechziger Jahre erst einmal die alte Garde der rheinland-pfälzischen CDU aufs Altenteil – 1969 schließlich auch den Ministerpräsidenten Peter Altmeier, der das Amt seit 1947 innehat. Selbstbewusst mischt Kohl auch in der Bundespartei mit, die sich gerade im Umbruch befindet – die Ära Adenauer ist zu Ende, und weder Erhard noch Kiesinger sind in der Lage, das Parteischiff auf einen neuen, sicheren Kurs zu bringen. Der Hoffnungsträger sucht indessen nach weiteren Talenten, die sein Vorhaben unterstützen. So stoßen Heiner Geißler, Bernhard Vogel, Hanna-Renate Laurien und Norbert Blüm zu ihm, allesamt bedeutende Köpfe der künftigen CDU, und nicht zuletzt ihretwegen wird Kohls Mainzer Kabinett nach seiner späteren Wahl zum Ministerpräsidenten zu einem bundesweit anerkannten Modell. Bei alldem hilft ihm sein Ruf, er denke beim Begriff «Weltlage» nicht nur an Außenpolitik, sondern auch an die Nobel-Weinlagen seines Landes.

Auch Kohls Werben um Weizsäcker ist Teil der Modernisierung, mit der die Partei eine wichtige Phase ihrer Geschichte einleitet. Tatsächlich ist jemand wie Weizsäcker für die kleinbürgerlich geprägte und honoratiorenhafte CDU – eine «zu kleine, zu männliche, zu katholische, zu ländliche und zu alte Partei» nennt Günther Gillessen sie 1965 in der «Frankfurter Allgemeinen» – ein Geschenk: ein Protestant, zudem Kirchentagspräsident, ein erfolgreicher Mann der Wirtschaft und, nicht zu vergessen, ein Freiherr. Ein solcher Mann signalisiert die Öffnung der Partei und macht sie attraktiv für Schichten, die sie bisher nicht erreicht hat. Dass der intellektuelle, weltmännisch auftretende Weizsäcker mit seinen politischen Ansichten – insbesondere im Bereich Ost- und Deutschlandpolitik – nicht wirklich zur CDU passt, nimmt Kohl in Kauf; solche Grenzüberschreitungen gehören zu einer modernen Volkspartei, zu der die CDU nach seinen Vorstellungen werden soll.

Weizsäcker wiederum imponiert Kohls unbefangenes Temperament, der «umweglose Anmarsch auf sein Ziel» und seine «freundschaftliche Offenheit», mit der er versucht, ihn für ein politisches Amt zu gewinnen. Zumal Kohl mit der ihm eigenen Fertigkeit in der Bedienung des Parteiapparats dafür sorgt, dass sich Weizsäckers Aufstieg fortsetzt. 1966 wird der kostbare Neuzugang bereits in den Bundesvorstand der CDU kooptiert – da fragen manche Präsiden noch, ob der neue Mann überhaupt Parteimitglied sei. Zwei Jahre später wird er in das oberste Parteigremium gewählt, und das obendrein mit dem viertbesten Ergebnis, ohne dass bekannt geworden wäre, dass er in Ludwigshafen Plakate geklebt oder Kreisparteitage mit seiner Anwesenheit beehrt hätte.

Dieser sturzgeburthafte Einstieg in die Politik passt zu den sechziger Jahren, in denen das politische Geschehen in der Bundesrepublik nicht zuletzt deshalb in Bewegung gerät, weil die Parteien sich verändern. Den Anfang macht die SPD, die seit ihrem Godesberger Parteitag 1959 nicht nur einen stetigen Zuwachs an Mitgliedern verzeichnet, sondern vor allem einen neuen Typus von Anhängern anzieht. Es sind die politisch interessierten Söhne und Töchter aus bürgerlichem Haus, mit denen sich die programmatische Öffnung der Partei gegenüber der Nachkriegsgesellschaft fortsetzt. Aber auch das Profil der Union wandelt sich. An die Stelle der alten Honoratioren treten zunehmend jüngere, nach ihrem Habitus und ihrem Auftreten aufgeschlossenere Kräfte. Die Bundestagswahl 1965, mit der Weizsäckers parlamentarische Laufbahn hatte beginnen sollen, zeigt die Folgen: mit ihr erlebt die CDU/CSU-Fraktion einen erstaunlichen Verjüngungsschub, durch den sich die Zahl der unter Vierzigjährigen verdoppelt. Zu ihnen gehören Kohls junge Talente, Heiner Geißler und Bernhard Vogel, aber zum Beispiel auch der spätere Verteidigungsminister Manfred Wörner.

Die erste politische Feuerprobe ereilt Weizsäcker noch vor seinem offiziellen Wechsel in die Politik, der sich mit seiner Kandidatur bei der Bundestagswahl 1969 vollzieht. Im Sommer 1968 taucht überraschend der CDU-Generalsekretär Bruno Heck bei ihm auf und trägt ihm, noch überraschender, nichts Geringeres an als die Kandidatur für die Bundespräsidentenwahl im Frühjahr 1969. Der einfache Bonner Rechtsanwalt Weizsäcker, der er zu dieser Zeit ist – denn bei Boehringer ist er ausgeschieden, seine Kirchentagspräsidentschaft geht zu Ende –, ist sprachlos. Und spürt bald, was Politik bedeutet: Plötzlich, und zum ersten Mal überhaupt, befindet er sich inmitten der politischen Spekulationen und taktischen Manöver, mit denen die Parteiführer und ihre Strippenzieher in den Parteiorganisationen und der Öffentlichkeit agieren. Zugleich zeigen die Medien Interesse an ihm und seiner Familie. Allerdings ist er in dieser Rolle nur Objekt: Von Anfang an ist er sich darüber im Klaren, dass für seine Kandidatur allein «wahltaktische Überlegungen» sprechen. Er ist eine Figur, die auf das Schachbrett der Politik geschoben wird.

An der eigenen Person erlebt Weizsäcker, was es bedeutet, dass die Wahl zum Bundespräsidenten einen «seismographischen

Charakter» (Arnulf Baring) hat: Sie ist ein Test für die aktuellen Machtverhältnisse und die Probe auf neue Konstellationen. 1969 geht es darum, was auf die Große Koalition folgt: ob künftig die Union mit der FDP regiert oder ob es der SPD gelingt, die Liberalen als Koalitionspartner zu gewinnen, mithin zum ersten Mal in der Geschichte der Bundesrepublik nach dem Kanzleramt greifen kann. Die Karten werden neu gemischt, und die Präsidentschaftswahl ist dafür eine ideale Versuchsanordnung: Wer für seinen Kandidaten die Stimmen der FDP gewinnt, stellt nicht nur den künftigen Bundespräsidenten, sondern – möglicherweise – auch die Weichen für die nächste Koalition. Die SPD entschließt sich, Gustav Heinemann, den Justizminister, aufzustellen, einen renommierten, aber spröden Politiker, bei dem nicht ausgemacht ist, ob er die geschlossene Unterstützung der Liberalen hat. Deshalb entsteht in der CDU der Gedanke, dass ein Kandidat wie Weizsäcker – jung, unverbraucht, liberal – für die FDP anziehend genug sein könnte, um der SPD das Amt abzujagen. Von den Traditionalisten in der Union wird dagegen Gerhard Schröder vorgeschlagen, der frühere Innen- und Außenminister, seit Jahr und Tag eine bewährte CDU-Größe.

Die Entscheidung zwischen Schröder und Weizsäcker, die damit notwendig wird, fällt allerdings deutlich aus: Der Parteinovize Weizsäcker hat keine Chance gegen eine Gestalt wie Schröder, dem Jungen unter den Alten, der schon unter Adenauer Minister war. Vor allem Strauß und die CSU unterstützen Schröder, nicht zuletzt wegen der konservativen Gegenposition, die er gegenüber Heinemann verkörpert. Weizsäcker trägt die Niederlage gelassen, mit guten Gründen: Sie beschert ihm politische Lehrjahre, die er brauchen kann – im Nachhinein erscheint sie ihm als «ein wahres Glück». Übrigens wird die Wahl im März 1969, die knapp zugunsten Heinemanns ausfällt, in der Tat zu einer Weichenstellung und ist insofern ein klassisches Lehrstück für die Bedeutung einer Präsidentenwahl. Dazu trägt bei, dass sie geradezu dramatisch verläuft, die politische Szene in Atem hält, das Publikum in ihren Bann schlägt und mit alledem zeigt, dass sich die Politik im Zustand höchster Anspannung befindet. Heinemann gibt der Wahl den politischen Kick, indem er das Reizwort von einem «Stück Machtwechsel» für die Präsidentenwahl in die Debatte wirft.

Im Rückblick sieht es so aus, als hätte die Wahl auch auf eine andere Weise Überraschungen in petto gehabt. Noch in den Memoiren von Willy Brandt hört ein erfahrener Politikbeobachter wie Klaus Dreher dessen Stoßseufzer über die Nominierung des Unionskandidaten nachhallen. Die Union, so Brandt, hätte «Heinemann bei den FDP-Leuten ausstechen können», wenn sie «einen Namen ins Spiel gebracht hätte, der häufig fiel: Richard von Weizsäcker». War es also die Kandidatur Schröders, der Heinemann den knappen Sieg verdankt, das legendäre Stück Machtwechsel eingeschlossen? Das Durchspielen der Situation an diesem 5. März 1969 bringt Dreher immerhin zu dem Schluss, dass die Union damals von einem Erfolg nicht weit entfernt gewesen sei. Wäre dann alles anders gekommen? Wäre es, zum Beispiel, im Herbst 1969 nicht zur Koalition von SPD und FDP gekommen? Jedenfalls hätte es der Wechsel zur sozial-liberalen Koalition unter Willy Brandt und Walter Scheel, das historische Resultat der Bundestagswahl 1969, schwerer gehabt.

So beginnt die politische Laufbahn Richard von Weizsäckers auf der Oppositionsbank. Aber sie führt ihn sogleich mitten ins Geschehen. Denn die Auseinandersetzungen um die Ost- und Deutschlandpolitik, in deren Zeichen die folgenden zweieinhalb Jahre stehen, werden zur Dreh- und Wendescheibe der deutschen Politik, und Weizsäcker steht in diesem dramatischen Prozess an exponierter Stelle, denn die Ost- und Deutschlandpolitik ist sein Thema. Zur Debatte steht – und das in äußerst emotionaler Weise – das Verhältnis der Deutschen zu den Folgen von Krieg und Drittem Reich ebenso wie die Identität der Bundesrepublik. Dieser Konflikt spaltet das Parlament; er führt haarscharf am Regierungssturz vorbei, verwickelt die Opposition in nachgerade selbstzerstörerische Kontroversen und endet in einer spektakulären Bundestagswahl, mit der die Ergebnisse dieses stürmischen Umbruchs von einer erregten Wählerschaft gleichsam sanktioniert werden. Wie keine andere Kontroverse seit dem Streit um Wiederbewaffnung und Westorientierung in den frühen Jahren mobilisiert und polarisiert der Regierungswechsel die Öffentlichkeit, erschüttert festgefügte Ansichten und verschiebt die politischen Koordinaten des Landes. Nach Weizsäckers Überzeugung sind es die «wohl dramatischsten und mit dem größten Ernst geführten Auseinandersetzungen in der bisherigen Geschichte des Deutschen Bundestages».

Am Anfang steht die Regierungserklärung des neuen Bundeskanzlers Willy Brandt. Sie gilt seither als Dokument des Aufbruchs, und das in einem Maße, das fast vergessen lässt, dass sie damals von ihren Kritikern auch als Beginn einer kalten Revolutionierung begriffen wurde – einer «Dekade des Tiefpflugs», wie sie der Publizist Ludolf Herrmann in Anlehnung an einen Satz von Herbert Wehner polemisch nannte. Tatsächlich bezeichnet die Rede einen historischen Augenblick. Sie begründet mit ihrer Gegenüberstellung von sozial-liberaler Koalition und CDU/CSU-Opposition das neue Muster der Politik und öffnet das Einfallstor für ein entzündbares Gemisch von Erwartungen, Unruhe und Veränderungsbereitschaft, entstanden zum Teil abseits der Politik, zum Teil aber auch – wie im Falle des studentischen Protests – kulturkritisch gegen die Politik gewendet. Die Kommentatoren sehen in dieser Rede zunächst keineswegs das Flammenzeichen einer neuen Ära, nicht einmal – so die «Zeit» – einen «großen, kühnen Wurf», sondern ein «respektables Aktionsprogramm» oder einen «Vortrag fleißiger Vernunft», wie die «Welt» schreibt. Doch in der Rede stecken wie Knallkörper jene anderthalb Sätze, mit denen sie Geschichte geschrieben hat: die

Hinnahme der deutschen Zweistaatlichkeit – und in der trotzigen Schlusspassage die Versicherung, die Demokratie stehe nicht am Ende, sondern fange «erst richtig an».

Oder sind es Sprengsätze? Der Eindruck, den Brandts Regierungserklärung bei Weizsäcker hinterlässt, ist enorm. Keine Frage, dass er sie als tiefen Einschnitt empfindet. Seine deutende Interpretation der jüngsten Geschichte «Drei Mal Stunde Null?» widmet der Rede mehrere Seiten; sie erscheint dort als das Fanfarensignal für die zweite große Zäsur der Nachkriegsgeschichte 1969. «Auf dramatische Weise» ebne Brandt, so Weizsäcker, mit seiner Rede «den Weg nach Osten». Dafür steht Brandts subtil verschachtelte Erklärung: «Auch wenn zwei Staaten in Deutschland existieren, sind sie doch füreinander nicht Ausland», mit der er, so Weizsäcker, den «berühmtesten Nebensatz aller bisherigen Regierungserklärungen» geschaffen habe. Aber in der derart fast liebenswürdig gehätschelten Formulierung stecke «die politisch konstitutive Aussage schlechthin, auf der die weiteren ostpolitischen Maßnahmen der Regierung beruhen».

Umso erstaunlicher ist es, wie nachdrücklich Weizsäcker Brandts Schlusswendung geißelt, die Demokratie sei nicht am Ende, «wir fangen erst richtig an». Er nennt sie einen «Trompetenstoß», ein «unsinnig arrogantes Signal» – er will darin sogar den Auslöser der späteren, von ihm heftig abgelehnten «Freiheit statt-Sozialismus»-Polemik erkennen, mit der Teile der Union in der Mitte der siebziger Jahre die Wahlkämpfe aggressiv aufladen werden. Die Rede, die den entscheidenden Schritt in Richtung Ostpolitik darstellt, ist in seinen Augen mithin von Ambivalenzen umwölkt: «Wieso der Lärm, die erregte Stimmung, beinahe ein richtiges Wendegefühl? War es vielleicht doch ein echter Abschied von der Kontinuität der ersten zwei Jahrzehnte?» Dabei spricht manches dafür, dass Brandts «Wir-fangen-erst-richtig-an»-Formulierung auch eine späte Antwort auf Adenauers infame Behauptung aus dem Jahr 1957 ist, eine sozialdemokratische Regierung bedeute den Untergang Deutschlands? Doch Weizsäcker fürchtet, dass sich Tendenzen in und außerhalb der SPD, die er für gefährlich hielt – zumeist solche systemverändernden Charakters – ermuntert fühlen könnten.

Von solchen Spannungen ist in Weizsäckers parlamentarischer Jungfernrede noch nichts zu spüren. Die Fraktion räumt ihm dafür ehrenvollerweise gleich die erste Sitzung des Bundestags nach der Aussprache über die Regierungserklärung ein. Zur Debatte steht die Frage, ob der Bundestagsausschuss für deutschdeutsche Fragen künftig – wie bisher – als «gesamtdeutsch» oder als «innerdeutsch» bezeichnet werden solle; Weizsäcker plädiert für das Erstere, um die Kontinuität der Deutschlandpolitik zu unterstreichen. Er kann sich natürlich gegen die zur Begriffsänderung entschlossene Regierung nicht durchsetzen. Gleichwohl ist die Rede ein Erfolg, denn sie erregt Aufsehen im politischen Bonn. Der FAZ-Autor Walter Henkels, eine Institution des Pressecorps, auch «Bonner Hofchronist» genannt, widmet ihm einen überaus freundlichen Artikel: Dem neuen Bundestag habe sich ein Mann präsentiert, «dessen sympathisches Gesicht geradezu erfüllt schien von der freundlichen Sonne des ‹bon sens›, von dem sanften Licht der Konzilianz, von der noblen Haltung, die ein ‹guter Stall› verleiht». In einem Streit, der fast weltanschauliche Züge angenommen hat, habe er eine glänzende Rede gehalten, die als einzige «anhaltend lebhaften Beifall» erhalten habe, «wenn auch nur von seiner Fraktion». Bonn habe eine «rhetorische Entdeckung» gemacht.

«Der Prophet in der Löwengrube»: der Kampf um die Ostverträge

In der Ostpolitik legt die sozial-liberale Koalition ein wahrhaft schwindelerregendes Tempo vor. Schlag auf Schlag geschieht bisher Unvorstellbares, werden politische Schallmauern durchbrochen – Gespräche mit der Sowjetunion und Polen, der erste offiziöse Kontakt mit der DDR bei Brandts bewegendem Besuch in Erfurt, zehn Monate später die Unterzeichnung des Moskauer Vertrags, vier Monate danach die des Warschauer Vertrags und dort Brandts Kniefall vor dem Ghetto-Denkmal, der Höhepunkt, der die Gemüter erregt. Weizsäcker ist den Akteuren dieses ostpolitischen Hürdenlaufs dicht auf den Fersen, er spürt sozusagen ihren heißen Atem, denn als deutschlandpolitischer Sprecher der CDU/CSU-Fraktion gehört er dem kleinen Kontaktausschuss des Parlamentes an, mit dem Egon Bahr, der Hauptverhandlungsführer der Bundesregierung, die Opposition über die Gespräche informiert.

Der rasante Prozess bricht über das politische Bonn herein wie eine Folge von Sturmböen; er verblüfft und irritiert, bestürzt und verunsichert. Ist die Regierung überhaupt noch Herr der Dynamik, die diese neue Ostpolitik auslöst? Die Opposition jedenfalls fühlt sich überrannt, sucht nach Kraft durch polemisches Gegenhalten, klammert sich an Positionen, die rasch von der Wirklichkeit überholt werden. Das alles bringt Weizsäcker in eine prekäre Lage: Er ist für eine aktive Ostpolitik, stimmt also mit den Zielen der neuen Politik grundsätzlich überein, ist jedoch skeptisch gegenüber der Haltung, mit der sie durchgesetzt wird, misstraut ihren Maßstäben und Begleiterscheinungen, verhält sich mithin gegenüber der Ostpolitik – wie er es formuliert – «kritisch konstruktiv». Zugleich gerät er in seiner eigenen Fraktion zunehmend in einen Zwiespalt. Er ist weitgehend auf der Linie des Fraktionsvorsitzenden Rainer Barzel, der – bei allem Schwanken – der Ostpolitik offen gegenübersteht, allerdings auf Verbesserungen besteht. Doch in der Fraktion und an der Basis der Union, zumal in der CSU, greift die Neigung um sich, der sozial-liberalen Politik mit einem Konfrontationskurs zu begegnen. Sie reißt in den eigenen Reihen Fronten auf, während sich die Partei als Ganzes verhärtet.

Der deutschlandpolitische Parcours, den Regierung und Opposition in den folgenden Monaten absolvieren, hat seine eigenen Schwierigkeiten. Wie kann die Bundesrepublik, zum Beispiel, die DDR als selbständigen Staat anerkennen, aber gleichzeitig an nationaler Einheit und Selbstbestimmung festhalten? Wie kann sie einen Vertrag mit Moskau schließen, ohne das alte polnische Trauma zu wecken, dass Russen und Deutsche sich – der Vertrag mit Warschau soll erst danach folgen – über die Köpfe der Polen hinweg einigen? Wie kann man überhaupt Entspannungspolitik mit einer Macht betreiben, die das Ziel hat, Europa zu dominieren, und mit einer gewaltigen Militärmaschinerie sowie einer militanten Ideologie auftrumpft?

Außerdem sind die Beziehungen der Bundesrepublik zur DDR und den Ostblockstaaten mehr als kühl, nämlich von Misstrauen und kaum unterdrückter Feindseligkeit geprägt. Das Unternehmen Ost- und Deutschlandpolitik bewegt sich in unwegsamem, noch von niemandem betretenem Gelände – jeder Schritt ein Kampf mit einem Gestrüpp von Bedenken und Widerständen. Wie offen das Ergebnis dieser Politik damals war, ist heute kaum noch nachzuvollziehen. Die Ostpolitik, so Weizsäckers Urteil im

Rückblick, «war eine wahrhaft gewagte, in ihrem Ausgang bis zuletzt ungewisse Operation».

In dieser großen Auseinandersetzung ist Weizsäcker Befürworter und kritisches Gegengewicht zugleich. Immer wieder greift er in den Debattenprozess ein, zumal im Bundestag, wo die Ost- und Deutschlandpolitik in den drei Jahren von 1969 bis 1972 tiefe Spuren hinterlässt, die das politische Klima nachhaltig beeinflussen. In seinen Reden fragt er, ob die Bundesregierung wirklich an der staatlichen Einheit festhält – wie sie versichert –, wenn sie zugleich den Weg der praktischen Anerkennung der DDR weiter beschreitet. So sei «eine tief zweideutige Situation» entstanden, deren Konsequenz eine «gefährliche Ungewissheit» darüber ist, «wohin die Bundesregierung, ob gewollt oder nicht, uns alle weiter führen wird». Er weist warnend darauf hin, dass der Beifall aus dem Ausland in erster Linie ihrer Bereitschaft gilt, sich mit der deutschen Teilung abzufinden. Das amerikanische Magazin «Time» etwa habe Brandt 1970 gerade deshalb zum «Man of the Year» gekürt, weil er «der erste deutsche Staatsmann» sei, «der die Teilung Deutschlands eingestehe», und seine Verträge «de facto Friedensverträge» seien. Ähnlich äußere sich auch der französische Staatspräsident Pompidou.

Überhaupt misstraut Weizsäcker den Folgen und Begleitumständen dieser Politik: Ist aus dem von Egon Bahr postulierten «Wandel durch Annäherung» nicht «eine unglückliche Mischung von zu weitgehender sachlicher Konzessionsbereitschaft mit zu weitgehender provokativer Beunruhigung» geworden? Mit Missfallen registriert er kritische Äußerungen über die durch die Reichsgründung 1871 geprägte Nation, die, nach seiner Überzeugung, «bisher durch nichts anderes ersetzt» worden sei – es ist das Jubiläumsjahr der Reichsgründung, und sowohl der Kanzler als auch Bundespräsident Heinemann haben dieses Datum herben Betrachtungen unterzogen.

Besorgt zeigt sich Weizsäcker schließlich über die zentrifugalen Kräfte, die durch den Alleingang der Bundesregierung in der Ost- und Deutschlandpolitik geweckt worden sind. Wird diese Politik nicht mit einem moralischen Pathos betrieben, so fragt er, dass jeder, der sie kritisiert, «von vornherein als der Unmoralische dasteht»? In einem Aufsatz zitiert er eine Zeitungsanzeige aus dem baden-württembergischen Landtagswahlkampf 1972, die die Ostpolitik christlich verbrämt und über ihre Gegner den moralischen Stab bricht – man könne, so hieß es da, als Christ nicht gegen Brandt sein. Er beklagt die «Zerreißprobe», vor die diese Politik das Land gestellt habe, und fordert «so etwas wie eine ständige große Konspiration» aller Parteien. Denn eine solche Art von Konfrontation steht seiner Auffassung von Politik diametral entgegen. Unmittelbar vor seiner Bundestagskandidatur hat er ein Bekenntnis zum «Dialog als politische Methode» abgelegt. Unter dem Eindruck der Polarisierung, die Ende der sechziger Jahre die politische Debatte zu beherrschen beginnt, plädiert er in der Zeitschrift «Merkur» für eine «dialogische Politik», bei der «die Gegenspieler begreifen, dass sie im selben Boot sitzen».

Wäre das nicht auch ein Muster für die ost- und deutschlandpolitische Debatte? Weizsäcker ist ja auch mitten in der ostpolitischen Auseinandersetzung nicht frei von Zweifeln, ob sie richtig, der Sache angemessen geführt wird, auf der Seite ihrer Befürworter und ihrer Gegner. Der Streit müsse sein, aber ist er nicht größer, «als er dem relativ geringen Bewegungsspielraum der Deutschen in einer zusammenwachsenden Welt entspricht»? Und ist er wirklich den Zorn und Eifer wert, mit denen er betrieben wird? Dreißig Jahre später ist Weizsäcker imstande, die große Schlacht noch anders zu sehen, nüchtern, vielleicht zu nüchtern, und jedenfalls auch weise geworden: Im Gespräch mit dem ostdeutschen Pfarrer und Bürgerrechtler Friedrich Schorlemmer wirft er in einer Art Schlussstrich die Frage auf, ob diese Auseinandersetzung letztlich nicht vor allem ein Streit war «zwischen dem einen westlichen Parteilager und dem anderen westlichen Parteilager und darüber, wie man im Konflikt untereinander Punkte sammeln könnte». Damals allerdings sieht auch er rot: er erkennt in der «Gefahr der gesinnungsmäßigen Polarisierung» – sein Beispiel dafür ist der Streit um die Oder-Neiße-Grenze – die Folge der «bewussten und gewollten Preisgabe der Gemeinsamkeit in der Deutschlandpolitik im deutschen Bundestag». So werde die innenpolitische Anspannung zu einem Risiko für die Außenpolitik.

Tatsächlich nimmt die Polarisierung zu, sowohl in der Politik als auch in der Öffentlichkeit. Je weiter dieser Prozess fortschreitet, desto stärker werden die Debatten von Misstrauen, Verdächtigungen und Unterstellungen geprägt. Die Fronten verhärten sich, und während die sozial-liberale Koalition vorwärtsstürmt – und 1971 durch den Friedensnobelpreis für Willy Brandt gleichsam gekrönt wird –, wächst in der Union die Neigung, durch die Ablehnung der Verträge und mit einem solchen Kraftakt wieder Geschlossenheit zu erlangen. Dazu trägt auch die Wirkung bei, die die Reformpolitik der Regierungskoalition im Inneren hat. Deren widerstreitende Flügel verwickeln sich zunehmend in erbitterte Diskussionen über die Notwendigkeit radikaler gesellschaftlicher Reformen. Auch Weizsäcker sieht mit Argwohn, wie sozialistische Vorstellungen an Boden gewinnen, in Teilen der SPD, aber auch außerhalb dieser Partei. Immer wieder bezieht er sich auf die Formel des Godesberger Programms, der «Sozialismus» werde «nur durch die Demokratie verwirklicht», und benutzt sie, um die SPD aufzufordern, sich zur Demokratie jenseits ideologischer Fixierungen zu bekennen. Für ihn hängt daran die Frage nach der Bedeutung der Nation im geteilten Deutschland: Er fürchtet, dass der gesellschaftspolitische Anspruch der Verbindung von Sozialismus und Demokratie sie relativieren werde – und damit die Größe, die die Deutschen hüben und drüben verbindet.

Das alles erhöht den Druck auf den Ratifizierungsprozess der

Verträge von Moskau und Warschau, die der Bundestag 1972 in Angriff nimmt. Auch nach fünfundzwanzig Jahren könne er an diese Zeit «nur mit innerer Erregung» zurückdenken, bekennt Richard von Weizsäcker in seinen «Erinnerungen»: Ein «tiefer Zwiespalt zog sich durch das Land, durch Generationen, Familien und Freundschaften, zumeist ein Konflikt zwischen Einsicht und Empfindung». Und natürlich erfasst er auch die Abgeordneten der Fraktionen. Aus der parlamentarischen Auseinandersetzung wird «eine Debatte voller menschlicher Hingabe und Leidenschaft», «geprägt durch ein ständiges Hin und Her zwischen Konfrontation und Kooperationsbereitschaft, sachlichem Ernst und Polemik, Enttäuschung und Zuversicht». Im Februar 1972, in der ersten Lesung der Verträge, markiert der CDU/CSU-Fraktionsvorsitzende Rainer Barzel die Situation mit dem Diktum «So nicht und jetzt nicht», dem der SPD-Politiker Horst Ehmke ein «So und jetzt» entgegenhält. Doch während Barzel und Weizsäcker noch nach einem Kurs suchen, der die Ablehnung der Verträge verhindert, zerbröselt im Mahlwerk der Auseinandersetzung die Mehrheit der sozial-liberalen Koalition. Eine Reihe von SPD- und FDP-Abgeordneten entzieht der Regierung ihre Unterstützung. Fünf Tage nach der ersten Lesung verliert die Koalition im Bundestag die Mehrheit. Das Schicksal der Verträge steht Spitz auf Knopf.

Und Richard von Weizsäcker steckt mittendrin. Mit einem Artikel in der «Frankfurter Allgemeinen» wenige Wochen vor der Abstimmung sucht er zu retten, was kaum noch zu retten ist: die Verträge vor der Ablehnung durch seine Fraktion – sie würde, so argumentiert er, international auf Unverständnis stoßen –, seine Fraktion vor einer Spaltung und nicht zuletzt seine eigene Position, die auf einen vernünftigen Ausgleich setzt. Er geht dabei mit Brandts Ost- und Deutschlandpolitik hart ins Gericht, möglicherweise auch, um seine Position gegenüber der eigenen Fraktion zu stärken: Sie sei betrieben worden «ohne das nötige Maß für Zeit und Festigkeit gegenüber den Russen, mit einer gefährlichen Verächtlichkeit gegenüber den Problemen eines parlamentarischen Alleingangs im Inneren und schließlich auf der Basis von möglicherweise verhängnisvollen Schwächen und Illusionen im eigenen Lager der Koalitionsparteien».

Aus der «großen Harmonie der Ostpolitik der SPD» werde «mehr und mehr die große Verharmlosung nach innen und außen», auf die die Sowjetunion «verständlicherweise völlig bewusst» setze. Weizsäcker sieht den linken Parteiflügel der Sozialdemokraten im Vormarsch, zumal in den großen Städten, während die Sowjetunion ihr europäisches Fernziel, die Dominanz auf dem Kontinent, fest im Auge habe und auf «die innere Aufweichung der westlichen Gesellschaften» setze. Zugleich plädiert er für eine Ost- und Deutschlandpolitik, die auf dem Prinzip «Zug um Zug» bestehen und die «Wiederannäherung der politischen Kräfte» in der Bundesrepublik anstreben müsse. Es ist ein verzweifelter Versuch, eine Krise der deutschen Außenpolitik und eine Zerreißprobe für die CDU/CSU-Fraktion abzuwenden: Daniel, der Prophet, in der Löwengrube.

Doch die Situation eskaliert weiter. Als die CDU bei der Landtagswahl in Baden-Württemberg im April 1972 einen überwältigenden Sieg erringt – die Anspannung der bevorstehenden Abstimmung über die Verträge liegt schon über der Entscheidung – und am Abend des Wahltags ein weiterer Abgang aus der FDP-Fraktion die sozial-liberale Mehrheit kippen lässt, gibt die Union der Versuchung nach, durch ein Misstrauensvotum gegen den Kanzler einen Machtwechsel herbeizuführen. Weizsäcker versucht, diesem Sog zu widerstehen. Er gehört zu den drei CDU-Abgeordneten, die sich gegen diese Operation Kanzlersturz aussprechen, weil sie fürchten, dass ein Erfolg die Union in eine Lage bringen würde, die nicht mehr beherrschbar wäre – ohne klaren eigenen Kurs in der Ostpolitik, im Innern angespannt, nach außen hin isoliert. Dennoch trägt er die Mehrheitsentscheidung der Fraktion mit. Da sein parteiinternes Widerstreben gegen das Misstrauensvotum bekannt geworden ist, kann er sich der Bitte Barzels, in der Debatte das Wort zu ergreifen, nicht entziehen – gewiss eine Ehre, aber eine zweifelhafte, denn irgendwie dient er nur als Alibi.

Die Dramatik dieses 27. April 1972 hält das ganze Land in Atem. In seiner Reportage von diesem Tag fängt der Bonner «Zeit»-Korrespondent Rolf Zundel die extreme Anspannung ein: die in der Union bereits kursierenden Kabinettslisten, die Warnstreiks und Demonstrationen für Brandt, die telefonischen Drohungen gegen Ehefrauen von Politikern beider Lager – «selten hat», so Zundel, «die Post so viele Schmähungen und Beleidigungen nach Bonn befördert wie in diesen Tagen». Er registriert, wie nach den Reden von Kiesinger, Scheel und Brandt sogleich Weizsäcker mit «geschmeidiger Härte» die Inanspruchnahme des in der Verfassung verbrieften Rechts des Misstrauensvotums verteidigt. Dann der Augenblick, der beispiellos in der deutschen Parlamentsgeschichte ist: «Aufruf zur Abstimmung. Die Namen fallen wie Sand durch das Stundenglas … Die Auszählung beginnt. Um Barzel drängt sich eine dichte Gruppe von Parteifreunden. Plötzlich ein Aufschrei, ein Sozialdemokrat reckt beide Arme in die Höhe. Ein anderer ruft: ‹Abgeschmettert› … Wie von einer Welle der Begeisterung wird der Kanzler in den Plenarsaal getragen.» Das einzig echte, da nicht manipulierte Misstrauensvotum ist gescheitert. Heute weiß man, dass die Stasi ihre Hände im Spiel hatte. «Der Zeitwind verweht den penetranten Geruch», notiert dazu der Journalist Herbert Kremp.

Für Weizsäcker werden die folgenden Wochen zum Fegefeuer. Das Ringen um eine Position, mit der die Union vor sich selbst und der Öffentlichkeit bestehen kann, wächst sich aus zu einer Geschichte der Irrungen und Wirrungen. Plastisch beschreibt er die Situation in der Fraktion als ein «kaum noch zu entwirrendes Knäuel von offenen Schlachten und vertraulichen Kontakten, von erbitterten Kämpfen und Brückenbauten». Eine gemeinsame Entschließung des Bundestags soll der Union die Annahme der Verträge ermöglichen. Sie scheitert am Widerstand von Franz Josef Strauß, der am Entwurf der Erklärung mitwirkt, dann aber in der Frage der Annahme auf Gegenkurs geht. Ohnedies wird die Atmosphäre in der Fraktion immer gereizter und nervöser, misstrauisch auch gegenüber Barzel, der alles daransetzt, sie zu einer Zustimmung zu den Verträgen zu bewegen. Doch die Ablehnungsfront in der Fraktion ist nicht mehr zu erschüttern. Schließlich kommt der Gedanke auf, die Verträge durch gemeinsame Enthaltung passieren zu lassen. Das ist – so nennt Richard von Weizsäcker das Manöver – der «politische Notausgang» aus der gründlich verfahrenen Situation.

In diesem Irrgarten lernt Weizsäcker die Einsamkeit des Abweichlers vor der Abstimmung kennen. Es ist nur eine kleine Minderheit von kaum mehr als einem Dutzend CDU-Abgeordneter, die sich in turbulenten Fraktionssitzungen und intimen Gesprächsrunden gegen die Ablehnung stemmt – neben Weizsäcker vor allem Walther Leisler Kiep, Olaf von Wrangel und Konrad Kraske. Und befindet sich Weizsäcker nicht in der exponierten Lage, die Verträge mit seinem Votum über die Hürde bringen zu können? Auf 248 zu 248 belaufen sich die Stimmenverhältnisse, also auf Patt. Doch er hat «kein Verlangen nach einer einsamen Heldenrolle». Denn die Atmosphäre ist aufgeladen: Bei seiner Rede zum Misstrauensvotum im Bundestag haben SPD-Abgeordnete ihn wütend mit Fäusten bedroht, in der eigenen Fraktion kommt es zum Tumult, als er seine Zustimmung zum Warschauer Vertrag ankündigt – er hat Anlass, sich zu fragen, ob er hier am richtigen Platz ist.

Schließlich kommt die Fraktion zu dem Schluss, sich zu enthalten, um wenigstens ihre Einheit zu bewahren. Am 17. Mai 1972 werden die Verträge «schlecht und recht» (Arnulf Baring) im Bundestag ratifiziert – trotz Enthaltungsbeschluss stimmen beim Moskauer Vertrag zehn Abgeordnete der CDU/CSU dagegen, beim Warschauer Vertrag sind es siebzehn. Weizsäcker empfindet diesen Offenbarungseid seiner Partei als «deprimierend». In einer langen Auseinandersetzung um eine der wichtigsten Fragen der deutschen Politik habe «der Unionsberg gekreißt und eine magere Enthaltungsmaus zur Welt gebracht». Ein halbes Jahr später erhält die Union dafür die Quittung: In der vorgezogenen Bundestagswahl im November 1972 erlebt sie mit einem Stimmenanteil von 44,9 Prozent – dem niedrigsten seit 1949 – eine verheerende Niederlage.

In diesem «Marathonlauf der tausend Tage» – wie Egon Bahr den Zeitraum zwischen der sozial-liberalen Regierungsübernahme und der dramatischen Novemberwahl umschreibt – wird Richard von Weizsäcker zu einer anerkannten Größe der deutschen Politik, im Parlament und auch schon in der Öffentlichkeit. Es gehört zu den erstaunlichen Tatsachen dieser Biographie, wie rasch das geschieht. Eben noch Neuling im Bundestag, zählt er bereits zu den Sternen, die in diesen turbulenten drei Jahren aufgehen. Allerdings ist Weizsäcker von Anfang an kein Hinterbänkler, sondern bringt seinen Rang sozusagen qua persona schon mit; anders als viele sonstige Abgeordnete muss er sich seine Position nicht erst erkämpfen oder ist auf die Gunst der Hierarchen in der Fraktion angewiesen. Gewiss mag dabei der Kirchentagspräsident eine Rolle gespielt haben, der er bis 1971 bleibt, möglicherweise auch der anfänglich verbreitete Irrtum, er sei gewissermaßen ein frommer Randsiedler der Politik, den man nicht so ganz ernst nehmen müsse.

Das legt sich schnell. Es ist seine Wirkung, die ihm sogleich Aufmerksamkeit verschafft, die Sicherheit und die Eleganz seines Auftretens, die Eloquenz seiner Reden, die den Hörer nicht überwältigen, sondern überzeugen wollen, die Sachlichkeit seines Argumentierens. Die Erscheinung hilft mit, die straffe Statur, auch der metallische Glanz, den seine Stimme gelegentlich bekommt, und eine gewisse kühle Distanz, die er ausstrahlt. «Richard von Weizsäcker, sorgfältig gepflegte Manieren, unverkennbare intellektuelle Neugier, profundes Wissen, lächelnde Hartnäckigkeit», notiert der Abgeordnetenkollege Gerhard Reddemann in sein Tagebuch.

Fast ebenso stark wird sein Ruf geprägt durch das, was er nicht ist: nämlich kein bloßer Machttechniker, kein in der Wolle gefärbter Parteimann, kein Politiker nach dem Durchschnittsmaß. Peter Glotz hat diesen Eindruck mit der Erinnerung an einen Auftritt Weizsäckers im Bundestag ironisch pointiert: Die Frage, wer ihm aus den Reihen der SPD denn antworten solle, sei von Herbert Wehner, dem Prototyp des Parteiarbeiters, knurrend mit der Gegenfrage kommentiert worden: «Wer ist denn bei uns fürs Feuilleton zuständig?» Tatsächlich haftet Richard von Weizsäcker seit seinen politischen Anfängen das Urteil an, er sei eher der Antityp zum herkömmlichen Politiker. Dafür sei er – so heißt es hinter den Kulissen – zu abgehoben, zu fein und zu feinfühlig. Wozu sich rasch andere Eigenschaften vergleichbarer Qualität gesellen: zu weich, zu verbindlich, zu konsensbedürftig. Das alles läuft auf die Frage hinaus: Ist dieser stets korrekt auftretende Sohn aus gutem Hause nicht eher ein Herr, der in der Politik den exklusiven Charakterspieler gibt, ein Schöngeist und Intellektueller, der dem harten Geschäft der Politik fremd bleibe, kurz: kein «richtiger» Politiker? In der einschlägigen politischen Terminologie heißt das: er ist ein «präsidialer Typ».

Obwohl das Urteil zutrifft, ist es auch ein Missverständnis. Weizsäcker ist parteipolitisch keineswegs ohne Ehrgeiz. Einerseits hat er dank Kohl den VIP-Eingang in die Führungsetage genutzt und sitzt deshalb seit 1966 im CDU-Bundesvorstand, fraglos als dessen Mann. Andererseits lässt er sich von Barzel dafür gewinnen, ihm 1971 beim Ringen um den Vorsitz der CDU beizustehen – gegen Kohl. Dabei pokert er hoch: Er macht zur Bedingung, geschäftsführender Parteivorsitzender zu werden –

statt Generalsekretär, wie Barzel es ihm anbietet –, eine Position ganz oben in der Parteispitze. Er ist «ein viel größerer Taktiker, als irgend jemand draußen ahnt», notiert sein verdutzter Parteifreund Kiep. Da es diesen Posten noch gar nicht gibt, sodass er erst für ihn eingerichtet werden müsste – mit Satzungsänderung und Parteitagsbeschluss –, wird daraus nichts.

Doch auch sonst nutzt Weizsäcker die Chancen, die ihm sein wachsendes politisches Prestige eröffnet: Nach der Bundestagswahl 1972 wird er stellvertretender Fraktionsvorsitzender, ein Jahr darauf, nach dem Rücktritt des glücklosen Barzel, greift er sogar nach dem Fraktionsvorsitz, verliert aber gegen Karl Carstens, seinen späteren Vorgänger im Amt des Bundespräsidenten. 1979 wird er Vizepräsident des Bundestages. In den CDU-Bundesvorstand gehört er ohnehin, überdies stets mit der höchsten Stimmenzahl gewählt. Er steht der Partei zur Verfügung, wenn sie einen respektablen Kandidaten braucht, auch wenn die Erfolgsaussichten gleich null sind – 1974 tritt er, chancenlos, zur Abstimmung um die Bundespräsidentschaft gegen Walter Scheel an. Ist diese Fähigkeit gemeint, wenn ein Journalist über Richard von Weizsäcker schreibt: «Er besitzt die wundersame Gabe, Niederlagen zu gewinnen, genauso wie andere auf atemberaubende Weise Siege verlieren»?

Die spezifische Bedeutung von Weizsäckers parteipolitischen Ambitionen wird erst im Licht der heiklen Lage der Union erkennbar. 1969 in eine Opposition geraten, die sie politisch nicht bewältigt, wirft die katastrophale Wahlniederlage im November 1972 die Partei weit zurück; sie sei «aus der Epoche» gefallen, heißt es in einem Kommentar. In dieser Zeit des Umbruchs, in der die CDU der Adenauer-Ära endgültig abtritt und die Karten neu gemischt werden, sucht Weizsäcker nach seinem Platz, seiner Chance in der Partei. Sein Engagement für die Ost- und Deutschlandpolitik ist auch ein wichtiger Impuls für die Erneuerung der CDU. Hätte er sich durchgesetzt, wäre die Union vielleicht schon Anfang der siebziger Jahre dort gewesen, wo sie erst nach dem Machtwechsel 1982/83 angekommen ist – bei einer Ost- und Deutschlandpolitik, die eine gewichtige Rolle in den weltweit in Gang gekommenen Bemühungen um Entspannung spielt. Sie hätte zeitiger wieder Tritt gefasst, ja das Desaster der Wahlniederlage 1972 vielleicht vermeiden können, von ideologischen Sackgassen wie der, die sie wenig später zu der Alternative «Freiheit oder Sozialismus» brachte, ganz zu schweigen.

Vor allem aber ist es das von der Union bislang kaum bestellte Feld der programmatischen Arbeit, auf dem Weizsäcker eine Chance für die Partei und zugleich für seine eigene politische Profilierung sieht. Barzel hat ihm bereits 1971 den Vorsitz einer Grundsatzkommission übertragen. Damals nehmen viele Beobachter noch an, er wolle ihn damit abspeisen. Wahrscheinlich bedarf es erst der Wahlniederlage 1972, um der CDU klarzumachen, dass Grundsatzdebatten für eine Partei, die sich politisch und programmatisch erneuern muss, eine wichtige Rolle spielen können. Allerdings steht die CDU mit dieser Absicht nicht allein, sondern geht durchaus mit der Zeit. Denn es gehört zum politischen Bild der siebziger Jahre, dass beide Volksparteien zum Feld von anspruchsvollen programmatischen Anstrengungen werden.

Die CDU nimmt unter Weizsäckers Leitung ein Grundsatzprogramm in Arbeit, während auf dem anderen politischen Ufer die SPD in immer neuen Anläufen versucht, einen ökonomisch-politischen Orientierungsrahmen zu zimmern. Im Fall der CDU geht damit ein energischer Umbau der Partei einher, den Helmut Kohl und sein neuer Generalsekretär Biedenkopf beginnen. Was beide vorhaben, ist nichts Geringeres als eine Umgründung der CDU: Aus dem Kanzlerwahlverein soll eine moderne Volkspartei werden. Tatsächlich wächst die Zahl der Mitglieder, genauso wie das Bedürfnis nach Diskussionen und programmatischen Positionen – alles Steilvorlagen für eine Grundsatzkommission, alles auch gut für das Ansehen und die Bedeutung Weizsäckers, der der Inspirator und Moderator dieses Programmprozesses ist. Auf dem Hamburger Parteitag 1973, bei dem sich die CDU zum ersten Mal energisch auf dieses politische Neuland wagt, erhält Weizsäcker für seinen Bericht innerhalb von fünfzehn Minuten achtzehnmal offenen Szenenbeifall.

Jedoch vergehen vier Jahre, bis das Grundsatzprogramm 1977 verabschiedet wird. Auf zahlreichen Konferenzen und Parteitagen versucht Weizsäcker, in der Partei die Bereitschaft zu wecken, sich den aktuellen, zunehmend komplexen Problemen einer modernen Gesellschaft zu stellen. Im Zentrum der Diskussion stehen der Umgang mit den klassischen Grundwerten Freiheit, Gerechtigkeit und Solidarität sowie die Frage, wie unterschiedlich sie von CDU und SPD gewichtet werden. Für die CDU statuiert Weizsäcker, dass Freiheit sich in Selbst- und Mitverantwortung der Bürger verwirkliche, während die SPD Solidarität eher als Kampfgemeinschaft gegen andere begreife. Allerdings ist er sich der Gefahr eines solchen Hantierens mit Großbegriffen bewusst. Man solle ja nicht – wie er spitz formuliert – «mit Hilfe einer ethischen Hochsprache Gegensätze wegzaubern oder ein politisch bedeutungsloses Harmoniegebilde unbezweifelbarer Wahrheiten entwerfen». Die Grundwerte der Partei sollten vielmehr das «Gewicht der praktischen Konflikte und Kontroversen» tragen. Tatsächlich ist die Debatte nicht immer davor gefeit, zu einem Glasperlenspiel mit Begriffen zu werden. Weizsäcker leugnet den etwas abgehobenen Charakter der Grundsatzdebatte keineswegs und räumt ein, dass die Mitglieder der Kommission gelegentlich «einfach nur Freude am Herumdenken über Programme hatten, ohne ständig auf den nächsten Wahltermin fixiert zu sein».

Im Rückblick hat Weizsäcker selbst auf die Grenzen der Debatte hingewiesen – es koste wenig, «sich auf Freiheit, Gerechtigkeit und Solidarität zu berufen, und es bringt aus sich selbst heraus nur spärliche Erträge». Tatsächlich verdunstet die Debatte –

so engagiert sie geführt wird – mit der Verabschiedung des Programms. Doch kommt Weizsäcker das Verdienst zu, eine Partei wie die CDU, deren Neigung zum programmatischen Tiefschürfen eher gering ist – im Unterschied zur Theoriebegeisterung der Sozialdemokraten –, für eine gewisse Zeit zu geradezu leidenschaftlichen Diskussionen veranlasst zu haben. Das freundliche Schlusswort stammt von Bernhard Vogel, dem damaligen Ministerpräsidenten von Rheinland-Pfalz: Weizsäcker habe die CDU «wieder das Denken gelehrt».

Aber die Debatte um das Grundsatzprogramm trägt auch dazu bei, dass die CDU in den siebziger Jahren zu einer bemerkenswert anregenden Partei wird. Sie öffnet sich neuen Themen: Heiner Geißler proklamiert die sogenannte «neue soziale Frage» und gibt damit der gesellschaftspolitischen Diskussion interessante Impulse, Kurt Biedenkopf macht die Krise des Sozialstaats zum Thema. Bei Kongressen und Tagungen tritt eine ganze Reihe jüngerer Intellektueller auf, die bisher bei der CDU nicht zu sehen war.

Es spricht für diese Diskussionen, dass Weizsäcker sie im nachdenklichen Rückblick mit einem Gefühl der Genugtuung betrachtet – «darüber also stritten wir uns damals». Tatsächlich war das Klima der politischen Grundsatzdebatten zwischen der sozial-liberalen Regierungsübernahme 1969 und der konservativ-liberalen Wende 1982 durchaus fruchtbar, auch und gerade im Einflussgebiet der Union. Dass beide Volksparteien, CDU und SPD, sich solchen Debatten unterwarfen, hat – bei allen Gegensätzen, die dabei sichtbar wurden – nach Weizsäckers Überzeugung «einen relativ tragfähigen Konsens über die Grundlagen von Staat und Gesellschaft» geschaffen.

Dieses Jahrzehnt bedeutet für Richard von Weizsäcker den Schritt in die Innenpolitik und damit eine wichtige Ausweitung seines Wirkungsbereichs. Er bewegt sich agil und durchaus kämpferisch in den Problemflanken der Politik und traktiert mit seinen Reden und Aufsätzen das gesamte Repertoire der einschlägigen Streitfragen. Gibt es überhaupt ein Thema, das er auslässt? Die langfristigen Herausforderungen von Wachstumskrise und Fortschrittsskepsis mitsamt ihren Folgen gehören ebenso dazu wie das kulturrevolutionäre Beben in den Universitäten, Schulen und Familien. Sicher bewegt er sich an den Konfliktlinien dieser Jahre entlang, quer durch eine verhärtete politische Landschaft. Täuscht der Eindruck, dass er die Themen dieser Jahre eher mit konservativer Tendenz abarbeitet? Oder drückt sich darin nur sein Widerstand gegen das linke Denken des Jahrzehnts aus?

Aber der Alternative von Freiheit oder – einem bewusst undefinierten – Sozialismus, mit der der rechte Flügel der Union Wahlkampf macht, setzt er die moderate Alternative vom kollektivierten oder freien Menschen entgegen. Jedenfalls reibt er sich am Zeitgeist, zumal an den neuralgischen Punkten, an denen die linken Gesellschaftsveränderer und ihre Kritiker einen endlosen Kleinkrieg führen – etwa um die sogenannten Hessischen Rahmenrichtlinien und jenen Erlass, der Radikale vom öffentlichen Dienst fernhalten soll (den er im Übrigen befürwortet).

Er kritisiert das wachsende Anspruchsdenken und die Verteidigung der Besitzstände, er fordert Orientierung, Leitbilder und politische Führung ein, die er bei der sozial-liberalen Regierung vermisst. Er setzt damit Signale gegen den kulturrevolutionären Anspruch, der seit den ausgehenden sechziger Jahren Politik, Kultur und intellektuelle Sphäre bestimmt hat, und versucht, im innenpolitischen Streit auf diese Weise Geländegewinne für die Union zu erzielen. Aber er vermeidet es zugleich, die Union zum Hort sakrosankter Ordnung und Gesinnungshaftigkeit zu erklären. Stattdessen argumentiert er, «dass derjenige, der erhalten will, was besteht, die Kraft haben muss, das Bestehende zu erneuern», und richtet auch an die CDU die Frage, ob sie diese Kraft immer habe aufbringen können.

Zugleich legt er darauf Wert, den Dialogfaden zur anderen Seite des politischen und intellektuellen Spektrums nicht abreißen zu lassen. Dabei ist er, zumal im Parlament, eine kräftige, entschiedene Stimme, die sich auf die Kunst versteht, den Gegner vorzuführen. Insofern ist Weizsäcker in diesem Jahrzehnt, in dem die Bundesrepublik zu einer «verunsicherten Republik» (Kurt Sontheimer) oder «mutlosen Republik» (Hartmut von Hentig) wird, eine Instanz der Suche nach Beständigkeit, die sich gegen eine Politik richtet, die ihr Gleichgewicht zu verlieren droht.

Im Übrigen haftet Weizsäcker längst das Etikett eines «führenden Politikers» an. Das hat weniger mit seinem parteiinternen Prestige zu tun als mit der Rolle, die er in der Öffentlichkeit und in der Bonner Szene spielt: Er ist hineingewachsen in die kleine Schar derer, die man nennt und kennt, auf deren Urteil man wartet. Er gehört zu jenen Politikern, die den Stimmungswandel mittragen und von ihm getragen werden, der die Union langsam wieder in die Nähe der Macht bringt. Als die Kandidatur für die kommenden Bundestagswahlen 1976 intern ausgefochten wird, hilft er Kohl, indem er ihn dem Parteivorstand als Kandidat vorschlägt. Das beendet das personelle Gezerre, blockt aber vor allem die Ansprüche von Strauß und der CSU ab, die Kohl auf einen harten Konfrontationskurs verpflichten wollen. Zusammen mit Philipp Jenninger und Walter Wallmann gehört er zu den wichtigen Stützen von Helmut Kohl, der in diesen Jahren zur zentralen Figur der Opposition wird und im Begriff ist, nach dem Kanzleramt zu greifen – nur gelegentlich von den grollenden Ansprüchen des Franz Josef Strauß und der CSU gestört.

In erster Linie aber findet der außenpolitisch unerfahrene rheinland-pfälzische Ministerpräsident in Weizsäcker einen Vertrauten, der ihn durch das heikle Gelände der großen Politik führen soll. Er begleitet ihn auf den Reisen, die Kohl ein außenpolitisches Profil geben sollen. Die wichtigste und heikelste führt nach Moskau: die Antrittsvisite des Kanzlerkandidaten jener Partei, die den Ost-Verträgen nicht zugestimmt hat. Tatsächlich wird Kohl in Moskau einem Test unterzogen: Während des Besuches erscheint im Parteiblatt Prawda ein Artikel über Strauß, den Weizsäcker als «bösartig» einstuft. Abreisen oder ignorieren? Kohl verhält sich politisch klug: ein Teil des Programms wird abgesagt, bis die russische Seite einlenkt.

Die Ost- und Deutschlandpolitik bleibt Weizsäckers Anliegen, allerdings auch das Feld, auf dem er noch immer weit vor den Hauptlinien der Union operiert, halb Pfadfinder für die zukünftige Entwicklung der CDU, halb Alibifigur für das aufgeschlossene Publikum. Dabei ist für ihn die Konferenz für Sicherheit und Zusammenarbeit in Helsinki, mit der die Entspannungspolitik ihren krönenden Abschluss erreicht – fünfunddreißig Staats- und Regierungschefs stimmen 1975 ihrer Schlussakte zu –, der «Schlussstein der Ostpolitik», ihr Höhepunkt. Denn in ihrem berühmten «Korb 3» über Meinungs-, Informations- und Reisefreiheit erkennt er den «Grundstein» der Freiheitsbewegungen in den Staaten des Warschauer Paktes, die schließlich zum Ende des kommunistischen Systems führen.

Doch die Union lehnt auch die Schlussakte von Helsinki ab. Weizsäcker muss die Blamage wenigstens nicht miterleben, denn er befindet sich auf einer Tagung des Weltkirchenrats in Übersee. Aber das letzte Kapitel der ostpolitischen Konfrontation in diesem Jahrzehnt sieht ihn wieder auf der politischen Bühne: An den Verträgen mit Polen, die Regelungen für Ausreisen und Renten enthalten, entzündet sich Anfang 1976 eine hartnäckige Auseinandersetzung vor und hinter den Kulissen. Weizsäcker und weitere vierzehn Unionsabgeordnete stimmen im Bundestag gegen die Fraktionsmehrheit für den Vertrag – im entscheidenden Bundesrat ermöglicht schließlich der niedersächsische Ministerpräsident Albrecht in einer parlamentarischen Nacht-und-Nebel-Aktion seine Annahme.

«Noch nie so viel gelernt»: Regierender Bürgermeister in Berlin

Im politischen Leben Richard von Weizsäckers sind die Berliner Jahre das vielleicht erstaunlichste Kapitel. Wie erstaunlich, zeigt sich schon daran, dass es sich um eine vergleichsweise kurze, ziemlich fragmentierte Zeitspanne handelt. Die aber hat Folgen, für ihn selbst, doch auch für die deutsche Politik.

Seine Affäre mit der Stadt dauert fünfeinhalb Jahre, aber zweieinhalb davon gehören einem mühsamen, hartumkämpften Auftakt, bis er endlich den Gipfel erreicht, das erstrebte Regierungsamt an der Spitze der Stadt. Währenddessen fährt er politisch lange auch noch zweigleisig, betreibt – offenbar nicht sehr sicher über seine Berliner Zukunft – seine Bonner Karriere weiter und bringt sie 1979 mit der Wahl zum Vizepräsidenten des Bundestags sogar zu einem vorläufigen Höhepunkt, zumindest was den protokollarischen Rang in Parlament und Staat angeht. Bleiben gut drei Jahre als Regierender Bürgermeister, in denen er jedoch die meiste Zeit nicht einmal über eine eigene Mehrheit verfügt, sondern auf die Tolerierung durch eine zerrissene FDP angewiesen ist. Chef einer regulären Koalition von CDU und FDP ist er gerade mal ein Jahr. Und doch sind die Berliner Jahre für Weizsäcker «menschlich und politisch von schlechthin prägender Kraft», sind «die prägende Zeit».

Weizsäcker muss sich als Politiker nicht mehr erproben, aber die Berliner Jahre bringen ihm doch einen entscheidenden Zuwachs an Erfahrung, erworben überdies in einem hochkomplizierten Umfeld. So viel wie in den Jahren als Regierender Bürgermeister habe er nie gelernt. Vor allem: Er kann zeigen, dass er «es kann», das politische Geschäft, und, fast noch wichtiger, *wie* er es kann. Das politische Format, das er dabei unter Beweis stellt, lässt ihn zu einer prägenden Persönlichkeit des Landes aufrücken, ja, es macht ihn zur nationalen Figur, soweit der Begriff in der damaligen Bundesrepublik etwas gilt.

Zugleich hat er die Genugtuung, ein Stück Stadtgeschichte geschrieben zu haben: Er hat nicht nur eine bis dahin als uneinnehmbar geltende Bastion der SPD erobert, sondern die Stadt bis in die neunziger Jahre hinein beeinflusst – für bald zwei Jahrzehnte wird das traditionell sozialdemokratische Berlin zur CDU-Hochburg. Und nicht zuletzt hat Weizsäckers Berliner Zeit im kollektiven Bewusstsein der Stadt einen Mythos begründet, die Ära Weizsäcker, die fast als ein Moment von Zeitenwende, ja, von Kairos, mithin erfüllter Zeit weiterlebt – gewiss verklärt, aber eben doch eine Projektionsfläche für Erwartungen und Wünsche, wann immer die Politik den eigenen Ansprüchen oder denen der Bürger nicht gerecht wird. Und ist es nicht auch der Berliner Richard von Weizsäcker, der erfolgreiche Regierende Bürgermeister mit der schon fast präsidialen Aura, der 1984 zum Bundespräsidenten gewählt wird?

Am Anfang steht – wie oft in der Politik – ein Anruf. Er kommt von Helmut Kohl, erreicht Weizsäcker 1978 nach seiner Rückkehr aus dem Sommerurlaub und überrascht ihn mit der Frage, ob er bereit sei, in Berlin als Regierender Bürgermeister zu kandidieren. Bis heute ist nicht ganz klar, wie es dazu kam: Geht die Idee auf den Berliner CDU-Vorsitzenden Peter Lorenz zurück – 1975 bundesweit bekannt geworden als Entführungsopfer der RAF –, der selbstlos seinen Anspruch auf die Kandidatur für die kommenden Wahlen aufgibt, damit die CDU endlich eine Chance für die Führung der Stadt erhält? Ist es eine junge CDU-Fronde, die Kohl bedrängt, den Berliner Christdemokraten einen Kandidaten von außen zu vermitteln, weil sie fürchtet, dass es die Partei aus eigener Kraft nie schaffen wird, die Stadt zu regieren? Oder ist es doch – wie Weizsäcker vermutet – der CDU-Vorsitzende selbst, der Lorenz zur Aufgabe der Spitzenkandidatur bewegt, um Weizsäcker auf diese riskante Bahn zu katapultieren und Berlin für die CDU zu gewinnen? Wie auch immer: Der Charakter der Initiative verweist darauf, dass es Kohl ist, der ihr zum Erfolg verhilft. In ihrer Mischung aus knallharter Personalpolitik und langfristigem Kalkül ist sie ganz sein Produkt – «einer seiner taktischen und strategischen Meisterzüge», wie Dietrich Stobbe im Rückblick bewundernd feststellt. Das Urteil stammt aus berufenem Munde: der erst vor kurzem ins Amt gelangte Regierende Bürgermeister von der SPD wird schließlich zum Opfer dieses Manövers.

Zu Kohls Strategie gehört seine Entscheidung, für die 1979 anstehende Bundespräsidentenwahl Karl Carstens zu nominieren und nicht Weizsäcker, der doch wahrhaftig einen Anspruch hätte, endlich zum Zuge zu kommen – zweimal hatte er sich schon zur Verfügung gestellt, 1969 parteiintern gegen Gerhard Schröder, 1974 gegen Walter Scheel, und diesmal ist die Wahl eine sichere Bank, weil sich für die Union eine Mehrheit in der Bundesversammlung abzeichnet. Mit der Kandidatur Carstens' erspart sich Kohl einen Streit mit Strauß und der CSU, die entschlossen sind, den liberalen Weizsäcker zu blockieren, allerdings auf dessen Kosten. Außerdem beendet er damit, was Gegner der Ostpolitik umständlich den «lähmenden Beraterdualismus» nennen – zu Deutsch: er zieht Weizsäcker aus der Schusslinie, in der sich dieser in der Unionsfraktion in Bezug auf die Ost- und Deutschlandpolitik befindet.

Zum anderen verfolgt Kohl eine reine Machtstrategie: Weizsäckers Wechsel nach Berlin ist ein Teil seines Plans, die Bundesrepublik über die Länder politisch aufzurollen und so den Griff nach der Macht vorzubereiten – Gerhard Stoltenberg regiert schon in Schleswig-Holstein, Ernst Albrecht in Niedersachsen, Walter Wallmann ist in Hessen als Frankfurter Oberbürgermeister ins Rennen geschickt worden, Walther Leisler Kiep hat in Hamburg den CDU-Landesvorsitz übernommen. Die Auguren wissen es gleich: Kohl setzt auf den «Albrecht-Effekt» – der CDU-Politiker war Anfang 1976 völlig überraschend zum niedersächsischen Ministerpräsidenten gewählt worden, gegen eine äußerst knappe sozial-liberale Mehrheit; aus der Sensation wird später eine CDU/FDP-Koalition.

Der nächste Coup folgt mit der Bekanntgabe der Entscheidung – ohne Vorankündigung, ein halbes Jahr vor der Berliner Wahl. Das geschieht Anfang September, auch noch in Bonn und wirkt im «spätsommerlichen Berlin ... wie ein Paukenschlag». So empfindet es jedenfalls der Journalist Karl Heinz Gehm, als Stobbes Bürochef ein politischer Insider. Die Reaktionen in der Öffentlichkeit reichen vom Erstaunen bis zur Euphorie. Die Zeitungen sehen «eine neue Konstellation», «einen neuen Maßstab für Berlin», zumindest «Chancen für Berlin», und verbergen damit auch ihre Verblüffung darüber, dass ein führender Bundespolitiker in einer Stadt kandidieren will, deren politischer Ruf mehr als zu wünschen übriglässt.

Denn Spannungen und Konflikte haben sie bis an den Rand der Handlungsunfähigkeit geführt. Die SPD wird in ihrer inneren Zerklüftung vor immer neue Zerreißproben gestellt. Die CDU legt zwar an Wählerzuspruch wie Mitgliederzahl zu, stilisiert sich auch schon als «liberale Großstadtpartei», kann aber die lähmende Gestrigkeit nicht abschütteln, die ihr Bild noch immer bestimmt; sie scheint nicht in der Lage, ihr Gewicht in Regierungsfähigkeit umzumünzen. Wie sehr Weizsäckers Kandidatur die Stadt überrumpelt, zeigt Stobbes Versuch, diesen Schachzug mit einer Art Umarmung zu parieren. Noch am gleichen Tag erklärt er den überraschenden Gegenkandidaten kurzerhand zu einem «Gewinn für die Stadt». Das lässt sich die CDU nicht zweimal sagen – sie macht das Wort zu ihrem Wahlkampfslogan.

Für Weizsäcker bedeutet die Kandidatur – so zitiert ihn die «Zeit» – «endlich eine wirkliche Aufgabe». Sie kommt im richtigen Moment. Denn seine politische Laufbahn befindet sich in einer prekären Phase, trotz seiner Ämter und der Erfolge bei Vorstandswahlen, trotz – oder sogar wegen – des Renommees, das er als herausragender politischer Kopf überall genießt. Mit seinen Anstrengungen, die Ost- und Deutschlandpolitik der Union auf die Höhe der Zeit zu bringen, ist er in der Partei nicht durchgedrungen, und auch seine Bemühungen um ein liberal-konservatives Profil der CDU scheitern an dem Rigorismus, der Ende der siebziger Jahre auf dem rechten Flügel der Partei aufkommt und in Strauß' Kanzlerkandidatur 1980 mündet. Ist seine Karriere in der Union – so wird spekuliert, zum Beispiel in der «Süddeutschen Zeitung» – «wenn nicht beendet, so doch gestoppt»? Hat ihn das Schicksal ereilt, «eine Art Spezialist für Minderheitenkandidaturen zu werden»?

Tatsächlich läuft Weizsäcker Gefahr, der Mann für das Grundsätzliche zu bleiben, dem keiner zutraut, eine wichtige Rolle in der praktischen Politik und ihren Niederungen zu spielen. Ist er dabei, ein zweiter Eugen Gerstenmaier zu werden: eine der großen Gestalten der CDU der Nachkriegszeit, ein Intellektueller in der Politik, dessen Karriere unvollendet bleibt – immer im Gespräch, doch nie in ein Amt gelangt, das ihm die Wirkungsmöglichkeiten eröffnet, die er so gern gehabt hätte? Als Regierender Bürgermeister hat Weizsäcker die Chance, einer solchen Falle zu entkommen. Die Berliner Jahre haben für ihn die Bedeutung einer Rochade, die ihm den Weg zum höchsten Staatsamt eröffnet, und «eine harte und zugleich prägende Lehrzeit» sind sie obendrein. Tatsächlich verschaffen sie ihm ein politisches Realitätserlebnis und eine Lektion in Parteiendemokratie, wie sie ihm bislang noch nicht zuteilgeworden sind.

Er entdeckt, zum Beispiel, dass die Berliner CDU über kommunalpolitische Erfahrungen verfügt, an denen es ihm mangelt, allerdings auch über viele Mitglieder, die, wie er kaustisch kommentiert, «für die Verteilung erstrebenswerter Ämter untereinander doch noch aufgeschlossener waren als für das, was ich unter einer notwendigen Ost- und Deutschlandpolitik verstand». Ohnedies hat sich die Berliner Partei, die als eine Art CSU in der CDU gilt, gegenüber der neuen Ostpolitik womöglich noch störrischer verhalten als andere Teile der Partei. Doch sind es am Ende die persönlichen, emotionalen Gründe, die den Ausschlag für die Kandidatur geben. Denn, so bekennt Weizsäcker, seine «älteren und tieferen Wurzeln in Berlin» seien «nie ausgetrocknet», und so war es bei dem Entschluss, nach Berlin zu gehen, «vor allem das Herz, das voranflog».

Erst recht ist der beginnende Wahlkampf für Weizsäcker eine beeindruckende Erfahrung. Der Premiereneffekt seines Auftritts auf der Berliner Szene – nicht ohne spöttischen Unterton spricht sein Kontrahent von ihm als «Lichtgestalt» – macht ihn interessant für die Medien. Und die SPD registriert besorgt einen publizistischen Schwenk der Kommentatoren, die ihr früher gewogen waren, allen voran Gräfin Dönhoff, die Chefredakteurin der «Zeit», die sich heftig für Weizsäcker in die Bresche wirft. Auch die lokalen Zeitungen neigen dazu, den neuen Kandidaten zu unterstützen. Seine größte Stärke besteht freilich darin, dass er anders auftritt, anders ist, als man das von Politikern in Berlin gewöhnt ist. Vor allem die SPD steht ihm, so Gehm, «ratlos gegenüber, tief verunsichert, ohne Rezept, wie man den CDU-Politiker politisch annehmen sollte». Selbst in der Führung der Partei macht sich angesichts seiner unangestrengten Präsenz «ein Weizsäcker-Syndrom breit, ein Effekt, bei dem die Genossen staunend erkennen mussten, wie jemand mit einem minimalen Aufwand eine optimale öffentliche Wirkung erzielen konnte».

Andererseits spürt Weizsäcker auch Gegenwind. Er schlägt, nicht zuletzt in der eigenen Partei, dem Mann entgegen, der von außen kommt. So groß die Aufmerksamkeit für den Kandidaten in der Öffentlichkeit ist, so begrenzt ist die Bereitschaft in der Stadt, sich wirklich auf einen Wechsel einzulassen. Er hat damit zu kämpfen, dass die Inselstadt und vor allem ihre Politiker mit Vorliebe um sich selber kreisen – in Diskussionen muss er sich nicht nur mit den politischen Gegnern auseinandersetzen, sondern auch mit dem Argwohn der Berliner gegenüber dem Nicht-Berliner.

Und da die Wahlen zum Abgeordnetenhaus auf untergründige Weise auch mit der Bundespolitik zusammenhängen – die Bundestagswahlen 1980 werfen ihren Schatten voraus –, gerät Weizsäcker ins Visier des Bundeskanzlers. Bei einer Großveranstaltung stellt Helmut Schmidt die Behauptung auf, ein Erfolg der CDU in Berlin könne wegen ihrer Distanz zur Entspannungspolitik die westliche Welt irritieren. Als langjähriger Verfechter einer aktiven Ost- und Deutschlandpolitik weist Weizsäcker die Kritik nachdrücklich zurück – er sieht darin eine Beschädigung der in Berlin von allen Parteien gemeinsam getragenen Haltung gegenüber den Schutzmächten. Auch wird er Gegenstand der Wahlkampfgrobheiten, auf die Schmidt sich versteht: Weizsäcker sei für seine Partei nicht repräsentativ, sei weder Fisch noch Fleisch, sondern ein Klops. Der gelernte Berliner revanchiert sich ironisch: In Berlin gebe es keine Klopse, sondern Buletten, und überdies sei den Berlinern ein «Klops» lieber als ein «Hamburger».

Bei der Wahl 1979 reicht es übrigens für Weizsäcker nicht zum Sieg, sondern nur zu einem Stimmenplus von einem halben Prozent; der Zugewinn, der ihm die für die Regierungsbildung notwendige absolute Mehrheit gebracht hätte, bleibt aus. Um ihm in Berlin den Weg zur Macht zu ebnen, braucht es offenbar einen regelrechten politischen Bergsturz, sprich: einen Regierungssturz. Der bereitet sich vor in den herrschenden Zweifeln am Zustand der Stadt, in der Veränderung der Orientierungen und Stimmungen, die sich vor allem in den Medien niederschlagen.

«Ist Berlin noch seine Prämie wert?», fragt die «Zeit» in Anspielung auf die finanziellen Aufwendungen, mit denen die Bundesrepublik das Überleben der Stadt sichert, und der Berliner «Tagesspiegel» druckt den Artikel nach, so beeindruckt ist er von der Diagnose. Die Zustimmungswerte für die Koalition sinken, die Unruhe wächst, bis am Ende des Jahres der Garski-Skandal, die Pleite eines etablierten Berliner Architekten, über die Stadt kommt und wie der Zündfunke in einem hochexplosiven Gemisch wirkt.

Der Regierende Bürgermeister Stobbe versucht mit einer hastigen Senatsumbildung seine zerstrittene Partei nochmals hinter sich zu versammeln. Der Plan gerät in die Gewitterzone sich gegenseitig hochschaukelnder Vorwürfe. «Ausweglos?» steht über einem Leitartikel des «Tagesspiegels», der auch das Wort von der «Berliner Depression» in die Welt setzt, der «Spiegel» erscheint mit der effektvoll illustrierten Schlagzeile «SPD-Ruine Berlin» auf der Titelseite, und der Journalist Karl Heinz Gehm findet – wie er ein paar Jahre später in seinem Buch «Der Machtzerfall» schreibt – die «Polarisierung» so weit fortgeschritten, «dass die Stadt kocht». Mit Pauken und Trompeten scheitert die Senatsumbildung, vier SPD-Senatoren fallen durch, Stobbe tritt im Januar 1981 zurück.

Doch zur Umkehrung der politischen Verhältnisse in Berlin, die daraus entsteht, trägt auch die Entschlossenheit bei, mit der Richard von Weizsäcker die Senatskrise in einen Aufbruch für seine Partei wendet. Der Hebel dafür findet sich in der Berliner Verfassung, allerdings bisher unentdeckt und ungenutzt, und singulär im politischen System der Bundesrepublik ist er auch: Durch Unterschriftensammlung kann mittels Volksbegehren und Volksentscheid eine vorzeitige Wahl durchgesetzt werden, notfalls auch gegen den Willen des Parlaments. Zwar ist auch zuvor schon die Forderung nach Neuwahlen aufgetaucht, sogar der Gedanke des Volksbegehrens – zwei Bezirksverordnete haben einen entsprechenden Antrag gestellt. Aber das Unternehmen, das Weizsäcker in Gang setzt, hat ein anderes Kaliber. Es ist nichts Geringeres als ein plebiszitärer Handstreich, um den Sozialdemokraten, die Berlin wie ihren Erbhof betrachten, die Stadt zu entreißen – rechtlich unumstritten, politisch jedoch problematisch, denn Berlin hat ja eine Regierung, die im Abgeordnetenhaus über eine Mehrheit verfügt. Weizsäcker will sein politisches Ziel, an die Spitze der Stadt zu gelangen, mit diesem Werkzeug der Bürgermobilisierung verbinden – eine, wie er formuliert, «verfassungspolitische Lehrstunde», die in Berlin erprobt werden soll, stellvertretend für die Republik. Die brisante Verbindung fasziniert ihn offenbar sehr, sie «beflügelt» ihn, wie er der «Zeit» gesteht.

Ist sich Weizsäcker der Kühnheit des Unternehmens bewusst? Dass die Wogen in Berlin politisch hoch schlagen, verhüllt einen ziemlich brachialen Umgang mit der Verfassungswirklichkeit. Doch zumindest die Begrifflichkeit, in die Weizsäcker sein Vorhaben kleidet, gibt eine Ahnung davon, wie gravierend die Operation ist, die hier eingeleitet wird. Das CDU-Manöver erhält, natürlich, den Titel einer Bürgerinitiative, und die angestrebten Neuwahlen sind nicht nur «die einzige saubere Lösung», sondern ein «Akt der Selbstreinigung» und «ein Zeichen für die Kraft zur Berliner Selbsthilfe». Zugleich wird der Coup intellektuell aufgeladen durch eine grundsätzliche Kritik am Parteiensystem, die den Eindruck erweckt, als seien die konkreten Berliner Verhältnisse dafür kaum mehr als der Anlass. Man mag einräumen, dass Weizsäckers Vorwurf an die Adresse der SPD, sie habe sich den Staat zur Beute gemacht und betreibe eine Politik, durch die die Bürger «passiv werden, nur noch Empfänger von Leistungen sind», eine gewisse Berechtigung hat. Doch dahinter projiziert er das Bild einer perfekten Parteienherrschaft, in der der Wähler nur noch «ein im Artikel 20 des Bonner Grundgesetzes begrabenes Nullum ist». Jetzt gehe es darum, «durch Volksbegehren und

Volksentscheid die Parteien zu verantwortlichem Handeln zurückzuführen». Liegt hier der Ursprung jener Kritik an der Parteiendemokratie, mit der Weizsäcker gut ein Jahrzehnt später Aufsehen erregt?

Jetzt, Anfang 1981, ist die brisante Ladung aus Politik und Theorie darauf gerichtet, den Versuch der Bundes-SPD zu kontern, Berlin für die Partei zu retten. Denn die von der Entwicklung geschockten Sozialdemokraten setzen zu diesem Zweck alle Hebel in Bewegung und bringen das Kunststück fertig, dass bereits acht Tage nach Stobbes Rücktritt mit Hans-Jochen Vogel ein neuer Regierender Bürgermeister gewählt wird. Der hochrenommierte Justizminister im Bonner Kabinett von Helmut Schmidt hat sich seinen glänzenden politischen Ruf in den sechziger Jahren als Oberbürgermeister von München erworben, ist also kommunalpolitisch erfahren und gilt jetzt als Kronprinz der SPD – *Crown Prince Vogel is sent into the battle of Berlin* heißt es im britischen «Economist» –, dazu kommt eine in wenigen Stunden zusammengesuchte neue, ansehnliche Senatorenriege, durchweg Politiker aus dem Bundesgebiet.

Doch die Unterschriftenaktion der CDU findet erstaunliche Resonanz, nach zwei Tagen haben bereits über 150 000 Berliner unterzeichnet, bald ist die Viertelmillion überschritten. In der Stadt entsteht, so Weizsäcker, «so etwas wie eine richtige Bewegung». Er selbst unterstützt sie mit der ihm eigenen Unkonventionalität, indem er sich in die Unterschriftenliste der Alternativen Liste einträgt, die zu dieser Zeit in Berlin noch den Status von Unberührbaren hat. Zugleich fordert er sie auf, ihrerseits bei der CDU zu unterschreiben, und das alles vor dem Schöneberger Rathaus und den Kameras der Fotografen – eine Zumutung für die eigene Klientel und für die Bürgerschreck-Partei gleichermaßen. Um nicht von der plebiszitären Woge überrollt zu werden, sieht sich Vogel gezwungen, an die Spitze der Bewegung zu eilen und Neuwahlen zu befürworten. Kaum eine Woche nach seiner Vereidigung als Regierender Bürgermeister ist der Termin fixiert, der das Amt frühestmöglich wieder zur Disposition stellt: Nicht nach zwei Jahren – wie es der verfassungsgemäßen Legislaturperiode entspräche –, sondern schon nach dreieinhalb Monaten wird ein neues Abgeordnetenhaus gewählt.

Weizsäckers zweiter Berliner Wahlkampf trägt alle Züge des Ungewöhnlichen. Der Druck zur Konfrontation ist groß, denn es geht um viel: natürlich um eine nun endgültige Weichenstellung für die Zukunft der Stadt, aber auch um die Folgen für Bonn, wo die sozial-liberale Koalition und die CDU/CSU-Opposition – nach der Bundestagswahl im Herbst 1980 – zum letzten Gefecht angetreten sind. Dagegen fehlt der personellen Konstellation jede Schärfe. Weizsäcker und Vogel schätzen sich gegenseitig, und aus dem Zweikampf entsteht, was solche Auseinandersetzungen selten hervorbringen: «eine vertrauensvolle Beziehung», so Weizsäcker, die fortdauert und «sich bis in die Gegenwart menschlich vertiefte». Dem Duell sind die Spitzen genommen, frei nach Weizsäckers schüttelgereimtem Bekenntnis: «Ein Wahlwettlauf auf Schimpf- und Mogelfüßen?/Den muss Berlin bei mir und Vogel missen!»

Vogel führt den Wahlkampf vor allem mit seiner Regierungsarbeit, die er mit einer zur Legende gewordenen Rigorosität praktiziert – symbolisches Zeichen dafür ist das im Nebenraum des Amtszimmers aufgestellte Feldbett, in Wahrheit ein Sofa, das für die Nacht überzogen wird. Weizsäcker wiederum kämpft mit der später durch Bundespräsident Herzog berühmt gemachten Ruck-Metapher – «Gib dir einen Ruck, Berlin» – für eine Wechselstimmung. Mit seiner Versicherung, dass er Berlin «als seine Lebensaufgabe» betrachte, verschafft er seiner Kandidatur einen Eckstein, der Vertrauen erweckt – er wird ihn, nur drei Jahre später, als sich ihm die Chance eröffnet, Bundespräsident zu werden, teuer zu stehen kommen.

Doch der entscheidende Wählerumschwung ergibt sich aus

der Zuspitzung der inneren Probleme, die die Stadt plagen – Wohnungsmangel, Nahverkehr, Umweltfragen, Ausländerzuwanderung, Generationenkonflikt sind die aktuellen Stich- und Reizworte. Ist diese Wendung nach innen die Konsequenz des Nachlassens des Bedrohungsgefühls seit dem Viermächteabkommen 1971, mithin der Transformation der umzingelten Frontstadt zu einer vor allem mit sich selbst beschäftigten Großstadt? Oder treten in Berlin die generellen Probleme von Städten und Staaten besonders akut in Erscheinung? Die Unregierbarkeit der Städte, wenn nicht der westlichen Industriegesellschaften überhaupt, ist ein großes Thema der politischen und intellektuellen Diskussion der siebziger Jahre. In Berlin kommt der bewegte Untergrund einer Szene hinzu, die von den Ausläufern der Studentenrevolte geprägt ist und am Köcheln gehalten wird von dem Zuzug junger Leute, die vor dem Wehrdienst und oft auch der biederen Normalität der westdeutschen Provinz flüchten – ein «politisch halbierter Zuzugsmagnetismus», wie Richard von Weizsäcker konstatiert. Entsprechend fatal nimmt sich das Image Berlins aus, in der Bundesrepublik, aber auch in der Stadt selbst: geprägt von Filzokratie und Subventionsmentalität, einer stets krawallbereiten jugendlichen Subkultur, von Aussteigern und der Drogenszene am Bahnhof Zoo und, bestenfalls, den vielbesungenen langen Kreuzberger Nächten.

Aber kann das verwundern? Unter der Glasglocke, die Berlin übergestülpt werden musste, um die Inselstadt am Leben zu erhalten, in der Künstlichkeit, in der sie deshalb existiert, entwickeln sich die aktuellen Probleme ungebremst wie auf einem präparierten Nährboden. Da sprießen die alternativen Projekte, praktische Versuche einer neuen, unbürgerlichen Lebensform, und mit der steigenden Zahl leerstehender Häuser, die die Wohnungsbau- und Sanierungspolitik des Senats hervorbringt, wächst auch die Aggressivität dieser Bewegungen. Der Regierende Bürgermeister Stobbe hat diese Entwicklung zu steuern versucht, indem er eine «Hinwendung zur Stadtpolitik» propagierte. Aber entweder hat er dafür nicht genug Zeit gehabt, oder die Probleme wachsen schneller als die Lösungen: die Hausbesetzungen nehmen rapide zu, werden zum Ursprung von Protestdemonstrationen und Straftaten, und auch mit der «Berliner Linie» – die Räumungen nur zulässt, wenn eine Weiternutzung der Häuser garantiert ist – gelingt es seinem Nachfolger Vogel nicht, sie einzudämmen. Am Palmsonntag 1981 kommt es entlang dem Kurfürstendamm zu einer Gewaltorgie, zweihundert Schaufenster gehen zu Bruch. Die Polizei greift aus ungeklärten Gründen nicht ein. Folge einer falschen Lageeinschätzung oder der «Berliner Linie»? Das Ereignis entscheidet nach allgemeinem Urteil die Wahl.

Aber rutscht den Sozialdemokraten nicht ohnehin der Boden unter den Füßen weg? Seit den späten siebziger Jahren wandeln sich überall in der Bundesrepublik die politischen Einstellungen und Ansichten. Die Aufbruchsstimmung der Brandt-Ära ist längst dahin, ihr häufig weltverbesserlicher Überdruck produziert im Gegenteil nur Unwillen und Abwehr. Vor allem in den bürgerlichen Schichten erwächst daraus die vage, aber emotionsgeladene Entschlossenheit, Halt und Orientierung einzufordern. Peter Glotz, der als Wissenschaftssenator unter Dietrich Stobbe und intellektuelles Spürorgan die Berliner Zustände erlebt, bezeichnet diesen Vorgang als Verlust der «kulturellen Hegemonie» der Linken. In Wahrheit ist es ein Sich-zur-Wehr-Setzen gegen das Gefühl, dass die Verhältnisse aus dem Ruder laufen. Ein Pendel schlägt zurück, angestoßen vom Überdruss an Theorie, Gesellschaftsreform und Protest. In Berlin verbindet sich diese Stimmung mit dem Unbehagen an der langen Dominanz der Sozialdemokraten, die seit 1948 mit einer nur zweijährigen Unterbrechung regiert haben; nun werden sie für den desolaten Zustand der Stadt verantwortlich gemacht.

In dieser Szenerie wirkt Richard von Weizsäcker wie der reitende Bote im Märchen, der die erlösende Nachricht überbringt. Er verkörpert die Rückkehr zu Maß und Vernunft, er ist die Galionsfigur einer konservativ-liberalen Wende. Weshalb sich der «Tagesspiegel», das Organ des Berliner Bildungsbürgertums, am Wahltag zu einem in Deutschland ungewöhnlichen, ja, verpönten Schritt durchringt. Im Leitartikel unter dem Titel «Der Wechsel ist normal» praktiziert er das gänzlich Unnormale: das Aussprechen einer Wahlempfehlung. Er plädiert für Weizsäcker – den Namen spart er zwar vornehm aus, aber die Botschaft ist deutlich genug. Und es fällt nicht ins Gewicht, dass die große Wende – damals eine geistig-moralische – bereits 1982 von Helmut Kohl ausgerufen wurde, ohne dass ihr ein durchschlagender Erfolg beschieden gewesen war. Nun sieht es so aus, als sei Weizsäcker ihr eigentlicher Protagonist – und vielleicht trifft das ja auch zu.

Die CDU erreicht bisher nicht vorstellbare 48 Prozent, im SPD-geprägten Berlin ein Triumph. Doch wieder nicht genug für eine Regierungsmehrheit: Weizsäcker und der CDU fehlen zwei Stimmen zur absoluten Mehrheit, weshalb er zunächst mit einem Minderheitssenat antritt, geduldet von der FDP – erst 1982 ringt sie sich dazu durch, dem Senat beizutreten. 1981 wird in gut sechs Monaten zu einem Drei-Bürgermeister-Jahr – zumindest in der einstigen Reichshauptstadt winkt in der Ferne das Drei-Kaiser-Jahr 1888 –, nicht gerade eine Verheißung stabiler Verhältnisse. Und selbst bei der Senatswahl wird dem Hoffnungsträger gezeigt, wie unsicher das politische Terrain in Berlin ist: Im ersten Wahlgang fällt der aus Rheinland-Pfalz stammende Wirtschaftssenator-Kandidat Elmar Pieroth durch. Weizsäcker lässt sich nicht beirren, stellt ihn sogleich wieder auf und gewinnt: Im zweiten Wahlgang wird er gewählt.

Es macht Weizsäckers Leistung aus, dass er sich auf so schwankendem Boden nicht nur behaupten kann, sondern imstande ist, in Berlin einen neuen Grund zu legen. Schon die obligaten Bilanzen nach dem ersten Amtsjahr zeichnen das Bild einer veränderten Stadt. Freilich fehlt fast nie der Zusatz – teils Ausdruck einer verwunderten Ratlosigkeit, teils hämisches Nachtreten –, dass der Senat «in entscheidenden politischen Fragen ... bisher wenig bewegt» habe («Süddeutsche Zeitung»), dass «noch gar nicht viel passiert» sei («Die Zeit»). Zeigt sich hier schon das Phänomen, dass der «Widerspruch zwischen Sein und Schein» – nach Ansicht von Karl Heinz Gehm für West-Berlin notorisch – «nie positiver verzerrt worden ist als zu Zeiten Weizsäckers»? Oder belegt es, dass es Situationen gibt, in denen die Wirkung einer Person entscheidet und ihre Fähigkeit zum klugen Umgang mit den Verhältnissen stärker wirkt als die Fakten?

Tatsächlich zeigen gerade die Anfänge von Weizsäckers Regierungszeit, dass seine Berliner Jahre – wie sein Redenschreiber Friedbert Pflüger berichtet – «alles andere als eine ‹Ich kam, sah und siegte›-Zeit» sind. Vielmehr seien die ersten Monate durch «harte Arbeit, zahlreiche politische Gratwanderungen, viele Improvisationen und katastrophale äußere Bedingungen geprägt» gewesen. Schon zwei Monate nach Amtsantritt droht dem frischgebackenen Regierenden Bürgermeister ein besonders schweres Exempel der wegen ihrer unkalkulierbaren Gewaltausbrüche gefürchteten Berliner Protestdemonstrationen. Aus Anlass des Besuches von US-Außenminister Alexander Haig macht die Friedensbewegung mobil, werden aus dem Umfeld der RAF Gewaltanschläge angekündigt – und zur Wahrung der öffentlichen Sicherheit sind 7000 Polizisten aufgeboten. Er wisse nicht, «ob er den nächsten Tag als Bürgermeister noch überstehen werde», hört Pflüger ihn sagen, das Gesicht «blass und eingefallen, die Lippen schmal und hart». Doch Krawall und Schaden halten sich in Grenzen. Dafür kommt es nur wenige Tage später in der Hausbesetzerszene zum Eklat: Bei den Krawallen, mit denen die Szene auf die Räumung von acht Häusern reagiert, kommt ein junger Mann, Klaus Jürgen Rattay, zu Tode. Der Neuberliner Demonstrant aus der westdeutschen Provinz avanciert zum Märtyrer; Innensenator Lummer, der sich törichterweise in Feldherrenpose in einer geräumten Wohnung zeigt, einmal mehr zum Buhmann – die Folge sind tagelange Proteste und Ausschreitungen.

Ein solches Ereignis ist nach aller Erfahrung ein Test, an dem sich die Belastbarkeit von Überzeugungen und Positionen erweist. In Berlin halten sie nicht. Weizsäcker und sein Senat sehen sich plötzlich einer Front von Kritikern gegenüber, die ihnen übermäßige Härte vorwerfen, obwohl sie doch der «Berliner Linie» folgen – Vogel und die SPD, die FDP, selbst der vom Bürgermeister sehr geschätzte evangelische Landesbischof, der den Hausbesetzern und ihren Sympathisanten die Suche nach einer Existenzform attestiert, die «dem biblischen Zeugnis näher stehen könnte als das normale egoistische Lebenskonzept der Wohlstandsgesellschaft». Und doch beginnt sich in dieser Situation die Lösung des Hausbesetzerproblems abzuzeichnen. Denn Weizsäcker entscheidet sich, mit Härte und Entgegenkommen zugleich zu reagieren. Er verteidigt die Räumung, lädt aber zugleich alle gesellschaftlichen Kräfte zum Gespräch an einen runden Tisch ein. Und alle kommen, alle tragen dazu bei, die «explosive Situation», so Weizsäcker, «in eine Atmosphäre der Mäßigung überzuleiten». Mit der von ihm ausgegebenen Devise «Besonnenheit und Konsequenz», mit Angeboten von Mietverträgen und dem raschen Vollzug von beschlossenen Räumungen gelingt es, das Problem der Hausbesetzungen zu entschärfen. Stolz kann Weizsäcker am Ende seiner Amtszeit Bilanz ziehen: Von den 169 okkupierten Häusern, die er nach seiner Wahl vorgefunden hat, ist nur noch ein Zehntel besetzt.

Woher rührt Weizsäckers Erfolg? Liegt es daran, dass der Entspannungspolitiker auch in der Stadt auf Entspannung setzt und sie schließlich auch erreicht? Es trifft ja zu, dass er in die seit Jahr und Tag von politischen Grabenkämpfen geplagte Stadt Ruhe bringt. Freilich ist es nicht die Ruhe der eisernen Faust, sondern des so bedachten wie bestimmten Konsenses. «Ohne Not fährt dieser Senat keine scharfen Kurven», notiert der «Tagesspiegel», und den Aufregungen, von denen es noch immer übergenug gibt, begegne Weizsäcker «gelassen mit dem Appell zu Vernunft und Gemeinschaftsfrieden». Er findet einen Weg, wie man einer Stadt gerecht werden kann, die hin- und hergerissen ist von den Problemen einer belagerten Metropole und die sich zugleich danach sehnt, ein neues positives Gefühl ihrer selbst zu entwickeln. Weizsäckers Geheimnis sei, so der «Rheinische Merkur», sein «Einfühlungsvermögen in die Psyche der Stadt». Indem er Berlin aus dem lokalen Kleinkrieg herausnavigiert, wirkt er auf die «harte, aggressive, wenig verwöhnte Berliner Bevölkerung» – so die «Zeit» – «wie ein warmer Regen nach langer Dürre». Auch die Opposition kann nicht umhin, Weizsäcker zumindest «gewisse Erfolge im Atmosphärischen» (Vogel) zu konzedieren.

Aber weil im Falle Berlins das Ruhigstellen eines gereizten Stadtkörpers nicht ausreicht, sondern ein Gesundungsprozess vonnöten ist, funktioniert diese Strategie nicht ohne politische Vorgaben. Nicht mehr das Leitbild einer «ganz normalen Stadt», wie es der Stobbe-Senat entworfen hat, soll den Weg weisen, sondern – so formuliert Weizsäcker schon in seiner Regierungserklärung – das Bewusstsein der besonderen «Gefahren und Chancen Berlins in der Zukunft zwischen Ost und West». Daraus folgt zunächst nicht viel, was sich von der Politik der Vorgänger unterscheidet, zumindest nichts Spektakuläres – das Treffen mit dem DDR-Staatsratsvorsitzenden Erich Honecker, das eine Art Durchbruch bedeutet, findet erst gegen Ende der Amtszeit Weizsäckers statt. Aber alle spüren, dass er der Stadt ein neues Selbstwertgefühl vermittelt und sie in der Wahrnehmung der Deutschen neu platziert. «Seit es ihn gibt», befindet die «Zeit», «hat die Stadt plötzlich wieder eine Stimme, die national und international gehört wird.» Und ein Abgeordneter erinnert sich daran, dass Berlin mit Weizsäcker den «Abstellraum der Politik» verlassen habe, «um auf die Bühne, zumindest die nationale, zurückzukehren».

Man kann nicht umhin, darin auch die Wirkung der Person, ihres Auftretens und ihrer Ausstrahlung zu erkennen. Beides ist für die Berliner, aber vor allem für ihre in vielen Stürmen traumatisierte politische Klasse ein erst verblüffendes, dann mehr und mehr bewundertes Ereignis. Weizsäcker bringt einen Stil nach Berlin, erinnert sich ein Senator, «der für die einheimische politische Gemeinde absolut neu war». Dabei erscheint er vielen Berliner Politikern zunächst nebulös und verblasen, weil er darauf verzichtet, den politischen Freistil Berlins mitzukämpfen, sich als Fachmann im Räderwerk der Bürokratie zu profilieren oder den überlegenen alten Fuhrmann zu markieren. Doch deren anfängliche Überzeugung, dass die Probleme ihn schon kleinkriegen würden, weshalb er sich auf der Berliner Bühne nicht lang halten werde, schmilzt bald dahin.

Denn Weizsäcker glänzt nicht nur mit Rhetorik und Eleganz, sondern beweist eine Professionalität, die ihm keiner zugetraut hätte und die er auch bewusst und kühl ausspielt. Rasch stellt sich heraus, dass er keineswegs – wie viele vermuten – ein Schönredner ohne die notwendige Härte ist. Aus dem Senat hört man: «Er regiert wirklich», und zwar präzise, konsequent und zielstrebig. Und es schadet Weizsäcker nicht, wenn im Rathaus kolportiert wird, dass er zur Ungeduld neigt und – falls es an Einsatz und Qualität mangelt – ziemlich ungemütlich werden kann.

Und was nehmen die Beobachter sonst wahr? Zum Beispiel dies: Es gehört offenbar zum Politikstil des neuen Regierenden Bürgermeisters, dass er sich nicht in Einzelheiten verbeißt, sondern sie mit der Souveränität und Unbefangenheit seines Urteils in größere Zusammenhänge stellt. Der Hoffnungsträger beweist sich im Regierungsalltag, aber es ist auch die Freiheit gegenüber dieser Arbeit, die gewisse Distanz gegenüber dem Routinedruck der Politik, die seine Stärke begründet. Dieser Regierende Bürgermeister, so stellt sein Vor-Vorgänger Dietrich Stobbe staunend fest, kann sich auch mal drei Tage zurückziehen, um eine gute Rede auszuarbeiten oder einen halben Tag bei einer intellektuellen Diskussion im Aspen-Institut zu verbringen. So entsteht jene spezifisch Weizsäcker'sche Aura des Über-den-Dingen-Stehens, die zu seinem Markenzeichen wird. Sie ist zumindest besser geeignet, Vertrauen zu schaffen, als die atemlose Inszenierung jeder Ein-Tages-Sensation. Gewiss, das irritiert viele seiner Politikerkollegen, aber es kommt an bei den Bürgern. Mit der Folge, dass der entmutigte Stadtbürger wieder Licht am Horizont sieht. Die Essenz seines Geheimnisses formuliert ein langjähriger journalistischer Beobachter so: «Er löste zwar nicht gleich alle Probleme, aber er erweckte bei den Berlinern den Glauben, dass die Probleme lösbar seien.»

Es fügt sich ins Bild, dass Weizsäcker zwar keinen Zweifel daran lässt, dass er ein Mann der CDU ist, doch nicht als Parteimann handelt und – erst recht nicht – regiert. Er übernimmt nach seiner Wahl die Spitze der Berliner Christdemokraten, «aber man muss sich» – wie eine landespolitische Beobachterin schreibt – «gelegentlich ins Gedächtnis rufen, dass er auch CDU-Vorsitzender ist». Auch macht er bei der Senatsbildung vom Personalangebot der Berliner Partei – wie ein anderer Kommentator notiert – «nur sehr verhalten» Gebrauch: nur die Hälfte der Senatoren stammt aus Berlin, die anderen kommen aus dem Bundesgebiet. Das hängt auch mit dem Zustand der Berliner CDU zusammen, um deren Ansehen es – wie Weizsäcker sich erinnert – «nicht gerade zum Besten» steht und die auch «als ziemlich reaktionär» gilt. Die Senatoren von außen geben der im eigenen Saft schmorenden Berliner Politik entscheidende neue Impulse, und gemeinsam mit denen, die er in Berlin findet, bestimmen sie das politische Leben in den nächsten Jahren. Ohne die Weizsäcker-Mannschaft, ohne die Schulpolitikerin Hanna-Renate Laurien, bis dahin (Kultur-)Ministerin in Mainz, nun Schulsenatorin, ohne den Wirtschaftspolitiker Elmar Pieroth aus der Bonner CDU/CSU-Fraktion, der Wirtschaftssenator wird, ohne den Kieler Universitätsrektor Wilhelm Kewenich, der das Amt des Senators für Wissenschaft und Kultur übernimmt, oder den jungen Volker Hassemer, der Stadtentwicklungssenator wird, wäre das politische Leben Berlins auf lange Zeit ärmer gewesen, über die Ära Weizsäcker hinaus.

Aber es fällt auch auf, wie geschickt er das Ruder führt. Die Basis seines Senats ist brüchig, denn er ist von der Tolerierung der FDP abhängig, und eigentlich handelt es sich um eine Minderheitsregierung. Weizsäcker wehrt sich gegen dieses Etikett energisch: Hat er nicht für alle Senatoren und Entscheidungen Mehrheiten bekommen? Tatsächlich geht die Niederlage Pieroths bei der Senatswahl auf die eigene Partei zurück, in der das Unbehagen über die Importe aus dem Westen brodelt. Selbst das Urteil, dass er keine eigene Mehrheit habe, trifft nur im Rahmen der üblichen Stimmenarithmetik zu. In Wahrheit hat er im präzisen Sinn des Wortes eine eigene Mehrheit, denn die notwendigen FDP-Stimmen, die seine Politik tragen, gehen auf Weizsäckers ganz persönliches Konto. Insofern kann man tatsächlich sagen, dass Weizsäckers Legitimität sich auf eine «informelle Koalition» (Sven Thomas) stützt.

Weizsäcker regiert mit dem «durchaus kalkuliert rücksichtsvollen Umwerben widerstrebender Gruppen» (Brigitte Grunert). Seine Sorgfalt bewährt sich auch bei der Zusammensetzung des Senats und beim Umgang mit der Verwaltung. Weizsäcker hat das Spektrum der eigenen Partei und die über drei Jahrzehnte hinweg sozialdemokratisch geprägte Beamtenschaft durchaus im Blick. Mit Heinrich Lummer, der Innensenator wird, deckt er zum Beispiel den rechten Flügel der CDU ab. Mit Ulf Fink, einem Gefolgsmann von Heiner Geißler, zuständig für Gesundheit, Soziales und Familie, öffnet er die Regierung für neue Entwicklungen auf dem Feld des Sozialen – unter dem Panier christlicher

Gesellschaftspolitik überschreitet die CDU da sogar die Grenze zu den alternativen Bewegungen. Er rüttelt nicht an der SPD-Dominanz der Verwaltung und lässt die Senatsdirektoren der FDP im Amt, macht aber zum Beispiel – was sogleich Kritik hervorruft – seinen Partei-Referenten gegen alle Laufbahnregeln zum Abteilungsleiter; es spricht für diese Entscheidung, dass der Beamte seine Position noch im rot-roten Senat von Klaus Wowereit bekleidet. Und im Parlament baut er auf Eberhard Diepgen, den Fraktionsvorsitzenden. Der wird von allen Kommentatoren als blass abgetan, organisiert aber für ihn die Mehrheiten und hält ihm den Rücken frei, weil er seit Jahren in der Partei die Fäden zieht. Später wird er dann für sechzehn Jahre Regierender Bürgermeister sein.

Der Senat profitiert auch davon, dass Weizsäcker an seinem Amt sichtlich Spaß hat. Es gilt als eine unvergleichbare Aufgabe und fasziniert ihn gerade deshalb. Der Berliner Regierende Bürgermeister ist weniger und zugleich mehr als seine Ministerpräsidentenkollegen in den Ländern, es fehlt ihm ihre staatsrechtliche Selbständigkeit, aber dafür unterhält er sozusagen direkte Beziehungen zu Washington, London und Paris, den Sieger- und Schutzmächten. Berlins seltsamer Status als Viermächtestadt bindet sie an die große Politik, ja, die Weltpolitik, und das verschafft dem Senat ein Aufgabenspektrum, das – wie Weizsäcker vergnügt hervorhebt – vom Streit «über die Umbenennung einer zweihundert Meter langen kleinen Wilmersdorfer Straße in Gottfried-von-Cramm-Straße bis zu den großen Spannungen im Ost-West-Konflikt» reicht. Überdies erfüllt es ihn – wie er gerne einräumt –, sich einmal «nicht nur Ratschläge für andere ausdenken zu können, sondern sie selber ständig und tätig in der Praxis erproben zu müssen». Gewiss ist etwas daran, dass er – wie Peter Glotz spottet – zur Berliner CDU passe «wie ein Tafelaufsatz aus dem späten 19. Jahrhundert auf einen Resopal-Tisch in einer Berliner Eckkneipe». Doch die Distanz hat auch eine positive Seite: So gelingt es Weizsäcker, die Wählerschaft seiner Partei weit über die traditionelle CDU-Klientel hinaus ins Lager der SPD-Anhänger auszudehnen.

Nicht zuletzt verdankt sich Weizsäckers Erfolg seiner Bereitschaft, sich der Stadt ganz persönlich zu öffnen, mit ihr zu leben. Er nimmt an ihrem kulturellen Leben teil, bewegt sich in ihr als neugieriger Beobachter, als Theaterbesucher und Konzertgänger, und dringt so ein in dieses merkwürdige Biotop West-Berlin mit seinen Nischen und Besonderheiten. Es ist wiederum Peter Glotz, der beschrieben hat, ironisch und bewundernd zugleich, wie er «im Flug» die Berliner Bildungsschicht gewinnt – den Verleger Wolf Jobst Siedler, den «Tagesspiegel»-Herausgeber Franz Karl Maier und ihre Geistesverwandten, die Reste des Berliner Bürgertums, dazu Professoren, Autoren und Journalisten. Und was die West-Berliner Intellektuellen angehe, notorisch unzufrieden und kritisch, wie sie sind, so schwärmen sie regelrecht «von diesem dem Filz, der Parteidisziplin und der Kameraderie weit enthobenen Mann». Er verkehrt in den Häusern der kleinen, das Klima der Stadt jedoch mitprägenden Schicht von Meinungsmachern und Honoratioren und gehört bald dazu. Man spürt, dass sein Interesse an Kultur und Gesellschaft innerer Anteilnahme entstammt, nicht politischem Kalkül.

Er scheut sich auch nicht, die Schallmauern kultureller Distanzen in der Stadt zu durchbrechen, ja, man hat den Eindruck, er suche geradezu danach. Verwundert wird er gemustert, als er die Aufführung eines Stückes von Botho Strauß in der Schaubühne besucht, denn – so die verbreitete Ansicht – ein CDU-Politiker hat sich hierhin noch nicht verirrt. Nicht nur dieses Theater, das damals den Gipfel seiner künstlerischen Produktivität erreicht, wird von Weizsäcker in der Personalunion von Regierendem Bürgermeister und Kulturkonsument frequentiert, sondern auch das Schiller-Theater, die Deutsche Oper, in der Götz Friedrichs große Intendanten-Ära beginnt, und die Philharmonie. Er besucht Galerien, lässt sich sogar überreden, an einer heiklen Veranstaltung wie dem ost-westdeutschen Schriftstellergespräch in der West-Berliner Akademie der Künste teilzunehmen, und lädt auf eigenen Wunsch Autoren ins Senatsgästehaus ein. Auch bemüht er sich, seiner Stadterfahrung den östlichen Teil hinzuzufügen. Er pilgert zu den Stätten des alten Berlins, den Museen, dem Operncafé, Fontane im Herzen, die deutsche Geschichte im Sinn, und registriert erfreut, wie oft er erkannt wird. Oder er besucht das Deutsche Theater und die Staatsoper. Im Gedächtnis bleiben die Grenzpolizisten, die beim Grenzübertritt kühl das Eintrittsgeld kassieren und ihn auf dem Rückweg fragen, ob ihm die Vorstellung gefallen habe.

Schließlich gewinnt Weizsäcker nachgerade Popularität bei den Berlinern. Er bezieht als erster Bürgermeister seit Willy Brandt wieder die Dienstvilla, verzichtet aber auf Umbauten – was positiv vermerkt wird – und gibt eine Housewarming-Party, zu der eine bunte Mischung der Berliner Gesellschaft eingeladen ist und über die noch Wochen später geredet wird. Man registriert, wie er über den Flohmarkt flaniert, um Denkanstöße für den Umgang mit der alternativen Szene zu suchen, oder beobachtet ihn am Bahnhof Zoo, wie er nach einer Veranstaltung mit anderen Passagieren, die auf ihren Zug warten, ins Gespräch kommt. Als er, schon auf dem Absprung nach Bonn, in einer regionalen Talkshow auf den Kabarettisten Wolfgang Neuss trifft – über eine halbe Nachkriegszeit der West-Berliner Spötter vom Dienst –, nennt dieser ihn konsequent «Richie» und macht ihn als «König von Berlin» an: Denn so gebe er sich doch. Weizsäcker schmettert ihn ab mit einer Probe seiner Berliner Dialektfertigkeit: «Ach, hör doch uff!»

Gerade in der Erkundung des Ostteils drückt sich auch Weizsäckers Verhältnis zur Geschichte aus, der für das Berlin der späten siebziger und beginnenden achtziger Jahre eine besondere Rolle zuwächst. Dass er, kaum im Amte, die große Preußenausstellung eröffnet, ist noch eine Mitgift seines Vor-Vorgängers Stobbe, der sie auf den Weg gebracht hatte, um das bis dahin in West und Ost eher abgewehrte preußische Erbe neu zu beleben. Doch Weizsäcker macht die historische Wendung zu seiner Sache. Mit seiner hochinspirierten, gegenwartsbezogenen Sicht auf Preußen und seine Geschichte deutet er den untergegangenen Staat als «Geschichtssymbol», das «grenzüberschreitend weiterwirkt». Er reagiert damit auch auf das zunehmende Interesse an der Vergangenheit, das in der Bundesrepublik in den siebziger Jahren spürbar wird, vor allem aber auch auf die Anzeichen ihrer Wiederentdeckung in der DDR. Nicht zuletzt entspricht diese Wendung zur Geschichte seinen eigenen Neigungen. Weizsäcker ist fasziniert von dem Gedanken – und hat dabei, keine Frage, den Wind des Zeitgeistes im Rücken –, dass die Deutschen sich ihrer Vergangenheit vergewissern müssten, zumal in Berlin. Wie überhaupt der Prozess des Zu-sich-selbst-Kommens der Stadt in seiner Ära fortschreitet – etwas davon dringt in vielen seiner Äußerungen durch und findet Resonanz in der zunehmenden Hinwendung der Stadt zur eigenen Herkunft.

Es schlägt sich nieder in kleinen und größeren Gesten, getragen auch von dem bürgerschaftlichen Geist, der damals zu wachsen beginnt. Zum Beispiel in der Übergabe der Schinkel-Figuren auf der Schlossbrücke an Ost-Berlin, die noch der Vogel-Senat beschließt – gegen den Widerstand erst der CDU-Fraktion, dann mit Weizsäckers Zustimmung; der Westen erhält dafür das Archiv der früheren Königlich-Preußischen Porzellan-Manufaktur. Oder in den Wiederherstellungsarbeiten der Sacrower Heilandskirche im Niemandsland am östlichen Havel-Ufer – ein Zeichen für die erwachende Zuwendung zur berlin-brandenburgischen Kulturlandschaft. Oder, frühes Beispiel einer öffentlichen Kampagne, die Bewahrung des Watteau-Bildes «Einschiffung nach Cytheria», das als Leihgabe des Preußen-Prinzen Louis Ferdinand im Charlottenburger Schloss hängt, aber verkauft werden soll. Weizsäcker ruft in diesem Fall sogar selbst zu Spenden für den Erwerb des bedeutenden und vielgeliebten Bildes auf, zunächst gegen heftigen Protest, der die sozialen Nöte in der Stadt gegen das 15-Millionen-Vorhaben ins Feld führt, dann mit breiter Unterstützung, an der sich die Kulturinstitutionen – Philharmonie, Schaubühne und Deutsche Oper – sowie westdeutsche Wirtschaftskreise unter Führung des Bankiers Hermann Josef Abs beteiligen. Bei solchen Initiativen ist Weizsäcker immer dabei, im Hintergrund oder in vorderster Front.

Alles in allem genommen bleibt es ein Phänomen, dass ein Politiker in so kurzer Zeit das Bild eines krisengeschüttelten Gemeinwesens so weitreichend beeinflussen kann. Oder, in der Terminologie von Peter Glotz: wie die «linke Hegemonie» durch eine kulturelle, eine konservativ-liberale abgelöst wird. Dass gleichwohl Weizsäckers Vorgänger, ihm beide in Respekt zugetan, im Rückblick urteilen, dass er «kein bedeutender Stadtpolitiker» gewesen sei (Stobbe), oder jedenfalls bezweifeln, ob «er ein guter Bürgermeister» war (Vogel), muss dabei nicht einmal nur als Rache von Verlierern abgebucht werden. Denn Weizsäcker tanzt nur zwei, bestenfalls drei Sommer, und deshalb lässt sich die oft gestellte Frage nicht abweisen, wie das Bild seiner Regierungszeit aussähe, wenn sie länger gedauert hätte.

Umso stärker tritt an Weizsäckers Beispiel das Phänomen hervor, wie sehr eine Situation neu definiert werden kann durch das, was der politische Jargon «weiche Faktoren» nennt – ein öffentlicher Stil, der Konflikte glättet und das Klima der Stadt entspannt, ein geistig-gesellschaftliches Temperament, das die Provinzialität verscheucht, die Demonstration von Gesprächsfähigkeit, die den Dialog in der Stadt wieder möglich erscheinen lässt. Dazu eine gewisse Repräsentativität, ein Glanz, die Berlin neues Selbstvertrauen verleihen. Und das alles hängt irgendwie an diesem graumelierten, gutaussehenden Herrn, mit seiner – in Wolf Jobst Siedlers effektvoller Nachzeichnung – «eleganten Erscheinung, seiner geschliffenen Rhetorik und einer schwer definierbaren Souveränität». Bei Hugo von Hofmannsthal, den Weizsäcker schätzt, heißt es: «Wer die verborgenen Kräfte anzusprechen weiß, dem gehorchen sie.»

«Die bewegende Kraft der Mitte»: Ortstermin mit der Geschichte

Weizsäckers Passion für die Ost- und Deutschlandpolitik wird durch seine Berlin-Jahre keineswegs verdrängt, im Gegenteil. Sie ist vielmehr, wie er formuliert, das «Herzstück» seiner Aufgaben. Doch sie nimmt eine andere Form an. Aus dem Ringen um die Vertragspolitik mit dem Osten, um die es in den frühen siebziger Jahren in den heftigen Debatten im Bundestag ging, wird der Umgang mit ihren Folgen, wird die mühsame Praxis, der anormalen deutsch-deutschen Situation ein Quäntchen Normalität abzuringen, und das an einem Ort, der, wie Weizsäcker formuliert, einen «täglichen Anschauungsunterricht der Teilung» vermittelt. Im Alltag des Regierenden Bürgermeisters geht es immer auch um die kleine Münze der Deutschlandpolitik, die «menschlichen Erleichterungen», wie das abgegriffene und doch mit guten Gründen immer wieder bemühte Versatzstück aller einschlägigen Debatten lautet.

Also um den Mindestumtausch – die DDR hat ihn gerade erhöht, abredewidrig, und Weizsäcker lässt keine Gelegenheit aus, seine Rücknahme zu fordern –, um Familienzusammenführung und die Senkung der Altersgrenze für Westreisen. Überdies wird gerungen um die kleinen Reparaturen an der amputierten Stadt, und dann und wann gibt es auch Erfolge, die den Berlinern das Leben mit der Teilung erleichtern: Weizsäcker kann den Teltow-Kanal im Süden der Stadt eröffnen, der den Schifffahrtsweg nach Berlin verkürzt, und im Norden wird die Autobahn nach

Hamburg gebaut. Vor allem muss der Regierende Bürgermeister das Thema der Teilung selbst im Bewusstsein der Deutschen halten. Aber gerade in Berlin erfährt er hautnah, dass in der Formel von der offenen deutschen Frage doch noch Leben steckt. Oder wie sind sonst die spontanen Sympathiebekundungen zu deuten, die dem West-Politiker bei seinen Besuchen im Osten begegnen? An ihnen spürt Weizsäcker, welche Gefühle und Erwartungen unter der Oberfläche des sonst so verhärteten Ost-West-Verhältnisses in der Stadt schwelen. Als er, beispielsweise, zur Hedwigs-Kathedrale im Ostteil fährt, wo die Ernennung von Bischof Bengsch zum Kardinal gefeiert wird, fühlt er sich «buchstäblich fast erdrückt von den Gefühlen und Hoffnungen der herzlich laut grüßenden und rufenden Ost-Berliner».

Daneben hängt gerade über Berlin das politische Thema der deutschen Frage, also die auf Antwort drängende Ungewissheit über den Gang der Dinge in Deutschland, Mitteleuropa und überhaupt in der durch den Ost-West-Konflikt gefährlich verkanteten Welt. Sie erlebt in den späten siebziger Jahren eine Art Renaissance und jedenfalls eine heftige Konjunktur. Dahinter stehen massive weltpolitische Entwicklungen – die Zuspitzung der Block-Konfrontation, Resultat unterschiedlicher Ereignisse: des Streits über Moskaus Raketen-Aufrüstung und die westliche Nachrüstung, Reagans Präsidentschaft, des sowjetischen Einmarsches in Afghanistan, des Auftretens der Gewerkschaftsbewegung Solidarność in Polen. Das ist die große Kulisse für die Debatten, die in der Bundesrepublik um die deutsche Frage kreisen. Sie finden vornehmlich in den intellektuellen Randzonen des öffentlichen Bewusstseins statt: ein emphatisches Rütteln am Status quo, ein gewaltiges Palaver über Vergangenheit und Zukunft, vage Erwartungen über die Veränderung der als unveränderlich geltenden Lage der beiden Deutschlands.

Ein sogenanntes Manifest einer angeblichen Opposition in der DDR wird vom «Spiegel» in die Öffentlichkeit katapultiert –

inzwischen wissen wir, dass dieser Schuss aus dem Dunkel der DDR-Innenwelt eine höchst manipulierte Operation war –, Martin Walser orakelt über die «Wunde namens Deutschland», die offen bleiben müsse, ein Buch mit dem damals provokativen Titel «Die deutsche Einheit kommt bestimmt» wird zum Bestseller, und in der in apokalyptischen Beschwörungen schwelgenden Friedensbewegung scheinen plötzlich die Visionen eines neutralen Deutschland auf. Ein französischer Politologe gibt das fanalhafte Stichwort: «Die deutsche Frage ist wieder da.» Aber ist das alles nur ein Zeichen des kulturkritischen Unbehagens an der Verfassung der Bundesrepublik? Oder tut sich wirklich etwas in Deutschland?

Weizsäcker registriert die Debatte mit großer Aufmerksamkeit und sieht gerade in dem Umstand, dass die emotional geprägte Friedensbewegung die deutsche Frage aufgreift, ein Zeugnis für deren Lebendigkeit. Das Aufbegehren gegen die Logik der atomaren Abschreckung beeindruckt ihn stark, wegen der Sorgen, die darin zum Ausdruck kommen, aber auch wegen des Anflugs von Massenhysterie, mit dem es in die Politik einbricht. Als Präsident des Hamburger Kirchentages 1981 erhält er einen Eindruck davon, welche Kräfte da ausgelöst werden können – er sitzt in der riesigen Halle, in der fünftausend friedensbewegte Zuhörer den sozialdemokratischen Verteidigungsminister Hans Apel sehr unfriedlich attackieren, weil dieser den Nato-Doppelbeschluss verteidigt. Er ist dabei, als Heinrich Albertz, einer seiner Vorgänger als Regierender Bürgermeister, nun ganz auf Seiten des Protestes, die deutsche Frage mit dem Wort von Deutschland als «einem besetzten Land» sozusagen auf die Abschussrampe der Friedensbewegung montiert.

Für Weizsäcker, der hinter dem Doppelbeschluss steht, drückt sich darin die Realitätsverweigerung der Protestbewegung aus. Und ihre sprunghafte Logik, die er hartnäckig hinterfragt: Hatten nicht eben noch viele von ihnen behauptet, die Teilung sei die

Bedingung des Friedens? Und nun soll die Teilung den Frieden gefährden und ein Patriotismus ihn retten, der sich in Distanz zu allen Bündnissen begibt? Weizsäcker hält dagegen an der Politik der Westbindung fest, denn die Bundesrepublik gehört nach seiner Überzeugung in den Kreis der westlichen Demokratien. Die Spannung zwischen dieser Bindung und der Lage Deutschlands in der Mitte Europas hält er für unaufhebbar.

Überhaupt greift sein Blick weiter aus. Er umfasst die großen weltpolitischen Veränderungen, registriert aber auch jene, die man in der DDR ausmachen kann. Weizsäcker entwickelt dafür ein beeindruckendes Gespür; die Kontakte, die er seit Jahren pflegt, vor allem im Rahmen seiner kirchlichen Tätigkeit, zahlen sich aus. Er sieht genau, dass sich die Schwierigkeiten der SED, ihren Bürgern ein sozialistisches Nationalgefühl aufzudrücken, nicht vermindert, sondern verstärkt haben – mit der Parteilehre von der Nation, so sein lapidares Urteil, sei in der DDR «kein Staat zu machen». Gleichwohl erkennt er, dass sich die Menschen als DDR-Bürger fühlen, zumal die Mehrheit derer, die nie etwas anderes erlebt hat – allerdings als DDR-Bürger *und* als Deutsche. Denn alles spricht dafür, dass sich dort trotz der Zugehörigkeit zum Ostblock zu keiner Zeit eine Art östliches Lebensgefühl entwickelt hat: «Kasachstan rückte niemals näher als Rheinland-Pfalz.» Anders als in der Bundesrepublik, wo, wie er findet, unter dem Einfluss der Westorientierung «Virginia ... so nahe gerückt» scheint «wie Sachsen in die Ferne».

Vor allem lässt ihn die in den siebziger Jahren unübersehbar gewordene Absicht der DDR aufmerken, den Anschluss an die deutsche Geschichte wiederzugewinnen. Sie ist, ohne Frage, politisch gemeint, aber sie bewegt Weizsäcker dennoch, ja, sie treibt ihn um. Dass nun Rauchs Denkmal von Friedrich dem Großen wieder Unter den Linden steht, das historische Berlin nicht mehr der Abrissbirne zum Opfer fällt, sondern schrittweise restauriert wird, die Erzpreußen Yorck und Scharnhorst zu Ehren kommen und das Luther-Jahr 1983 staatsoffiziell als Aktion der Annäherung an die nationale Geschichte organisiert wird – das alles deutet eine Verschiebung der legitimatorischen Fundamente der DDR an, die Weizsäcker schlechterdings aufregend findet. Seine Sensibilität für die untergründigen Dimensionen des Lebens mit der Teilung lässt ihn vor allem in kulturellen Ereignissen die Bestätigung für seinen Glauben an eine Fortdauer nationaler Gemeinsamkeit finden. Ein Auftritt des Gewandhausorchesters Leipzig im Westen oder der Berliner Philharmoniker in der DDR – das berührt Weizsäcker, weil es «weit über das rein Kulturell-Künstlerische» hinausreicht und «etwas mit dem den Menschen einfach angeborenen Bedürfnis nach Verwurzelung zu tun» hat. Und eine Schinkel-Ausstellung der DDR, die nach Hamburg wandert, versteht er als ein Signal deutsch-deutscher Zusammengehörigkeit.

Dabei irritiert es Weizsäcker am wenigsten, dass die SED die Geschichte ideologisch nutzt – sie soll der DDR sozusagen eine historische Ahnengalerie verschaffen. Weizsäcker ist sich sicher, dass die Geschichte ihr Eigenleben entfalten wird, gegen alle manipulativen Absichten. Er ist zutiefst überzeugt, dass die Menschen emotional berührt sind, wenn sie den Alten Fritz wieder Unter den Linden reiten sehen, auch wenn dazu ein paar ideologische Interpretationen verabreicht werden. Und muss dann nicht die Spannung zwischen Ideologie und Geschichte wachsen? Wird dies nicht zur Folge haben, dass der Boden des DDR-Regimes erodiert? Dass zugleich die Position der DDR innerhalb des Ostblocks gestärkt wird, was ihre Bürger mit einer gewissen Genugtuung erfüllt, ändert daran nichts. Denn auch der Ostblock ist dabei, sich unter dem Druck der Tendenz zu nationaler Selbstbehauptung vor allem in Polen und Ungarn langsam zu verändern.

Aber ist die Bundesrepublik in der Lage, auf diesen schleichenden Wandel Antwort zu geben? Weizsäcker beschäftigt die Sorge, dass das Geschichtsbewusstsein im Westen nicht auf der Höhe dieser Herausforderung ist. Gebrochen durch das Dritte Reich und den Zusammenbruch, dann ganz fixiert auf den Wiederaufbau, ist – wie ihm scheint – die Erkenntnis «von der existenziellen Bedeutung der eigenen geschichtlichen und kulturellen Wurzeln» im Westen verkümmert. Die Debatte um ein deutsches Historisches Museum in Berlin, die gerade beginnt, stimmt Weizsäcker skeptisch. Denn Geschichtsdiskussionen zu dieser Zeit pflegen auszuufern, sind notorisch belastet von Selbstzweifeln der Historiker und leiden unter ihrer panischen Furcht, in die Nähe vermeintlich überkommener Geschichtsbilder zu geraten. Ist die DDR in dieser Hinsicht nicht schon weiter? Sie ist immerhin bemüht, so findet Weizsäcker, «die Geschichte in den Mittelpunkt zu rücken». Angesichts des ostdeutschen Geschichtsmuseums im Zeughaus Unter den Linden, das die westdeutschen Zweifel nicht kennt, entringt sich ihm der Stoßseufzer, «ein gutes, sozialistisch konzipiertes Zeughaus» – vor dessen Portal sich auch noch die Standbilder der preußischen Reformer besichtigen lassen – sei «irgendwie eindrucksvoller und partiell sogar wahrer als unsere freiheitliche Angst, die sich beispielsweise in der Frage äußert, ob es überhaupt zulässig sei, die Worte ‹deutsch› und ‹Geschichte› noch zu verwenden, ohne sich damit eines intellektuellen oder moralischen Verrats schuldig zu machen».

In seinen Äußerungen zur Deutschlandpolitik ist Weizsäcker schon immer aus der Routine ausgebrochen. Doch während seiner Berliner Jahre wächst sein Problembewusstsein noch. Seine Fähigkeit, zwischen den verschiedenen Ebenen der deutschen Frage Zusammenhänge herzustellen und ihre Spannung auszuhalten, gewinnt eine neue Dimension. Er erfasst die schwierige deutsche Situation in der paradoxen Formel, die bis zur Wende gültig ist, sozusagen als eine Kurzfassung, die dennoch ihrem vertrackten Charakter nichts schuldig bleibt: «Die deutsche Frage ist offen, solange das Brandenburger Tor zu ist.»

Das Paradebeispiel seiner deutschlandpolitischen Analysefähigkeit liefert er in einem fast historischen Moment, am 9. September 1982, als der Bundestag wie jedes Jahr über die Lage der Nation debattiert, aber schon beherrscht wird von den taktischen Manövern, die drei Wochen später mit dem konstruktiven Misstrauensvotum gegen Helmut Schmidt und der Wahl Helmut Kohls zum Kanzler enden. Weizsäcker dreht die Debatte wieder zu ihrem eigentlichen Thema zurück, breitet das ganze Spektrum der damit zusammenhängenden Problemstellungen aus, erörtert anstehende aktuelle Fragen und zeigt eindringlich ihre tieferen Dimensionen. Denn sosehr er davon überzeugt ist, dass die deutsche Frage aktuell bleibt, sosehr befürchtet er, dass sich andere ihrer bemächtigen könnten, wenn die Deutschen, zumal die West-Deutschen, keine Antworten suchen. Ist es denn auszuschließen, dass die Weltgeschichte einfach weiterzieht und sie am Rande liegenlässt – ein Überrest längst vergangener Zeiten? Beschwörend mahnt er, «nicht die Augen so lange zuzuhalten, bis wir plötzlich aufwachen und erstaunt feststellen, in welche Richtung inzwischen die offene deutsche Frage abgewandert ist, ohne dass wir es gemerkt haben und ohne dass wir wissen, durch wen».

Auch diese Bundestagsrede hat – wie Weizsäckers deutschlandpolitische Beiträge in seiner Berliner Zeit insgesamt – ihr Zentrum in einer Philosophie der Mitte, die er unermüdlich beschwört. Mit ihrer Hilfe versucht er, die Deutschen für das Nachdenken über die deutsche Frage zu erwärmen. Sie geht aus von der geopolitischen Mittellage Deutschlands und kommt zu dem Schluss, dass die Deutschen selbst durch die Teilung nicht aus ihr entlassen sind. Doch die Bestimmung der Mitte, so Weizsäckers Diktum, sei die Veränderung – Zentraleuropa sei im Laufe der Geschichte durch einen ständigen Wandel und Wechsel gekennzeichnet; gelegentlich spricht er sogar von der «bewegenden Kraft der Mitte». Mit kurzen, knappen Sätzen hämmert er seine Einsichten fest, härtet sie mit suggestiven Wendungen zu deutschlandpolitischen Maximen und Formeln: Auch das geteilte Zentrum sei «nach wie vor Mitte»: Wir «sind nicht nur der Osten des Westens, sondern auch der Westen der Mitte». Und als Schluss: «Die Mitte kann auf die Dauer nicht Grenze bleiben.» Es ist gewiss auch ein Schuss Wortalchemie dabei, auch ein gerütteltes Maß hoffnungsvoller Geschichtsphilosophie, vor allem aber bezeugt dieser geopolitische Exkurs den Willen, der Offenheit der deutschen Frage eine Perspektive zu geben.

Natürlich ist diese Philosophie aus Weizsäckers Berlin-Erfahrung erwachsen. Sie ist Teil eines Bekenntnisses, mit dem er die harten Gegebenheiten herausfordert, um der Stadt Mut zu machen. Das freie Berlin, so lautet eine seiner Mutmachformeln, «ist eine Insel, aber kein Käfig» – trotz Mauer und Stacheldraht. Eine andere ist die Behauptung, man lebe in Berlin «nicht in einer Nische am Rande der Geschichte, sondern in der Mitte der großen politischen Entwicklungen» – im Jahr 1981, zwanzig Jahre nach dem Mauerbau, acht Jahre vor dem Mauerfall, eine gewagte Behauptung. Wieder eine andere ist die Ortsbestimmung der Stadt: «Berlin ist Mitte und Grenze zugleich.» Dahinter steht das Erlebnis dieser Jahre, die ihn fest mit der einzigartigen Lage der Stadt verbunden haben, und so findet er die kräftige Formel, die den Ort und seinen Rang in der Geschichte einfängt: «Berlin ist der Platz, der die deutsche Geschichte dieses Jahrhunderts mit den durch sie ausgelösten Machtfolgen nicht in ein Museum verbannt, sondern sie bis auf den heutigen Tag mitten auf seinen Straßen zeigt.» Die Mauer sei dafür der deutlichste Ausdruck, aber keinesfalls der Endpunkt. Gerade ihre Existenz begründet seine Überzeugung, dass die Teilung nicht dauern wird – auch wenn er, wie viele, nicht glaubt, ihr Ende noch zu erleben.

Unter dem ebenso schlichten wie anspruchsvollen Titel «Berliner Beitrag zur Lage der Nation» erscheint die Rede im Sammelband «Die deutsche Geschichte geht weiter», den Richard von

Weizsäcker gegen Ende seiner Berliner Jahre herausgibt. Sieht man genau hin, ist das Buch die Summe seines bisherigen politischen Denkens. Es ist vielleicht kein Zufall, dass er genau zu dem Zeitpunkt erscheint, als sich abzeichnet, dass er gute Chancen auf das Amt des Bundespräsidenten besitzt. An den Anfang der Sammlung stellt er ein beeindruckendes Stück konzentrierter, luzider Prosa, eine Bestandsaufnahme seiner deutschlandpolitischen Überzeugungen und Positionen. Weizsäcker macht darin Front gegen die These vom Ende der Nationalgeschichte, die seit den sechziger Jahren zunehmend die Öffentlichkeit eroberte: Eine Frage, so bescheidet er die Skeptiker, höre nicht deshalb auf zu bestehen, «weil niemand eine Antwort auf sie weiß, zumal wenn es eine Natur der Sache gibt, die die Frage immer von neuem hervorbringt». Weizsäcker umschreibt präzise das deutsche Dilemma – die Diskrepanz zwischen dem Wunsch nach Überwindung der Teilung und dem nach Wiedervereinigung: «Für das eine finden wir fast überall Verständnis, für das andere fast nirgends.» Er schließt die Alternativen von rechts und links aus: «Wir dürfen nicht versuchen, Vormacht zu sein oder auf dem Weg der Neutralisierung unsichtbar zu werden.»

Aber was ist dann die Perspektive der deutschen Frage? Natürlich besteht sie in ihrer Europäisierung, aber – das ist Weizsäckers Pointe – als deutsche Geschichte. Die offenkundigen Widersprüche finden ihre Auflösung in dem Titel, der nicht weniger ausspricht als eine Selbstverständlichkeit und der doch sein Credo ist: «Die deutsche Geschichte geht weiter.» Die pragmatisch-idealistische Handlungsanweisung für den praktischen Umgang mit der Geschichte findet er bei Martin Walser, es ist der Ertrag von dessen Sich-Abarbeiten an der deutschen Frage: Wir müssen «fähig werden, den historischen Prozess für uns arbeiten zu lassen. Dazu müssen wir uns ihm fügen, ihm dabei aber unser Interesse gewissermaßen einflößen».

Ist der Herbst 1983 ein Datum für einen solch verschlungenen

Umgang mit der Geschichte? Wäre Weizsäckers Zusammentreffen mit dem DDR-Staatsratsvorsitzenden Erich Honecker ein einschlägiger Fall? Auch wenn er nur tut, was längst alle tun – der bundesdeutsche Honecker-Tourismus, nach dem es zum Renommee jedes Politikers gehört, dem DDR-Herrscher die Hand gedrückt zu haben, ist schon im Gange. Aber im Falle (West-)Berlins löst ein solches Vorhaben erregte Debatten aus, zumal in der Berliner Öffentlichkeit, die den besonderen Status der Stadt hütet wie ihren Augapfel, erst recht in der CDU. Weizsäcker muss auf dem Weg von Berlin-West nach Berlin-Ost viele protokollarische Kurven fahren, um an diesem komplizierten Formelwerk keine Delle zu hinterlassen. Ort des Treffens darf also nicht das Staatsratsgebäude sein, auch begleitet ihn nicht der Vertreter der Bundesregierung, und Weizsäcker erhält das längste Fernschreiben seines Lebens, verfasst vom Staatsminister des Auswärtigen Amtes, der ihn vor politischen Fehltritten bewahren will.

Also trifft er Honecker in Schloss Niederschönhausen, dem Gästehaus der DDR, kein protokollarisch kontaminierter Ort – für die DDR der frühere Amtssitz von Wilhelm Pieck, ihres ersten Staatspräsidenten, für den historisch bewanderten Weizsäcker eher eine preußische Exklave im Osten Berlins, der Wohnsitz von Königin Elisabeth Christine, der Frau Friedrichs des Großen. Das Gespräch findet Weizsäcker nützlich, es geht um Reiseerleichterungen und die S-Bahn – was vor allem belegt, wie klein die Brötchen sind, die damals zwischen Ost und West gebacken werden. Und Honecker selbst? Nicht unliebenswürdig, aber unverbindlich, erinnert sich Weizsäcker, «elektrische Funken gingen von ihm nicht aus».

Einen wirklichen Ortstermin mit der Geschichte erlebt Weizsäcker wenig später. Denn nichts Geringeres bedeutet es, als er aus Anlass von Luthers fünfhundertstem Geburtstag auf dem Marktplatz in Wittenberg steht, dem Kern des Kernlandes der Reformation, und vor mehr als 10 000 Menschen spricht. So etwas hat es noch nicht gegeben, seit den frühen Nachkriegsjahren hat kein Politiker aus der Bundesrepublik sich unmittelbar an so viele DDR-Bürger wenden können. Allerdings steht Weizsäcker dort nicht als Regierender Bürgermeister, sondern als Mitglied der Synode der Evangelischen Kirche, der zur letzten der sieben regionalen Kirchentage eingeladen wurde, die die DDR der evangelischen Kirche zur Feier des Lutherjahres zugestanden hat. Manfred Stolpe, damals Sekretär des DDR-Kirchenbundes, hat die Einladung durchgesetzt, und sogar das SED-Politbüro hat darüber beraten – «viel Ehre für mich», wie Weizsäcker findet. Er hat schon im Mai an der Eröffnung des Lutherjahres auf der Wartburg teilgenommen und dabei mit Politbüromitglied Horst Sindermann gesprochen, übrigens im Haus des Landesbischofs. Doch der Auftritt im Schatten des Reformators ist für ihn der Höhepunkt.

Aber er bewegt sich auf dünnem Eis. Denn die Raketendebatte erregt die Gemüter, und die ostdeutschen Protestanten sind gegen die westliche Nachrüstung und befinden sich insoweit durchaus auf der Linie des Ostblocks. In einer Diskussion in der Wittenberger Stadtkirche wird Weizsäcker hartnäckig befragt, weshalb er für den Nato-Doppelbeschluss ist. Gleichwohl findet er die Debatte fruchtbar und fair, nicht nur weil die Ostdeutschen, wie er anmerkt, weit disziplinierter sind als das Publikum des Hamburger Kirchentages, sondern weil das Gespräch nach seinem Eindruck von dem Gefühl gemeinsamer Verantwortung der Deutschen im Osten und im Westen getragen war. Und am Abend ist er dabei, als im Lutherhof am offenen Feuer ein Schwert zu einer Pflugschar umgeschmiedet wird – gemäß dem bekannten Bibelwort, das die DDR-Kirche zu ihrer Friedenslosung gemacht hat. Die spektakuläre Aktion, die Friedrich Schorlemmer, der Prediger an der Schlosskirche und wortmächtige Dissident, inszeniert hat, verdeutlicht, dass die kirchliche Friedensbewegung in der DDR auch die Raketenrüstung des Ostens ablehnt. Das pazifistische Symbol, in abertausend Exemplaren verbreitet, wird für die DDR-Führung zu einem gewaltigen Ärgernis.

Bei Weizsäckers Rede auf dem Wittenberger Marktplatz wird dann die quälende Wirklichkeit der deutschen Teilung offenbar. Hans Otto Bräutigam, der ständige Vertreter der Bundesregierung in der DDR, mischt sich unter die Zuhörer und beschreibt später, «wie tief bewegt die Menschen auf dem Marktplatz waren. Als Weizsäcker ausrief: ‹Wir atmen in Ost und West die gleiche Luft›, wurde den dicht gedrängt stehenden Menschen bewusst, dass die Deutschen auf beiden Seiten zusammengehörten. Ich sah es ihren Gesichtern an, manche der Älteren hatten Tränen in den Augen». Für viele, so glaubt Bräutigam, war die Rede Weizsäckers «ein großer Augenblick in ihrem Leben, der ihnen Hoffnung gab». Aber Hoffnung worauf, fragt er sich selbst, und seine Antwort ist zeitgemäß arm an Erwartung: «Eine deutsche Einheit, in welcher Form auch immer? Das konnte sich 1983 kaum jemand vorstellen. Hoffnung auf mehr Freiheit im eigenen Land oder größere Freiräume unter dem Dach der Kirche? Vielleicht.»

Der Eindruck ist groß. «Ich habe Ähnliches nie wieder erlebt», bekennt Weizsäcker, selten habe er ein so deutliches Gefühl «auf der Haut» gehabt, dass «wir nicht nur Deutsche hüben und drüben sind, sondern dass wir wirklich zusammengehören». Auch Friedrich Schorlemmer ist tief beeindruckt. Dass die Menschen «wenn auch in zwei Staaten hüben und drüben Deutsche» sind – wie Weizsäcker erklärt hatte –, «hatte so noch nie jemand direkt gesagt». Das «war keine nationalistische Parole, sondern besagte: Wir gehören dazu».

Teil 3 **Der Präsident**

«Es kömmt, wie es kömmt»: von Berlin nach Bonn

Kann es nicht als ausgemacht gelten, dass Richard von Weizsäcker Bundespräsident werden musste? Reicht die Phantasie aus, sich vorzustellen, dass ein Weg daran vorbeiführte? Im Rückblick, nach den zehn Jahren, in denen er das oberste Staatsamt bekleidete, versteht sich dieser Gang der Dinge nachgerade von selbst. Aber da hat der Erfolg schon seine eigene Geschichte geschrieben, die Wirkung seiner Amtsführung die Möglichkeit schlankweg verdrängt, dass er gar nicht Präsident geworden wäre. Doch machte nicht auch der politische Weg, den er bis dahin zurückgelegt hatte, die Präsidentschaft nachgerade unumgänglich? Ist der präsidiale Zug in dieser Biographie nicht unübersehbar – und wird er ihm nicht bis zum Überdruss bescheinigt?

Schon die Stationen seiner Laufbahn scheinen auf diese Entwicklung vorauszudeuten – Kirchentagspräsident bereits an ihrem Anfang, die immer etwas herausgehobene Rolle im Bundestag, die bis zum Vizepräsidenten führte, der Stil seiner Amtsführung als Regierender Bürgermeister in Berlin, kurz: einmal Präsident, immer Präsident. Je näher Weizsäcker an den Punkt kommt, an dem er die Kurve zum Staatsoberhaupt nimmt, desto mehr passt sich das Bild, das von ihm gezeichnet wird, dem künftigen Amte an. So erscheint das Amt dann schließlich ganz selbstverständlich als die Erfüllung seines Lebens – er sei «wie geboren fürs Präsidentenamt», schreibt die «Frankfurter Allgemeine», und mancher Beobachter findet, in liebenswürdiger Bemühtheit, er sähe aus, «als sei er in der Villa Hammerschmidt geboren». Und ist es denn nicht auch so? Wäre das Schicksal ihm – und uns – etwas schuldig geblieben, wenn Richard von Weizsäcker nicht Bundespräsident geworden wäre?

Doch was sich wie Prädestination oder zumindest die fast unvermeidbare Konsequenz von Weizsäckers Biographie ausnimmt, ergibt sich in Wirklichkeit aus den Hakenschlägen des politischen Lebens, erst recht in ihrem letzten, entscheidenden Akt – als Resultat des Zusammenwirkens von Absichten und Zufällen, von taktischem Kalkül, personellen Konstellationen und nicht zuletzt terminlichen Zwängen. Das beginnt schon mit dem Verzicht des amtierenden Präsidenten Karl Carstens auf eine nochmalige Kandidatur. Bis er im März 1983 die Nachricht von Carstens' Entscheidung erhält, hat sich Weizsäcker auch schon damit abgefunden, dass ihm die Präsidentschaft, die bereits dreimal an seinem Lebensweg aufgetaucht war, versagt bleibt. Doch zu den Voraussetzungen seiner Wahl gehört nicht nur der Rückzug des Amtsinhabers. Möglicherweise spielt auch das vorzeitige Ende der Regierung Schmidt eine Rolle. Jedenfalls hat Peter Glotz, als SPD-Generalsekretär geübt in politischen Planspielen, die Frage aufgeworfen, «ob bei regulären Wahlen, also 1984, nicht der damalige Regierende Bürgermeister von Berlin, Richard von Weizsäcker ... eine gute Chance gehabt hätte, Bundeskanzler zu werden». Er sei in der Union die einzige ernstzunehmende Alternative zu Kohl gewesen. Andererseits verbietet der Erdrutsch-Wahlsieg, den Kohl 1983 nach dem dramatischen Machtwechsel im Vorherbst erringt, alle Überlegungen in diese Richtung. Wenn er je mit dem Gedanken gespielt hat: Bundeskanzler kann er danach nicht mehr werden.

Dass eine Entscheidung offen ist – wie die Kandidatenwahl nach Carstens' Rückzug –, heißt in der Politik freilich nur, dass sie der Konkurrenz der Interessen, Erwartungen und Spekulationen ausgeliefert ist. Tatsächlich entwickelt sich die Präsidentenfrage zu einer Pokerpartie. Dabei ist nicht ganz klar, wann sich Weizsäcker entschließt, die Kandidatur ernsthaft anzustreben. Friedbert Pflüger, als enger Mitarbeiter nahe am Geschehen, glaubt, dass ein wichtiger Anstoß von Weizsäckers Weigerung ausgeht, zum Spielball von Kohls Planungen zu werden. Das betrifft zunächst die Wahl zum stellvertretenden CDU-Vorsitzenden, also in das Präsidium, das Machtzentrum der Partei, die im Mai 1983 ansteht. Kohl, «seit eh und je gewohnt, dass alles nach seiner Pfeife tanzte», versucht vergeblich, Weizsäckers Kandidatur zu verhindern – und dieser wird mit dem besten Stimmenergebnis aller Präsidiumsmitglieder gewählt. «Weizsäcker hatte sich», so Pflüger, «eigentlich das erste Mal in einer wichtigen Frage gegen Kohl durchgesetzt und damit, ebenfalls das erste Mal, in der CDU eine echte eigene Machtposition erobert.» Damit verfügt Weizsäcker über eine gewichtige Ausgangsposition für die Bundespräsidentschaft. Er wird sie nutzen.

Doch zunächst gerät er in die Mühle der Spekulationen und Optionen. Versteht es sich nicht fast von selbst, dass Weizsäcker, der Präsidiale und Dauerkandidat, sich als Anwärter aufdrängt, sobald die Präsidentenwahl zum Thema wird? Doch für Kohl, der in anderen Kategorien denkt, hat etwas anderes Priorität: die CDU-Macht in Berlin. Ihn treibt der Gedanke um, dass mit Weizsäckers Wechsel ins Präsidentenamt das eben erst errungene Terrain wieder in die Hände der SPD fallen könne. Denn in der Berliner Partei ist niemand zu erkennen, dem man zutrauen würde, die Wahlen im Jahr 1985 zu gewinnen – Eberhard Diepgen gilt nur als ein Mann für die zweite Reihe. Also dreht sich den ganzen Sommer über das Karussell der Namen. So gut wie jeder Unions-Grande wird auf die Bühne geschoben, entweder als künftiger Präsident, damit Weizsäcker in Berlin bleiben kann, oder aber als Nachfolger, der auch vom Koalitionspartner FDP akzeptiert würde – Alfred Dregger, der Vorsitzende der CDU/CSU-Fraktion, Bundestagspräsident Rainer Barzel, selbst

FDP-Außenminister Hans-Dietrich Genscher sind mit im Spiel. Wie fast immer bei solchen Operationen droht die Kandidatensuche, einen Verschiebebahnhof für andere offene oder dringliche Personalfragen zu eröffnen. Das ganze Repertoire der politischen Schachzüge wird durchgespielt, selbst der damals noch hoch im Kurs stehende Konfessionenproporz wird bemüht. Aber auch der spricht für Weizsäcker, weil er als Protestant eine drohende «katholische Lösung» verhindern würde – von den drei Spitzenpositionen der Republik (Präsident, Kanzler und Bundestagspräsident) sind mit Kohl und Barzel bereits zwei durch Katholiken besetzt.

Je länger die Debatte anhält, desto heller erstrahlt Weizsäckers Stern. Nur ändert das nichts an Kohls Absicht, ihn davon abzubringen, seine Chance zu nutzen. Hartnäckig weigert sich der Kanzler, sich zur Präsidentenwahl zu äußern. Ist der Grund dafür nur die kühle Überlegung, Weizsäcker würde am Ende aus Machträson auf das hohe Amt verzichten? Oder spielt mit, dass Kohl sich durch Weizsäckers Entschluss, seine eigenen Interessen zu verfolgen, herausgefordert fühlt? Dass er es also nicht ertragen mag, dass sich Weizsäcker, dem er den Weg in die Politik eröffnet hat, aus seiner Gefolgschaft löst – dem Verbund der Kohl-Getreuen, zu dem man gehört auf Gedeih und Verderb? Gewiss sieht Kohl den liberalen und eigenständigen Weizsäcker lieber in Berlin, wo er für die Partei brav die Stellung hält, als in Bonn, wo er eine eigenständige Rolle spielen kann – als hohes, dem Kanzler protokollarisch sogar übergeordnetes Verfassungsorgan, am gleichen Ort, in unmittelbarer Nähe, getrennt nur durch das Mäuerchen zwischen Kanzler- und Präsidialamt. Diese Kandidaten-Kür ist ein Machtkampf, in dem Weizsäcker seine Ambitionen gegen Kohl durchsetzen muss. Als im September 1983 die Landtagswahlen in Hessen für die CDU verlorengehen, wird es offenbar: Kohl setzt als Präsidentschaftskandidat auf den niedersächsischen Regierungschef Ernst Albrecht.

Richard von Weizsäcker verfolgt das Geschehen eisern schweigend, fühlt sich aber zunehmend brüskiert. Bedrängt von den Fragen nach seinen Absichten, flüchtet er in politisch korrekte Gemeinplätze und Sarkasmus. Das Amt des Präsidenten, erklärt er, sei keines, für das man kandidiere. Bei einem Spargelessen lässt er sich darüber aus, dass Spargel immerhin drei Jahre reifen müsse, bis er geerntet werde. Und er entzieht sich weiteren Nachfragen mit dem Bonmot: «Alle meine Vorgänger sind entweder im Himmel oder in Bonn. Ich überlege noch, wofür ich mich entscheide – zumindest, in welcher Reihenfolge.» Zuweilen verfällt er sogar in eine Art rheinischen Jargon, um seine Gelassenheit zu illustrieren: «Es kömmt, wie es kömmt, und so kömmt's.» Überdies muss sich Weizsäcker der Schmeicheleien durch die SPD erwehren, die seine Eignung für das Präsidentenamt fortwährend hervorhebt. Dabei freut es ihn einerseits, dass ihm Hans-Jochen Vogel, sein Berliner Rivale, die Unterstützung zusagt und sich dafür einsetzen will, dass die SPD auf einen eigenen Kandidaten verzichtet. Denn Vogel ist überzeugt, dass Weizsäcker «das Amt in vorbildlicher Weise ausfüllen» werde. Andererseits sind die Freundlichkeiten offenkundig mit Vitriol getränkt: die SPD will Weizsäcker aus Berlin wegloben, weil sie fürchtet, gegen ihn bei den nächsten Wahlen auf verlorenem Posten zu stehen.

Allerdings trifft ihn auch das Bild, das die Opposition von ihm zeichnet: ein anspruchsvoller, aber durchsetzungsschwacher Politiker, gut für Reisen und Reden, aber nicht für die harte Kärrnerarbeit in der Stadt, ein politischer Paradiesvogel also, der im Präsidialamt seine Erfüllung finden werde. Weizsäcker empfindet das als Herabwürdigung seiner Arbeit in und für Berlin, von deren praktischem Nutzen er überzeugt ist. Dabei tröstet es ihn nicht, dass diejenigen seiner Parteifreunde, die ihn in Berlin halten wollen, ein Gegenbild entwerfen, das nicht weniger klischeehaft ist. Da wird er zu einer politischen Übergröße gemacht: nur er allein sei in der Lage, Berlin für die CDU zu halten, ja, ohne ihn falle die Stadt dem Niedergang anheim. Nicht nur hält er seine vermeintliche Unentbehrlichkeit für Unsinn – denn der Ausgang der Wahl werde ohnedies durch den bundespolitischen Trend bestimmt –, dieses Lob erscheint ihm auch als ein vernichtendes Urteil über die Berliner CDU und die Stadt. Es beleidige die Partei und gebe ihre Politiker der Lächerlichkeit preis.

Vor allem baut sich in Berlin eine Front von Politikern, Geschäftsleuten und Journalisten auf, kurz: des politisch-gesellschaftlichen Establishments, die mit allen Mitteln versucht, ihn in der Stadt zu halten. Es sind – was die Sache besonders schwierig macht – ziemlich genau jene Kreise, die seinen Aufstieg und seine Arbeit in Berlin am nachdrücklichsten gestützt haben. Nun entziehen sie ihm abrupt ihre Sympathien, oft unter Bekundung eines tiefen Gekränktseins, in der sich das von den Nachkriegsjahrzehnten gebeutelte, hyperempfindliche Bewusstsein der Stadt meldet. Von «Verrat» ist die Rede, der Verleger Axel Springer, dessen Zeitungen seinerzeit für Weizsäckers Wahlsieg in vorderster Reihe gekämpft haben, wirft ihm einen «verantwortungslosen Weggang» vor, und die «Frankfurter Allgemeine» beklagt unter der vorwurfsvollen Überschrift «Bürgermeister nur auf Durchreise?», dass die erfolgreichen Anfänge «verschüttet» würden, wenn er ginge. Auf die Spitze treibt den Kampf um den Regierenden Bürgermeister das «FAZ»-Feuilleton: Gezeichnet mit drei Sternchen – dahinter verbirgt sich der treue Weizsäcker-Verehrer Wolf Jobst Siedler –, bettet ein Artikel von essayistischen Ausmaßen Weizsäcker in Berlins Nachkriegsschicksal ein, stilisiert ihn fast zum Retter der Stadt, um dann zu einer Art von intellektuellem Blattschuss anzusetzen: mit seinem Weggang «dementierte er nicht nur die erkannten Notwendigkeiten, sondern ein Stück der eigenen Person» – krönender Schluss ein Zitat Wilhelms I.: «Rückzug ist Pflichtvergessenheit.» Unter den Zeitungen am Ort kann sich vor allem der «Tagesspiegel» mit Vorwürfen kaum zurückhalten. Ungewöhnlich für die bewusst seriöse Zeitung, greift er zu Hohn und Spott: Als Bürgermeister fürchte Weizsäcker wohl, «den Niederungen des politischen Alltags zu nahe zu bleiben; etwas wie Sehnsucht nach irdischer Entrückung spielt mit». Schließlich, als die Entscheidung feststeht, wird das Blatt böse: Weizsäcker werde «der erste Präsident der Bundesrepublik sein, der sein Amt auf Grund eines Wortbruchs antritt».

Kohls Zögern und die Auseinandersetzung um den Regierenden Bürgermeister bleiben nicht ohne Folgen – wie Anfang November in einem zerknirschten Bericht des Berliner «Zeit»-Korrespondenten Joachim Nawrocki nachzulesen ist, der allen Seiten die Schuld für den ärgerlichen Zustand gibt: «Noch im Spätsommer wurde in Berlin jeder ungläubig angesehen, der nicht bereit war zu wetten, dass Richard von Weizsäcker der einzige und sichere Kandidat für die Bundespräsidentenwahl sein werde. Im Herbst schon sanken die Chancen dieses Kandidaten. Mitte Oktober standen sie bei 50:50.» Nun lägen sie, so Nawrocki, «beinahe bei null», und der Kandidat sei beschädigt. Erbittert stellt Weizsäcker Kohl in einer CDU-Präsidiumssitzung zur Rede. Aber der Kanzler versucht weiterhin, die Affäre auszusitzen – auf dem Höhepunkt des Streites nimmt die Öffentlichkeit staunend wahr, wie beide Politiker bei einem Fußball-Länderspiel gegen die Türkei im Olympiastadion nebeneinandersitzen: erst heftig miteinander streitend, dann, nach dem Anpfiff, trotzig schweigend.

Aber nun dreht sich die Stimmung in Öffentlichkeit und Partei. Mitte November meldet die «Frankfurter Allgemeine», die Kandidatur laufe auf den Regierenden Bürgermeister hinaus. Drei Tage später ist es Franz Josef Strauß, dem bei einem Berlin-Besuch von Weizsäckers Umfeld mit Bedacht die Rolle des «Königsmachers» (Pflüger) zugeschoben wird. Der alte Widersacher reagiert wie erhofft und kündigt an, die CSU werde für den Berliner stimmen. Am 28. November 1983, nach fünfmonatigem Taktieren und Lavieren, ruft Kohl in Bonn Weizsäcker zum Präsidentschaftskandidaten der Union aus. Und wer bisher an dessen Durchsetzungsvermögen gezweifelt hat, sieht sich widerlegt durch die – wie Robert Leicht in der «Süddeutschen Zeitung» schreibt – «energische Zielstrebigkeit», mit der Weizsäcker «das Amt auf sich zukommen ließ».

Die Wahl ergibt ein Traumresultat, sie reicht in die Dimension der Wiederwahl von Theodor Heuss im Jahre 1954 hinein, obwohl Weizsäcker zum ersten Mal kandidiert, Heuss sich dagegen damals auf dem Höhepunkt seines Ansehens befand. Von 1040 Stimmen entfallen 832 auf Weizsäcker, Heuss hatte 871 erhalten; mehr als die Hälfte der Sozialdemokraten votiert für ihn, die von den Grünen vorgeschlagene Schriftstellerin Luise Rinser bekommt 68 Stimmen. Der Anfang der Präsidentschaft findet in der Beethovenhalle statt, also umgeben vom Bonner Stolz und Chic der späten fünfziger Jahre. Dazu passt das etwas angestrengte Pathos von Bundestagspräsident Barzel, einschließlich seiner Grußformeln für Berlin und die Deutschen, «denen es hier mitzuwirken versagt ist», und auch der folgende Empfang im Bundeshaus, ein Familienfest der Republik ohne Steifheit, gutbürgerlich, liebenswert. Ein «fast rührender und auf beinahe sympathische Weise misslungener Versuch, in Bonn Staat zu machen», wie Rolf Zundel in der «Zeit» schreibt? Mit der Fast-Akklamation unternimmt die Republik jedenfalls den Versuch, zu dem sie in den zehn Jahren dieser Präsidentschaft immer wieder ansetzen wird: sich, so Zundel, in Richard von Weizsäcker, «genauer: in dem früh verklärten Bild des neuen Präsidenten ... wiederzuerkennen: so sind wir auch, so jedenfalls möchten wir gesehen werden». Zum ersten Mal seit 1974, seitdem die Präsidentenwahl nicht mehr in Berlin, sondern in Bonn stattfindet, gibt es ein Volksfest auf dem Marktplatz, und Weizsäcker grüßt von der Rathaustreppe aus die Bürger – eine bedeutungsvolle Geste, denn so hatte bereits Heuss 1949 seine Präsidentschaft begonnen.

Doch mit der Antrittsrede ist sogleich ein neuer Ton da, Weizsäckers Ton. Nach nicht einmal drei Minuten ist er bei den Pflichten, die dem Staatsoberhaupt von der Verfassung auferlegt werden. Es sei seine Aufgabe, erklärt der neue Präsident, «Fragen zu stellen und die Arbeit für Antworten auf sie zu ermutigen, nicht aber Rezepte anzubieten». Der Ankündigung folgen sogleich zehn Fragen, die die Bedingungen für eine lebenswerte Zukunft umreißen – von der Sorge um die Natur und den Erhalt der Sozialpartnerschaft bis zum Strafvollzug und dem Gnadenrecht. Mit dem sich «selbst zudiktierten Leitfaden», wie er die Rede nennt, klinkt Weizsäcker sich auch in die aktuelle Diskussion ein: Dem Bekenntnis zur Partnerschaft im atlantischen Bündnis und in Europa – denn es gehen unter den westlichen Alliierten wieder einmal Zweifel um, ob die Deutschen eigene Wege beschreiten wollen – folgt das Postulat eines Nationalbewusstseins, das dazu nicht im Gegensatz stehe, und schließlich die Versicherung der «besonderen Gemeinschaft ... mit den Deutschen im anderen deutschen Staat».

Mit der Erwähnung der Schriftstellerin Christa Wolf, anerkannt im Osten wie im Westen, und der im Gang befindlichen Wiederherstellung der Dresdener Semperoper setzt Weizsäcker eigene Akzente. Im Übrigen gibt er sich ebenso entschieden wie maßvoll: Deutsche Friedensbeiträge ja, aber in Gestalt einer «Klimaverantwortung für das Ost-West-Verhältnis» – nicht Abrüstung ebne in der Regel den Weg zum Frieden, «sondern friedliche Zusammenarbeit den Weg zur Abrüstung». Ein Honecker-Besuch in der Bundesrepublik, der gerade zur Debatte steht, wird begrüßt, ein Gegenbesuch gewünscht. Und was die nachfolgenden Generationen angeht, so ist Weizsäcker überzeugt, dass sie nicht nach den heutigen Zukunftsvisionen fragen werden, sondern «wissen wollen, nach welchen Maßstäben wir unsere eigene Welt eingerichtet haben, die wir ihnen hinterlassen».

Auf den neuen Bundespräsidenten warten – da täuscht die

Große Koalition am Wahltag – turbulente Zeiten. Am Tag danach geraten die Parteien im Bundestag heftig über Kreuz: Anlass ist ein gescheitertes Amnestie-Gesetz, das illegale Parteispender straffrei stellen sollte. Die Auseinandersetzung über den Metaller-Streik, den längsten Ausstand, den die Bundesrepublik bis dahin erlebt hat, rüttelt vernehmlich am sozialen Konsens der Republik. Überhaupt ist die Bundesrepublik auch ein Jahr nach der Wende von 1982/83 politisch, vor allem parteipolitisch noch ziemlich aus dem Tritt: die SPD leckt ihre Wunden, die FDP erholt sich nur mühsam von ihrer dramatischen Zerreißprobe, und selbst der Wahlsieger Kohl beginnt bald zu straucheln – wegen zahlreicher Ungeschicklichkeiten bekommt er das höhnische Etikett des Pannenkanzlers aufgeklebt.

Umso eindrucksvoller ist die Erfolgskurve, die Weizsäckers Präsidentschaft in die verunsicherte Republik einzeichnet. Hat der Essayist Johannes Gross nicht behauptet, das Amt des Bundespräsidenten sei machtlos, «eine Spitze, auf die nichts zuläuft»? Bald sieht man, was alles von dieser Spitze ausgeht und welche politisch-moralische Macht sie entfaltet. Dabei bewegt sich die erste große Rede, die Weizsäcker im Herbst hält, noch auf einem vergleichsweise abgelegenen Feld: es ist die Laudatio für Octavio Paz, den Friedenspreisträger des Deutschen Buchhandels, auf der Frankfurter Messe 1984. Aber auch diese Ehrenbekundung für den lateinamerikanischen Autor und späteren Nobelpreisträger, Zeugnis von Kennerschaft und Einfühlung, ist ein Indiz für den Charakter, den er seiner Präsidentschaft geben will. Und sie gibt ihm Gelegenheit, die Deutschen mit einem seiner Lieblingsgedanken vertraut zu machen: «Kultur ist Politik. Kultur, verstanden als Lebensweise, ist vielleicht die glaubwürdigste, die beste Politik.» Es ist ein heimlicher Basso continuo seines Denkens, und Weizsäcker wird ihn noch oft anstimmen.

«Der Wahrheit ins Auge sehen»: die Rede zum 8. Mai

In das erste Jahr von Weizsäckers Präsidentschaft fällt das Ereignis, das ihr den Stempel aufdrückt bis zum heutigen Tage: Es ist die Rede zum vierzigsten Jahrestag des Kriegsendes, die sogleich zu «der Rede» avanciert. Die Vorbereitungen beginnen schon im Wahljahr 1984 – der neue Bundespräsident residiert noch in einem Provisorium, weil in der Villa Hammerschmidt die Heizungsrohre erneuert werden müssen. «Mit keiner Ansprache» – so wissen wir von Friedbert Pflüger, der ihm von Berlin nach Bonn gefolgt ist, nun als sein Pressesprecher – «hat Weizsäcker so sehr ‹gelebt› wie mit der Rede zum 8. Mai 1985. Bereits im Dezember fing er an, gezielt Material zu sammeln und zahllose Gespräche zu führen: mit dem Zentralrat der Juden, mit Sinti und Roma, mit den Vertriebenenverbänden, mit dem Deutschen Frauenrat, mit Vertretern aller Parteien und mit seinen Mitarbeitern, allen voran mit seinem damaligen Redenschreiber Michael Engelhard.» Über Ostern zieht er sich in sein Ferienhaus bei Bad Tölz zurück, um eine erste Fassung zu schreiben. Zwei Tage vor dem Gedenktag findet eine Generalbesprechung im Kreis der Mitarbeiter statt, bei der das Manuskript Absatz für Absatz durchgegangen wird. Am 7. Mai schreibt Weizsäcker die Endfassung.

Der Präsident ist auch maßgeblich daran beteiligt, das Postament zu zimmern, von dem aus er die Rede hält. Denn ursprünglich gibt es für den Gedenktag ganz andere Vorstellungen: eine

ırend der vielbeachteten Rede zum Ende des Zweiten Weltkriegs vor vierzig Jahren, Iai 1985.

Auf der Kundgebung zum Luther-Jahr 1983 in Wittenberg.

it Gattin Marianne und Tochter Beatrice auf dem Roten Platz in Moskau, Juli 1987.

Mit dem SED-Generalsekretär Erich Honecker im Park der Villa Hammerschmidt, September 1987.

Mit Bruder Carl Friedrich während der Verleihung des Theodor-Heuss-Preises an den Philosophen und Physiker, Februar 1989.

it dem sowjetischen Generalsekretär Michail Gorbatschow während des Staatsbesuchs
Bonn, Juni 1989.

r in seinem Amt bestätigte Bundespräsident nimmt die Wahl an: Bonn, 23. Mai 1989.

Auf dem Kurfürstendamm, 10. November 1989.

Als Bundespräsident bei einem Besuch im thüringischen Gera, April 1991.

…it dem französischen Staatspräsidenten François Mitterrand in Weimar,
…eptember 1991.

…it Bundeskanzler Helmut Kohl, Juni 1992.

Als Redner auf der Demonstration gegen Rassismus in Berlin, 8. November 1992.

Mit Gattin Marianne vor ihrem Berliner Haus am Tag der Amtsübergabe an Roman Herzog, 1. Juli 1994.

Fernsehansprache Weizsäckers am Vortag, ein ökumenischer Gottesdienst am 8. Mai, ferner eine Verknüpfung mit dem Weltwirtschaftsgipfel, der wenige Tag zuvor in Bonn stattfindet; und auch eine gemeinsame Feier mit dem amerikanischen Präsidenten Ronald Reagan, der der Bundesrepublik einen Staatsbesuch abstattet, ist im Gespräch. Weizsäcker dringt darauf, dass die Veranstaltung ohne ausländische Beteiligung stattfindet. Er ist gegen jeden Versuch, diesen Tag geschichtspolitisch zu inszenieren, selbst mit den besten Absichten, etwa als eine Art «Bündnis- und Siegesfeier» mit – wie erwogen – einer Ansprache des US-Präsidenten im Bundestag. Weizsäcker sagt es gleich am Anfang der Rede und schlägt damit einen ihrer Grundtöne an: «Wir Deutschen begehen den Tag unter uns, und das ist notwendig. Wir müssen unsere Maßstäbe allein finden.»

Die Dreiviertelstunde, in der Richard von Weizsäcker die Rede vorträgt, wird zu einem historischen Datum in der jüngeren Geschichte der Bundesrepublik. In gedrängten, zu Maximen verdichteten Sätzen – ein Beispiel großer Rhetorik – vermittelt er an ihrem Anfang die Botschaft, die ihre legendäre Wirkung auslöst: die Neudefinition des 8. Mai als «Tag der Befreiung», der «uns alle» befreit hat «von dem menschenverachtenden System der nationalsozialistischen Gewaltherrschaft»; die Anerkennung der «schweren Leiden», die für viele Menschen mit diesem Tag begonnen haben, «Flucht, Vertreibung und Unfreiheit»; deren Ursache, nämlich die «Gewaltherrschaft, die zum Kriege führte», und die Verbindung zwischen dem 8. Mai 1945 und dem 30. Januar 1933; die Exegese der Ambivalenz dieses Datums, an dem die Deutschen «keinen Grund» haben, sich an Siegesfeiern zu beteiligen, aber «allen Grund», ihn als «das Ende eines Irrwegs deutscher Geschichte zu erkennen, das den Keim der Hoffnung auf eine bessere Zukunft barg». Schließlich Weizsäckers Credo: «Wir brauchen und wir haben die Kraft, der Wahrheit so gut wir es können ins Auge zu sehen, ohne Beschönigung und ohne Einseitigkeit.»

Weizsäcker hat es sich mit dieser Botschaft nicht leichtgemacht, und er nimmt sie auch nicht leicht. Lange ringt er mit sich – wie Pflüger berichtet –, welche Bewertung der Bedeutung dieses Tages am besten gerecht werden könne. Erst im Frühjahr fällt die Entscheidung, die Ambivalenz des Tages gleichsam aufzuheben in dem Bewusstsein der Befreiung, die seine bleibende Bedeutung ausmacht. Auf diese Zwiespältigkeit führen die individuellen Erfahrungen hin, die Menschen mit diesem Tag verbinden. Die Rede zeichnet sie einfühlsam nach, in einem einprägsamen Duktus: «Der eine kehrte heim, der andere wurde heimatlos. Dieser wurde befreit, für jenen begann die Gefangenschaft»; Freude über das Überleben und Schmerz angesichts der Niederlage, zerrissene Illusionen und neue Hoffnung stehen nebeneinander. Dahinter, gleichsam als Wärmequelle der Rede, steht die jüdische Weisheit – und es ist kein Zufall, dass sie dem Glauben derer entstammt, die zu Opfern des deutschen Völkermordes wurden: «Das Vergessenwollen verlängert das Exil, und das Geheimnis der Erlösung heißt Erinnerung.»

Nicht per Dekret, schon gar nicht unter pathetischem Trommelwirbel, sondern als Resultat eines Prozesses wachsender Einsicht und Erfahrung wird der 8. Mai zum Tag der Befreiung, «von Tag zu Tag wurde klarer, was es heute für uns alle gemeinsam zu sagen gilt». Die Rede umkreist diese Einsicht in immer neuen Anläufen: Sie ist Geschichtserzählung und Standortbestimmung, Trauerarbeit und Totenklage, Vergegenwärtigung der von Deutschland verübten Schrecknisse und Meditation über Schuld und Unschuld, sie spricht die Frauen und die Heimatvertriebenen und vor allem die Jugend an – und ist in alledem eine beeindruckende Versammlung von klugen, abwägenden Maximen und Sentenzen. Wenn der Politikwissenschaftler Dolf Sternberger von der Rede eines Bundespräsidenten gesagt hat, sie zielte nicht auf Handlung, «sie ist selbst Handlung», «eine Art weltlicher Predigt», die «die Geister ergreifen, ein moralisch-politisches Gemeingefühl erzeugen» will, dann löst Weizsäckers Rede zum 8. Mai dieses Kriterium glänzend ein.

Aber fast noch bemerkenswerter sind die Reaktionen, die sie auslöst. Viele Zuhörer trifft die Rede mit der befreienden Kraft, die ein langerwartetes erlösendes Wort zu entfalten vermag. Hans-Dietrich Genscher, der Außenminister, gesteht, dass er nach ihrem Ende das Bedürfnis verspürte, aufzustehen, um seiner inneren Bewegung freien Lauf zu lassen. Sie geht wie eine Woge durchs Land und hinterlässt den Eindruck, dass mit einem Schlage quälende Verkrampfungen aufgehoben und lastende Irrtümer zurechtgerückt seien. Viele Zeitungen drucken sie komplett oder in Teilen ab, Sonderausgaben erscheinen, oft mehrfach nachgedruckt, und knapp ein Jahr später ist sie in nahezu zwei Millionen Exemplaren und 13 Sprachen verbreitet. Besonders auf die wachen Geister wirkt sie wie ein klärender Wetterwechsel, ein Licht am politisch-intellektuellen Horizont.

Das gilt auch jenseits der Bundesrepublik. In einer Baracke in Adlershof, einem Institut der Ost-Berliner Akademie der Wissenschaften, beeindruckt sie zum Beispiel eine junge Physikerin, die sich von ihr eine Abschrift verschafft hat – sie heißt Angela Merkel und wird später deutsche Bundeskanzlerin werden. Tatsächlich gelingt es der Rede in der DDR, wo der 8. Mai sozusagen verbraucht war, weil er für gut drei Jahrzehnte als «Tag der Befreiung» zum Instrument der Indoktrination wurde, das Datum – wie Richard Schröder berichtet hat – von dieser Belastung zu befreien. Auch im Ausland ist ihre Wirkung unerwartet groß – die «New York Times» etwa druckt ihren Wortlaut ungekürzt, und der israelische Präsident Chaim Herzog zitiert sie in seiner Tischrede bei Weizsäckers Staatsbesuch in Israel. Weizsäcker selbst findet «das Echo in der Breite und Tiefe weit größer, als ich es erwartet hatte». Und es bestärkt ihn in seinem Blick auf die deutsche Gesellschaft: «Es hat mir die Sorge widerlegt, man lebte in zu vielen Teilen der eigenen Bevölkerung ohne Bezug zu den eigenen Wurzeln.»

Dabei ist die Botschaft der Rede keineswegs umwerfend neu, und Weizsäcker kann ziemlich unwirsch reagieren, wenn sie dafür herhalten soll, die Politik der Nachkriegszeit des Verdrängens und Versäumens zu überführen. Als er in einem «Spiegel»-Interview mit unüberhörbar kritischem Unterton gefragt wird: «Weshalb eigentlich musste es vierzig Jahre dauern, bis ein deutsches Staatsoberhaupt eine solche Rede gehalten hat, die – wenn man sie genau ansieht – Selbstverständliches ausdrückt?», blafft er zurück: Erstens habe er das Gleiche schon oft gesagt, und zweitens habe beispielsweise Theodor Heuss «in diesem Punkt nicht anders gedacht». Tatsächlich hatte der erste Bundespräsident am 8. Mai 1949, also genau vor 36 Jahren, bei der Verabschiedung des Grundgesetzes in Bezug auf den Tag der Kapitulation erklärt, die Deutschen seien «erlöst und vernichtet in einem». Dass das Grundgesetz ausgerechnet an diesem Tag verabschiedet wurde, verdankte sich übrigens Konrad Adenauer, der seine ganze Finesse aufgewendet hatte, um zu erreichen, «dass unser Beschluss und damit das Grundgesetz das Datum des 8. Mai tragen möge». Dann allerdings geht die Spur fast verloren. Als Tag des Gedenkens taucht der 8. Mai erst wieder in den sechziger Jahren auf: 1965 spricht Bundeskanzler Erhard an diesem Tag über Radio und Fernsehen zu den Bürgern, 1970 hält Gustav Heinemann als erster Bundespräsident eine Rede – allerdings mit Akzenten, die auf dem Ende von Krieg und Diktatur und der Chance des Neuanfangs liegen.

Aber bereits in seiner Rede auf der Gedenksitzung, die der Bundestag anlässlich der fünfundzwanzigsten Wiederkehr des Kriegsendes 1970 veranstaltet, wählt Richard von Weizsäcker zum Teil die gleichen Worte wie fünfzehn Jahre später. Schließlich ist es Bundespräsident Walter Scheel, der mit seiner Rede zum dreißigsten Jahrestag 1975 die Ambivalenz des Tages in ihrer ganzen Dimension aufreißt und das Geschehen auf den Begriff «Befreiung» bringt: «Wir wurden von einem furchtbaren Joch befreit, von

Krieg, Mord, Knechtschaft und Barbarei. Und wir atmeten auf, als dann das Ende kam.» Auch die Rede, die Kohl am 21. April 1985, also rund vierzehn Tage vor Weizsäckers Ansprache, im KZ Bergen-Belsen hält, drückt sich keineswegs um die Last der deutschen Vergangenheit, sondern fordert, sich ihr zu stellen: «Versöhnung mit den Hinterbliebenen und den Nachkommen der Opfer ist nur möglich, wenn wir unsere Geschichte annehmen, so wie sie wirklich war, wenn wir uns als Deutsche bekennen: zu unserer Scham, zu unserer Verantwortung vor der Geschichte.»

Was also ist das Geheimnis des Erfolgs der «Rede»? Besteht es darin, dass Weizsäcker zwar gewissermaßen offene Türen einrennt, das aber in unvergleichlicher, weite Perspektiven öffnender Weise? In diesem Sinne hat sie der Historiker Eberhard Jäckel «bestätigend und herausfordernd» zugleich genannt: bestätigend, weil sie am politisch-historischen Konsens ansetzt, der in der Bundesrepublik über die Jahre hinweg gewachsen ist; herausfordernd, weil sie diesen Konsens mit dem Leit- und Reizbegriff vom «Tag der Befreiung» zusammenfasst und prägnant, fast provokativ zuspitzt. Vor allem aber wirkt die Rede so nachhaltig, weil tief im Verständnis- und Identifikationsmuster, das Weizsäcker entwirft, die Bilanz seines Lebens steckt.

Er selbst hat sie die «politischste und zugleich persönlichste» seiner Ansprachen genannt. An der Souveränität, mit der er seine Gedankengänge entwickelt, spürt man, wie lange ihn das Thema umgetrieben hat – nämlich lebenslang. Wenn er von der deutschen Geschichte im zwanzigsten Jahrhundert spricht, ihren Brüchen und Kehren, spricht er auch von sich und seiner Generation, von ihren Erfahrungen in Krieg und Drittem Reich, von ihrer Schuld, ihren Erschütterungen und dem Versuch, die Lektionen daraus zu lernen. Überhaupt hat die Auseinandersetzung Weizsäckers mit der deutschen Vergangenheit etwas von dem Verfahren der Psychoanalyse, dem analytischen und therapeutischen Erinnern, Wiederholen und Durcharbeiten. Und indem

Weizsäcker eine für alle Deutschen beispielhafte Anstrengung unternimmt, mit dieser Geschichte und sich selbst ins Reine zu kommen, wirkt seine Rede auch – wie Robert Leicht am Tag darauf im Leitartikel der «Süddeutschen Zeitung» schreibt – «reinigend, im eigentlichen Sinne als Katharsis».

Aber ist nicht auch die Zeit reif dafür? Die achtziger Jahre sind eine Phase des Übergangs, und Weizsäcker beobachtet aufmerksam die Verschiebungen der Kräfte und das Flimmern der Perspektiven. Er hat dabei vor allem die Veränderungen im Ost-West-Verhältnis im Blick, die Verhandlungsebene, die sich in der Folge des Helsinki-Prozesses hergestellt hat, und das Drängen nach Wandel und Kooperation mit dem Westen in den ostmitteleuropäischen Ländern. Die starren Verhältnisse der Nachkriegswelt geraten in Bewegung, die Ideologien, allen voran der Kommunismus, verlieren ihre Kraft, die Gesellschaften selbst verändern sich, auch in der Bundesrepublik, in der die Diskussionen über das eigene Selbstverständnis drängender werden – die Erfolgsgeschichte der deutschen Nachkriegszeit fragt nach ihren Wurzeln und ihrer Bestimmung.

Gerade aus dieser kritischen Wendung, aus den vergessenen und verdrängten Vergangenheiten, die sich nun melden, entsteht, so spürt Weizsäcker, eine Vorstellung kommenden Wandels. «Wir bewegten uns auf einen Schnittpunkt der Epochen zu», so beschreibt er das Bewusstsein seiner Generation, die «Ahnung einer veränderten Zukunft tat sich auf, erreichbar aber nur im klaren Bewusstsein der Vergangenheit, die sie ablöst und in der sie doch wurzelt». Die alte Weisheit, dass Zukunft ohne Herkunft nicht zu haben ist, bekommt so eine neue Bedeutung, und Weizsäcker fragt sich, was das für die Deutschen bedeutet: «Welche Vorstellungen würden sie von ihrer Identität, ihrer Nation, ihrem Patriotismus, ihren Aufgaben entwickeln?» Dazu gehört für ihn vor allem die Vergewisserung «unserer Herkunft als Fundament für unsere Zukunft», also Erinnerungsarbeit und gemeinsame Ortsbestimmung: «Darauf kam es in meiner Rede an. Mir war bewusst, dass ich für uns alle zu sprechen hatte.»

Wie unsicher das Terrain ist, auf dem Weizsäcker sich bewegt, zeigt sich drastisch in den ersten Maitagen 1985, in denen sich die Ereignisse drängen – Reagan-Besuch, Weltwirtschaftsgipfel, 8.-Mai-Gedenken – und in heftigen Dissonanzen kulminieren. Bundeskanzler Kohl hat einen deutschen Soldatenfriedhof bei Bitburg ausgewählt, um gemeinsam mit dem amerikanischen Präsidenten die Versöhnung der einstigen Kriegsgegner zu zelebrieren. Da dort auch 53 Soldaten der Waffen-SS begraben sind, zumeist Wehrpflichtige, löst das Vorhaben in Amerika gewaltige Empörung und eine antideutsche Kampagne aus. Sie wird in der deutschen Öffentlichkeit mit ebensolchem Entsetzen aufgenommen wie Kohls Vorhaben selbst. Da der Besuchsakt drei Tage vor Weizsäckers Ansprache stattfindet, wird «Bitburg» – das Wort bekommt im Handumdrehen ebenso Flügel wie «die Rede» – zum dunklen Gegenbild. Kohls unglücklicher Auftritt lässt die Rede noch heller erstrahlen, wie sie umgekehrt des Kanzlers Versuch eines Versöhnungsaktes ins Zwielicht stößt: Weizsäcker gegen Kohl, die «Rede» gegen «Bitburg», die nachdenkliche Vergangenheitsbewältigung gegen ihre tumbe Inszenierung werden in der Öffentlichkeit zum Bezugspunkt aller politisch-ideologischen Gefechte. Ist denn Weizsäckers Rede nicht überhaupt die Antwort auf Kohls Friedhof-Spektakel? Die Unterstellung wird zwar schon dadurch widerlegt, dass die Rede längst vor Bitburg konzipiert war, aber die Gegenüberstellung von Präsidentenrede und Kanzlerpanne bleibt die scharfe Essenz in der innenpolitischen Auseinandersetzung.

Denn sosehr die Rede versöhnt, sosehr wirbelt sie auch Vorbehalte, Ablehnung, ja, Hass auf. In einer Fülle von Briefen und sonstigen Reaktionen meldet sich eine schweigende Minderheit, die ihre Nicht-Übereinstimmung mit dem Mainstream der Meinungsbildung offenbart. Der CSU-Abgeordnete Lorenz Niegel gibt die deutsch-nationale, besser: fränkisch-nationale Fassung –

Motto: kein «Büßergewand» mehr, endlich Schluss mit dem «Bohren in der psychischen Wunde unseres Volkes»; Niegel bleibt der Rede fern und mit ihm dreißig CSU-Abgeordnete. Hinhaltendes Widerstreben dominiert bei den Vertriebenen, legalistisch spitzfindig bei den Funktionsträgern – sie reiben sich an Weizsäckers Forderung, den «widerstreitenden Rechtsansprüchen das Verständigungsgebot überzuordnen» –, bösartig-verkniffen, wenn der Rede – so in einem Artikel der Zeitschrift «Der Schlesier» – «Vergangenheitsbewältigung auf Kosten des deutschen Volkes» vorgehalten wird. Ähnlich sucht eine auf rechtsextreme Abwege geratene bayrische Fernsehgröße, die später Vorsitzender der Republikaner wird, im Trüben zu fischen, indem sie den Vater Ernst von Weizsäcker ins Spiel bringt: «Wir wollen keinen Präsidenten, der mehr seinen Vater bewältigt als sein Vaterland.» Für die Ewiggestrigen und ihre im politischen Abseits vor sich hin wütende Subkultur ist die Rede schlicht die «Kapitulationsrede».

Der Erfolg der Rede hat indessen auch Irritationen zur Folge, zumal im Binnenklima des von Profil- und Streitsucht geprägten Bonner Politikbetriebs. In dem Dauerpalaver in den Sitzungssälen und Korridoren, im Reizklima des Fronten-Ziehens und Bündnisse-Zimmerns und auf den Schlagzeilen der meinungsbildenden Zeitungen und Magazine entwickelt sich so etwas wie ein Deutungskampf um die Präsidentenworte und ihren Urheber. So unverkennbar Teile der Union – vor allem die CSU, aber auch der rechte CDU-Flügel – Probleme damit haben, dass Weizsäcker der Partei so gar nicht entgegenkommt, so demonstrativ führt die SPD den Bundespräsidenten als Kronzeugen ihrer Politik vor. Und immer gibt es Beobachter und Büchsenspanner, die in den Spalt zwischen dem Präsidenten und seiner Partei noch einen Keil treiben. Aus dem Präsidialamt heraus beschreibt Pressesprecher Friedbert Pflüger den Mechanismus, der diesen Streit am Leben hält: «Der Bundespräsident hielt eine Rede, Hans-Jochen Vogel lobte öffentlich die Passage, die am besten in sein Konzept passte, und die CSU reagierte verärgert – weniger auf Vogel als auf den Bundespräsidenten, der nun wahrlich die Inanspruchnahme nicht wünschte.» Dabei muss man Vogel zugestehen, ein ehrlicher Parteigänger Weizsäckers zu sein. Schließlich schlägt sich der latente Konflikt sogar in zwei Briefen nieder: Theo Waigel, Chef der CSU-Landesgruppe, beschwert sich bei Weizsäcker über den vermeintlichen Missbrauch, der mit dessen Amt betrieben wird, der Präsident wiederum verbittet sich gegenüber dem SPD-Vorsitzenden Willy Brandt, dass das Amt in die aktuellen Auseinandersetzungen gezogen wird. Natürlich ändert sich nichts.

Dieser schleichende Fuß-an-Fuß-Kampf um den Präsidenten kommt ja auch nicht von ungefähr. In ihm zeigt sich ein Dilemma der großen Zustimmung für Weizsäcker bei der Präsidentenwahl. Denn können Vogel und die SPD nicht mit einigem Recht behaupten, dass Weizsäcker auch *ihr* Präsident sei? Und so fraglos er auf dem (Parteibuch-)Papier der Mann der Union ist, so unüberhörbar wird dort gefragt: Zieht er wirklich noch mit uns an einem Strang? Zumindest am rechten Flügel der CDU wird seine Versöhnungspolitik gegenüber dem Osten skeptisch beäugt und ein klares Eintreten für konservative Werte vermisst. Franz Josef Strauß, Weizsäcker seit langem in fester Abneigung verbunden, grantelt laut und ausdauernd über «die ewige Vergangenheitsbewältigung als gesellschaftliche Dauerbüßeraufgabe», die ein Volk lähme, und schüttet seinen Hohn über den «Liebling der Medien» und «Meister des Wortes» aus. Im Bonner Reizklima wird schon die Beobachtung zum Politikum, dass Vogel Weizsäcker nach der 8.-Mai-Rede herzlich beglückwünscht – und ein SPD-Abgeordneter seinem CSU-Kollegen zuruft, man wisse schon, weshalb man den Präsidenten gewählt habe –, während Kohls Gratulation eher beiläufig ausgefallen sei. Weizsäcker sieht sich in Bezug auf die Union als «lästiges Leitbild» (Gunter Hofmann) porträtiert und überhaupt mehr oder minder deutlich gegen Kohl in Stellung gebracht.

Die politische Fehde bezieht ihre Relevanz auch aus den Anspannungen und Verspannungen, die im sogenannten Historikerstreit zutage treten. Für diese gewaltig aufflammende Kontroverse ist die Geschichte – die Debatte über die Einzigartigkeit des Holocaust, die in Wahrheit niemand bestreitet – im Grunde genommen nur der Anstoß. Sie gewinnt ihre Bedeutung, weil sich anhand der Auseinandersetzung drängende Orientierungsfragen stellen lassen und Positionen markiert werden. Gibt es – wie viele im links-liberalen Lager fürchten – eine neokonservative Wende in der Bundesrepublik, die den Nationalstaat und die von ihm vorgegebene Identität wieder zum Maßstab machen will? Auf der liberal-konservativen Seite wird dagegen gefragt: Was ist für die Deutschen die eigene Geschichte? Ist sie nur fortdauernde Last, oder kann sie auch Gegenstand eines positiven Selbstbewusstseins sein?

Weizsäcker weigert sich, an der waffenklirrenden Schlacht teilzunehmen, die sich die intellektuellen Wortführer des Historikerstreites liefern. Er glaubt, er habe mit der Rede alles gesagt, was zum Thema zu sagen ist. Als er sich beim Historikertag 1988 in Bamberg dann doch zur Debatte äußert, wird sein Beitrag zu einem Schlusswort, ja, einem Nachwort, das die Historiker und ihre Mitstreiter am Portepee fasst: «Die Macht geschichtlicher Tatsachen ist gefragt», mahnt Weizsäcker, «nicht die Verwendung von Geschichte für bestimmte Zwecke.» Im Übrigen gibt er sich überzeugt, dass keiner, der es ernst meine, eine «moralische Relativierung» bezwecke oder in Kauf nehmen wolle. Er verteidigt den Wunsch der Deutschen, sich «wie jedes andere Volk» in ihrer Geschichte wiedererkennen zu wollen. Dann erinnert er an die Botschaft der 8.-Mai-Rede: «Der Blick in den Spiegel dieser Geschichte erfordert wahrhaft Kraft.» Denn die Befreiung vollende sich gerade darin, «sich in Freiheit der Wahrheit zu stellen, sich von ihr überwältigen zu lassen».

«Ihn einfach als Ereignis wahrnehmen»: Leitgestalt eines besseren Deutschland

Vom Zeitpunkt her betrachtet, gehört die «Rede» fast noch zum Auftakt der fünfjährigen Amtsperiode. Doch in ihrer Wirkung dominiert sie diese Präsidentschaft, und zwar in einem solchen Maße, dass sie fast die thematische Breite und prägnante Individualität übersehen lässt, mit denen Richard von Weizsäcker ihr von Beginn an Profil gibt. Die Popularität, die er binnen kurzem gewinnt, ist der Widerhall einer überzeugenden, fast staunenmachenden Ausfüllung des Amtes. Die deutsche Standortbestimmung der «Rede», zum Beispiel, vertieft er, nur einen Monat später, mit einer Rede über die Deutschen und ihre Identität, nicht zufällig auf einem Kirchentag. Identität ist für die Debatten der achtziger Jahre eine Leitgröße, vorgetragen mit einem Unterton von Klage und Sehnsucht, viel diskutiert, Thema zahlloser Aufsätze und Tagungen. Doch Weizsäcker, in der Rolle eines praktischen Philosophen, begreift sie als Aufgabe: Es sei die Sache der Deutschen, so der Präsident, «dem Begriff einen Inhalt zu geben, mit dem wir selbst und mit der Welt gern und in Frieden leben können». Und mit der Rede zum Internationalen Musikfest im Herbst 1985 liefert er ein Exempel seiner intellektuellen Statur: sie wird zu einem Essay, geschöpft ganz aus dem Erleben – und Verständnis – der Musik selbst: «Musik gibt von der Seele Nachricht.»

Von Anfang an setzt Richard von Weizsäcker auch Zeichen der Nachdenklichkeit, fast immer mit persönlichem Akzent. Weshalb spricht er zum 200. Todestag von Friedrich dem Großen?

«Weil Preußen wieder chic ist...», wie der Historiker Hans-Ulrich Wehler einst, zu Beginn der Preußen-Renaissance der achtziger Jahre, gespottet hatte? Ein Tribut an die Wiederentdeckung Preußens ist Weizsäckers Rede gewiss, aber sein Thema ist nicht nur der Preußenkönig und seine Leistungen, sondern ebenso der Mythos, in den sich die historische Figur verwandelt hat, und der Missbrauch, der mit ihm getrieben wurde. Der Präsident hält eine Geschichtsvorlesung in aufklärerischer Absicht, er würdigt ihn als staunenswerte, überragende Gestalt in all ihren Widersprüchen – und verkneift sich auch nicht die Anmerkung, dass in Bezug auf das Staatsverständnis «ein bisschen mehr (von) Friedrichs Preußen ... heute für uns doch gar nicht so schlecht» wäre. Oder er denkt über den Begriff Patriotismus nach, noch bevor Jürgen Habermas die Formel vom «Verfassungspatriotismus» zum populären Versatzstück der öffentlichen Debatte befördert, übrigens in einer Rede zu Ehren des Politologen und Publizisten Dolf Sternberger, der den Begriff 1979 geprägt hatte. Daraus wird ein Zeugnis für den humanen und historischen Besitz, über den eine Gesellschaft nach seiner Überzeugung verfügt. Sie sei eben nicht nur – wie er drastisch formuliert – «eine Gemeinschaft von Lottotippern, die ihr Heil im Gewinn und Reichtum sieht, oder von Kosmopoliten, die in Scharen jährlich ins Ausland reist, auf der Flucht vor der eigenen Geschichte und Gesellschaft». Schlusskadenz, aufatmend, der durchdachten Sache sicher: «Es ist schwer, Patriotismus zu definieren, zu nutzen, ihn zu haben. Schwerer ist es, ihn nicht zu haben.»

Die erste große politische Herausforderung jenseits der deutschen Grenzen begegnet Richard von Weizsäcker im Herbst 1985 mit der Reise nach Israel. Es ist der erste Staatsbesuch eines deutschen Präsidenten, also ein Unternehmen, bei dem nichts Routine ist, weil auch nichts selbstverständlich sein kann. Weizsäcker kann sich zugutehalten, dass er als Freund Israels gilt, er hat das Land mehrfach besucht, zwei seiner Kinder haben in

Kibbuzim mitgearbeitet. Vor allem eilt ihm die Wirkung seiner gerade fünf Monate zuvor gehaltenen Rede voraus, die in Israel mit Bewegung aufgenommen worden ist. Staatspräsident Chaim Herzog ehrt ihren Verfasser in ungewöhnlicher Weise, indem er sie in seiner Ansprache beim abendlichen Dinner ausführlich zitiert. Aber Weizsäcker wird auch mit Meldungen über deutsche Waffenlieferungen an Saudi-Arabien konfrontiert, die ausgerechnet am Vorabend seiner Ankunft verbreitet werden. Und gerät in den Sog der Nahostwirren: Eine Woche vor Reisebeginn bombardiert Israel das PLO-Hauptquartier in Tunis, am Tag zuvor kapern palästinensische Terroristen ein Kreuzfahrtschiff – die Geiselnahme verdrängt den Besuch fortan aus den Schlagzeilen. Im Übrigen ist die Aufnahme betont entgegenkommend, wenn auch durchwachsen von halbverdeckten Empfindlichkeiten. Doch besonders zu Chaim Herzog stellt sich ein naher Kontakt her, und nachdem Weizsäcker nicht nur Yad Vashem und den Tempelberg besucht, sondern auch einen Kranz am Grab von Theodor Herzl niedergelegt und dem Haus des Staatsgründers Ben Gurion im Wüsten-Kibbuz Sde Boqer seine Aufwartung gemacht hat, wird das Klima fast freundschaftlich.

Es ist eine bedeutende Reise, deren Besonderheit, nach Weizsäckers Wahrnehmung, bereits im Zeremoniell sichtbar wird: die deutsche Luftwaffenmaschine auf dem israelischen Flughafen, davor die Spitzen des israelischen Staates zur Begrüßung, das Abspielen der Hymne, «aus der die Israelis nur das ‹Deutschland, Deutschland über alles› heraushörten». Oder sind es vor allem die deutschen Gäste, die glauben, dass es den Israelis so geht? Es ist Weizsäckers Verdienst, diesen Besuch zum Erfolg geführt zu haben, ohne zu straucheln oder gar zu stolpern. Er absolviert ihn auch in vorbildlicher Weise. Über die Diskretion hinaus, die ihn auszeichnet, bemüht er sich unübersehbar um Zurückhaltung – auch in Bezug auf den umstrittenen Verlauf des Staatsbesuchs von Helmut Kohl ein Jahr zuvor, dessen Wort von der «Gnade der späten Geburt» in Israel gründlich missverstanden worden war. Wie in Deutschland versuchen etliche Journalisten auch in Israel, Weizsäcker gegen Kohl auszuspielen, sodass der Präsident sich schließlich veranlasst sieht, sich deutlich hinter den Kanzler zu stellen. Nur «die übliche Gelassenheit» weicht nach dem Eindruck der Beobachter «einer deutlich erkennbaren Anspannung». Herzogs Abschiedsworte an Weizsäcker besiegeln das Gelingen, das ihm auch sehr persönlich zuzurechnen ist: «Bisher haben wir Sie geschätzt. Nun haben wir Sie in unser Herz geschlossen.» Dass eine junge israelische Lehrerin, die niemals nach Deutschland reisen wollte, sich auf Einladung des Bundespräsidenten spontan entschließt, diesem Vorsatz untreu zu werden, und in der Präsidentenmaschine mit nach Bonn fliegt, setzt dem Besuch ein letztes Ausrufezeichen. Die Reise hat zur Folge, dass Chaim Herzog als erster israelischer Staatspräsident im Frühjahr 1987 die Bundesrepublik besucht.

Nicht weniger schwierig, wenn auch auf andere Weise, ist der Staatsbesuch, zu dem Weizsäcker im Sommer 1987 in die Sowjetunion aufbricht. Mit ihm macht das Staatsoberhaupt, was nach der Verfassung nicht seines Amtes ist – nämlich Politik. Weizsäcker soll die deutsch-sowjetischen Beziehungen aus der Sackgasse hinausführen, in die sie geraten sind – seit längerem wegen der deutschen Zustimmung zum Nato-Doppelbeschluss, zuletzt, seit dem Oktober 1985, durch Helmut Kohls törichten Vergleich des neuen Generalsekretärs Gorbatschow mit NS-Propagandachef Goebbels in einem Interview mit dem Nachrichtenmagazin «Newsweek». Doch als «Sühneprinz» nach Moskau zu reisen – eine Anspielung auf den chinesischen Prinzen, der 1901 die Entschuldigung seines Kaisers für die Ermordung des deutschen Gesandten in Peking überbringen musste –, ist Weizsäcker nicht bereit. Er lässt sich auf das Unternehmen nur ein, weil Kohl ihm versichert, seine Mission stehe im Dienste eines Neuanfangs in den gegenseitigen Beziehungen. Noch ist nicht absehbar, wie

Gorbatschows Reformabsichten zu bewerten sind – den wenigen, die, wie Außenminister Hans-Dietrich Genscher, dafür plädieren, den neuen Generalsekretär beim Wort zu nehmen, stehen viele Skeptiker gegenüber, die dem Sowjetführer nicht über den Weg trauen.

Weizsäcker ist ganz auf der Seite derer, die Gorbatschows Politik als Chance begreifen, auf die der Westen reagieren muss. Die Einladung, die traditionelle Ansprache bei der Jahresabschlussfeier an der Harvard University zu halten, nutzt er deshalb – kurz vor der Moskau-Reise – zu einer außenpolitischen Grundsatzrede, mit der er ein inspirierendes Szenarium künftiger Möglichkeiten entwirft. Die historische Konstellation ist eindrucksvoll: Vierzig Jahre zuvor, 1947, hatte George C. Marshall ebenfalls vor Harvard-Absolventen den Gedanken des Wiederaufbauplans entwickelt, der seinen Namen tragen sollte. Nun erklärt ein deutscher Bundespräsident, die historische Botschaft aufgreifend und mit einem Seitenhieb auf Ronald Reagan: «Auf der Tagesordnung steht kein apokalyptischer Endkampf zwischen dem Guten und dem Bösen, sondern eine wachsende Anzahl von Problemen, die weder Ost noch West alleine lösen können: Bevölkerungsexplosion und Hunger in der Welt, fortschreitende Zerstörung der Natur, Energieversorgung, ethische Bewältigung des wissenschaftlich-technischen Fortschritts, vor allem aber unsere friedliche Nachbarschaft.»

Mit den gleichen Worten nimmt Weizsäcker – drei Wochen später und ein paar zehntausend Kilometer weiter östlich – den Faden wieder auf und appelliert an die Sowjetunion, die Zeichen der Zeit zu erkennen. «Wir befinden uns in einer Phase von historischem Gewicht zwischen Ost und West», verkündet der deutsche Bundespräsident zum Auftakt in seiner Tischrede im Großen Kremlpalast, «weitreichende Vereinbarungen sind in greifbare Nähe gerückt.» Da komme es darauf an, «gegenwärtige Entscheidungen im Lichte einer langfristigen Perspektive für die Zukunft zu treffen». Man müsse sich dabei «vom Denken in Blöcken und Blockgrenzen entfernen». Wichtiger sei es, «die Zusammengehörigkeit Europas deutlicher zu erkennen und in politische Münze umzusetzen». Und er erspart der sowjetischen Seite nicht den Verweis auf die Lage Deutschlands. Es ist die Essenz der Ost- und Deutschlandpolitik der Bundesrepublik, die Weizsäcker vorträgt: Die Deutschen fühlen sich weiter als eine Nation, rütteln jedoch nicht an den bestehenden Grenzen, sondern wollen ihnen nur den «trennenden und unmenschlichen Charakter» nehmen. Die Aufhebung dieses Widerspruchs vollzieht Weizsäcker mit dem Diktum, in dem sich der Wunsch nach Einheit und Selbstbestimmung verbindet: «Die Einheit der Nation soll und muss sich in der Freiheit ihrer Menschen erfüllen!» Es hält alles offen und gibt nichts auf. Die Räson seiner Ost- und Deutschlandpolitik erreicht darin ihren treffendsten Ausdruck.

Der Staatsbesuch, auf sechs Tage anberaumt, ist ein kräftiges Stück politisch-diplomatischer Arbeit. Die Delegation ist hochkarätig besetzt, zu ihr gehören Schriftsteller ebenso wie der Chef der Deutschen Bank, der Medientross umfasst 136 Mitreisende, und das Programm sieht eine Fülle von offiziösen Begegnungen, Gesprächen in größeren oder kleineren Kreisen und zahlreiche Besichtigungen zwischen Leningrad und Nowosibirsk vor. Nadelstiche enthält die Reise auch: Weizsäckers Ansprache zum Auftakt wird in der «Prawda» nur mit Kürzungen wiedergegeben, die – natürlich – die heikleren Passagen betreffen; erst eine Intervention von Außenminister Genscher beim sowjetischen Amtskollegen Schewardnadse verschafft den Moskauern die Gelegenheit, einige Tage später den ganzen Text zu lesen, allerdings in einem anderen Blatt.

Das alte Denken ist auch sonst noch überall präsent, aber immerhin kann Weizsäcker Andrej Sacharow treffen, die Symbolfigur der russischen Bürgerrechtsbewegung – in der Residenz des deutschen Botschafters, also im Blitzlicht der Fotografen, nicht, wie vor fünfzehn Jahren, bei Nacht und Nebel in einer kleinen Moskauer Wohnung. Der Wandel ist mit Händen zu greifen. Nach einem Gespräch mit sowjetischen Wirtschaftswissenschaftlern, die als Teil der russischen Intelligenzija an der internen Opposition gegen die Restauration der Breschnew-Ära beteiligt waren, resümiert Weizsäcker verblüfft und anerkennend: «Ich kann mir kein Jahr in der ganzen Nachkriegszeit vorstellen, in der eine solche Unterredung möglich gewesen wäre.»

Die Begegnung mit dem Hoffnungsträger Gorbatschow steht natürlich im Mittelpunkt des Besuches. Es ist ein Gespräch mit unterschiedlichen Gesichtern. Der Generalsekretär spricht, wie sich Weizsäcker erinnert, «mit geballter Energie», mit «freiem Blick», aber «auf Anhieb nicht eben leicht zugänglich»; Außenminister Genscher, der wie sein Amtskollege Schewardnadse beim Gespräch dabei ist, empfindet es als «zuweilen recht deutlich, ja, stellenweise hart»; der sowjetische Botschafter in Bonn, Juri Kwisinski, erlebt den Kremlchef in «Hochform, gleichsam elektrisch geladen».

Gorbatschow konzentriert sich, von keinem Zweifel berührt, ganz auf seine langfristigen Konzeptionen. Die deutsch-sowjetischen Beziehungen sollen auf eine neue Grundlage gestellt werden. Doch von der offenen deutschen Frage, auf die Weizsäcker hinweist, will er nichts hören, deren Lösung solle man der Geschichte überlassen, wer wisse schon, was in hundert Jahren sei. Lachend, so berichtet Weizsäcker, habe er mit der Frage gekontert, ob er denn wisse, was in fünfzig Jahren sein werde, und damit auch Gorbatschow zum Schmunzeln gebracht. Später habe der Kremlchef ihm gestanden, es sei überhaupt das erste Mal gewesen, dass er mit einem Deutschen über den offenen Charakter der deutschen Frage gesprochen habe.

Der bewegendste Moment ist der Besuch des Piskarjowskoje-Friedhofs in Leningrad, Ruhestätte von 641 800 Opfern der Belagerung der Stadt durch die deutsche Wehrmacht. Er ist für den

Bundespräsidenten auch der persönlichste Teil der Reise, denn gut zwanzig Kilometer entfernt lag 44 Jahre zuvor der junge Oberleutnant Weizsäcker, noch nicht dreiundzwanzigjährig, mit seiner Einheit, als Belagerer der Stadt – auf dem Reliefmodell von Leningrad und Umgebung in der Gedenkstätte erkennt er die Stelle wieder. Auch deshalb lässt das Zeremoniell niemanden gleichgültig: Kranzniederlegung am Ehrenmal, Ehrenwache deutscher und sowjetischer Offiziere, schließlich die Nationalhymnen, zum ersten Mal an dieser Stelle die deutsche, eine besondere Geste, die unter die Haut geht. Weizsäcker hat Leningrad ins Besuchsprogramm aufnehmen lassen, weil die Stadt, wie er es formuliert, die «Verkörperung» dessen ist, «was Deutsche und Russen im Guten und Bösen in der Geschichte verbindet». Vielleicht auch, weil es für ihn und die Deutschen wenige Orte gibt, an denen seine Überzeugung, dass es notwendig sei, sich der Vergangenheit zu stellen, so offensichtlich ist? Kein Brandt'scher Kniefall, keine große Rede. Ins Besucherbuch schreibt er: «Den Toten Erinnerung, Friede den Lebenden.»

Überhaupt versteht sich dieser Bundespräsident als Botschafter Deutschlands in Europa und der Welt. Die ihm vom Grundgesetz zugewiesene «völkerrechtliche Vertretung» des Bundes, die zu einem guten Teil auch in offiziellen Reisen und Staatsbesuchen besteht, ist ihm sichtlich keine Last – zumindest lässt er es sich nicht anmerken. Es ist auch nicht zu übersehen: Er macht eine glänzende Figur auf dem sogenannten diplomatischen Parkett. Richard von Weizsäcker unter Königen und Präsidenten, beim offiziellen Zeremoniell und im Kontakt mit der Bevölkerung, bei Besichtigungen und Exkursionen: Das sind allemal Beispiele des Umgangs mit einer ritualisierten Formensprache, die zum überzeugenden Staatsschauspiel werden – durch Persönlichkeit und Einfühlungsgabe, durch Freude an der Rolle und Professionalität. Und bei all seinen Besuchen kommt zum Ausdruck, wie sehr er die Individualität der von ihm bereisten Länder respektiert, zunächst in Europa – in Frankreich, das gemäß der Tradition am Anfang seiner Staatsvisiten steht; in England, wo er als erstes deutsches Staatsoberhaupt vor beiden Häusern des Parlaments spricht; in den Niederlanden, denen wegen ihrer Bürgerkultur seine Zuneigung gilt. Der erste Besuch im Ostblock gilt Ungarn, wo ihn die Vielfalt Europas – wie er sich erinnert – geradezu «anspringt». Mit mehreren großen Reisen sucht Weizsäcker den Blick auch auf Afrika zu lenken. Am Ende hat er 48 Staatsbesuche absolviert, dazu 55 sonstige Auslandsreisen – nach allgemeinem Urteil hat es darunter keine gegeben, bei der er nicht höchst respektabel aufgetreten sei.

In das ereignisreiche Jahr 1987 fällt schließlich der lang umstrittene, ein paar Jahre aufgeschobene Besuch des DDR-Staats- und Parteichefs Erich Honecker in der Bundesrepublik. Für Weizsäcker ist er keineswegs der Ausdruck einer endgültigen Besiegelung der Teilung, die Honecker selbst und viele bundesdeutsche Kritiker in der Reise sehen. Er steht für ihn vielmehr im Kontext der Entspannung und der inneren Destabilisierung des Ostblocks und der DDR. Da er nicht als Gastgeber auftritt – das ist Bundeskanzler Kohl, denn der Besuch ist nicht als Staats-, sondern als Arbeitsbesuch deklariert –, sieht er seine Aufgabe offenbar vor allem darin, Honeckers Gesprächsbereitschaft zu fördern. Er bezeichnet in seiner Rede Honecker als «Deutschen unter Deutschen», spart – wie das DDR-Protokoll belegt – kontroverse Themen aus und bittet den SED-Chef schließlich, ihn locker am Arm nehmend, zu einem kleinen Spaziergang in den Park der Villa Hammerschmidt. Eine unangebrachte Vertraulichkeitsgeste, wie mancher unter den anwesenden westdeutschen Teilnehmern meint? Oder das Zeichen einer deutsch-deutschen Annäherung? Kohl, der beim offiziellen Abendessen für Honecker eine sehr grundsätzliche, mutige Rede hält, ist wütend, in seinen Erinnerungen geißelt er Weizsäckers Verhalten als «einzigartige Entgleisung». Zwei Jahre vor dem Mauerfall offenbaren sich in dem Verhalten von Präsident und Kanzler auch die unterschiedlichen Strategien im Umgang mit der DDR, vor allem aber die Ungewissheit, die selbst über der nahen Zukunft liegt.

Spätestens bei den Bilanzterminen des politischen Kalenders – 100 Tage im Amt, erstes Jahr, schließlich Anfang 1987 die Halbzeit – wird offenkundig, welchen überragenden Rang Weizsäckers Präsidentschaft erreicht hat. Beeindruckend, ja, fast beängstigend erscheint das Gedränge der Elogen, von denen manche, von Enthusiasmus überwältigt, verfrühten Silvester-Knallern gleichen. Dass er nicht nur «der goldene Knopf auf der Fahnenstange» sein wolle, hat Weizsäcker schon während seiner Kandidatur wissen lassen. Doch kaum hat er die Halbzeit seiner Amtsperiode erreicht, bekommt seine Präsidentschaft schon fast historische Züge. In kürzester Zeit hat Weizsäcker es geschafft, die Machtlosigkeit, die die Verfassung dem Amt verordnet, glorios in einen «geistig-moralischen Anspruch» (Nina Grunenberg) zu verwandeln. Diese Wirkung ist zwar im Amt angelegt, ja, von der Verfassung gewollt, und auch Weizsäckers Vorgänger haben auf ihre Weise aus dieser Schwäche ihre Stärken gezogen. Doch kaum einem gelang das so nachhaltig wie Weizsäcker, Theodor Heuss vielleicht ausgenommen. Hat er nicht mit der Floskel, er sei kein «zweiter Heuss und kein Perikles», übereifrige Parteigänger abgewehrt, als er die Wahl noch vor sich hatte? Nun ist er zwar nicht Perikles, aber vermutlich der bedeutendste Bundespräsident neben dem Begründer des Amtes.

In der Tat: Wer füllt den Umriss des Amtes so aus wie er? Wer fordert Anerkennung und Ruhmesreden so heraus wie der schwäbisch-preußische Freiherr? Hundertfach wird er nun beschrieben, und selten hatten die journalistischen Beobachter jemanden im Visier, der so sehr ihren Vorstellungen eines Politikers ohne Fehl und Tadel entspricht. Sie revanchieren sich mit pointierten Formulierungen: «Alles stimmt, nichts stört», «der rote Teppich ist immer der richtige Platz für ihn», «Fingerspitzen, wo andere nur

Tatzen haben», «der Bilderbuchpräsident», «ein Glücksfall». «Keinen Schatten auf dieser Gestalt» liest Elisabeth Noelle-Neumann aus ihren Umfragen heraus. Weizsäckers Auftritte, Begegnungen, Porträtstudien besetzen den politischen Bildersaal der Republik – 1987 erscheint der opulente Bildband, den man in alten Zeiten wohl «das große Präsidenten-Album für das deutsche Haus» genannt hätte. Darin ist er mit den Großen der Welt zu bestaunen; der Landesvater zeigt sich mit jungen Leuten und Alten; der politische Reisende präsentiert sich auf dem Roten Platz und in der südamerikanischen Pampa. Dazu ein gutdosierter Schuss Privatheit: das schwungvolle Unterhaken der griechischen Kulturministerin Melina Mercouri, der Sprung über die Gletscherspalte bei der Bergtour, die Kinder und Enkel. Kann es da ausbleiben, dass er die kollektiven Sehnsüchte weckt und – zwei Drittel Ernst, ein Drittel Despektierlichkeit – als Ersatzkönig apostrophiert wird, als Philosoph auf dem Thron, als das Sinnbild des guten Deutschen? Man muss ihn – wie die Journalistin Sibylle Krause-Burger schreibt – «einfach als ein Ereignis wahrnehmen».

Worin besteht es? Vielleicht in erster Linie darin, dass Weizsäcker das Amt in einer Weise wahrnimmt, die spüren lässt, dass es ein Ganzes gibt, einen Konsens, eine Mitte, kurz: eine politische Größe, die nicht im Parteienhader auf- und untergeht. Dabei ist er Politiker genug, um sich im Kräftespiel durchzusetzen. Doch nicht auf Kosten der Sache: Der politische Kampf sei legitim, so Weizsäcker, wenn «er sich im Rahmen der Suche nach den besten Lösungen für die politischen Probleme abspielt», von Übel sei er hingegen, wenn er die Probleme für den Griff nach der Macht instrumentalisiert. Überdies zeigt dieser Präsident einer zunehmend politikverdrossenen Gesellschaft einen Entwurf von Politik, in dem Gegensätze nicht übers Knie gebrochen, sondern ernst genommen werden. Im politischen Getümmel steht da eine Persönlichkeit, die verspricht, Halt zu geben, ohne einzuengen. Denn Weizsäcker, beweglich, wie er ist – gerne antwortet er auf die Frage nach seiner Geistesverfassung: «immer wieder neugierig ...» –, öffnet sich dem Zeitgeist, freilich ohne sich dadurch in seinen Prinzipien beirren zu lassen. Vor allem aber manifestiert sich in dem erstaunlichen Ansehen, das Richard von Weizsäcker gewonnen hat, der Wunsch nach einer Politik, die besser wäre als jene, die täglich über den Bürger hereinbricht mit Taktieren und Streiten, kleinen Kompromissen und großen Enttäuschungen – nämlich sachlicher, perspektivenreicher, weniger parteiisch und auf Vernunft und Konsens bedacht. Ein Abglanz, ein Vorschein davon ist in diesem Präsidenten sichtbar. In ihm hat die demokratisch aufgeklärte Bundesrepublik ihre Leitgestalt bekommen. Weizsäcker wird zur Ikone.

Je heller Weizsäckers Bild leuchtet, desto mehr wächst in seinem Schatten indessen ein Unbehagen, und dies nicht nur, weil es der Mensch liebt – frei nach Schiller –, das Strahlende zu schwärzen. Das Unbehagen gilt einerseits dem Verhältnis von Präsident und Kanzler. Weizsäckers beispielhafte Amtsführung, seine Überlegtheit, aber auch sein unaufhaltsamer Aufstieg zur politischen Oberinstanz führen dazu, dass er dem Kanzler fortwährend als Spiegel vorgehalten wird – vor allem natürlich von den Kohl-Kritikern, die an ihm ohnedies kein gutes Haar lassen. Wie von selbst avanciert Weizsäcker zum Ersatz- und Überkanzler, an dem gemessen Kohl ein klägliches Bild abgibt. Es ist wahr, dass Kohl dazu beiträgt, diesen Eindruck entstehen zu lassen – dass die Balance zwischen den beiden Ämtern zu kippen droht, ist die fast direkte Konsequenz der Schwächen seiner Politik. Doch in jedem Fall wird die Rivalität zur Belastung für das politische Klima – und sei es, weil in das Verhältnis der beiden wichtigsten Repräsentanten der Republik ein Misstrauen einströmt, das seine Temperatur auf einen Nullpunkt sinken lässt.

Auf einer anderen Ebene liegt der Eindruck, dass der Präsident von seinem Erfolg – wie der Politologe Heinrich Oberreuter feststellt – immer mehr ins «Unantastbare» entrückt werde. Es gibt Kreise, so weiß ein Kommentator, «in denen jedes kritische Wort über ihn übelgenommen wird». Sympathisanten nehmen mit Erstaunen wahr, dass sich um ihn eine «kritikfreie Zone» gebildet habe. Gerade aufgeklärte Konservative sehen die Gefahr, dass Weizsäckers Neigung zum Konsens in einer Ausgewogenheit endet, die jedem wohl- und keinem wehtue. Sie ist zwar in der Aufgabe des Bundespräsidenten angelegt, der die Einheit des Gemeinwesens verkörpern soll. Doch in dem Maße, wie ihm dies gelinge, so argumentiert der Politologe Manfred Hättich, laufe er «Gefahr, die Konsenserwartungen zu übersteigern. Das beschwichtigt diejenigen, die eine Berührungsangst vor dem Dissens haben, der das Lebenselixier der Demokratie ist. Die Befriedigung des Harmoniebedürfnisses stützt die Distanz zu den agierenden Politikern. ‹Die streiten ja nur. Unser Bundespräsident wäre schon recht, aber diese Politiker ...›»

Und steht dieser Bundespräsident nicht längst für Träume, die andere von ihm träumen? Das hat der Publizist Rüdiger Altmann einmal über Willy Brandt geschrieben und damit die Wirkung großer Politiker angedeutet – das Beflügelnde, Bewegende, Charismatische, das von ihnen ausgeht, über das hinaus, was sie politisch an- oder ausrichten. Wie der große Mann der SPD, der suggestiv über seine Partei hinauswirkte, wird auch Weizsäcker zu einer der raren, überall geschätzten Identifikations- und Integrationsgestalten, die die Bundesrepublik aufzubieten hat. Dass beide ost- und deutschlandpolitisch engagiert sind, ist nur das eine. Das andere ist ihr Vermögen, Macht und Moral in Einklang zu bringen. Dass es Brandt gelungen sei, in seiner Person «die Spannung zwischen Macht und Moral» aufzuheben, wird Weizsäcker dem Jubilar an dessen 75. Geburtstag bescheinigen. Aber auch für Weizsäcker gilt, dass seine politische Wirkung mit seiner moralischen Ausstrahlung verbunden ist. Zumal nach der 8.-Mai-Rede ist er bei seinen Staatsbesuchen in den einst von Nazi-Deutschland besetzten Ländern «in einer Weise geehrt und geachtet worden, die bisher allein dem Friedensnobelpreisträger Willy Brandt vorbehalten schien» – wie Jürgen Leinemann im «Spiegel» notiert. Vereint beide also – abgesehen davon, dass sie ansonsten fast alles trennt: Herkunft, Biographie und politische Laufbahn –, dass sie Erscheinungen sind, die die Politik in ihrer Zeit beispielhaft verkörpern? Die Folge ist eine quasifamiliäre Popularität: Was in den sechziger und siebziger Jahren «Willy» war, so Leinemanns Beobachtung, ist in den achtziger Jahren «der Ritchie».

Natürlich sind es vor allem die Reden, die das Format dieses Bundespräsidenten verdeutlichen. Dabei ist Weizsäcker eigentlich kein mitreißender Redner, schon gar kein Über-Redner, der sich in seiner rhetorischen Kraft auslebt, und leicht macht er es seinen Zuhörern auch nicht gerade. Seine Reden sind Denk-Ware, ein Geflecht von Gedanken, ein «sorgsam tariertes Mobile» (Harald Steffahn), in kurze Sätze gebracht, fragend, argumentierend und erwägend. Es ist bezeichnend, dass Weizsäcker selten eine Behauptung aufstellt, ohne zumindest eine Gegenbehauptung zu bedenken. Lobt er, zum Beispiel, die Konfrontation als Grundelement der Demokratie, so folgt auf dem Fuß der Verweis auf die notwendige Grenze dieses Vorgehens. Hält er auf einer Kommandeurstagung der Bundeswehr eine Ansprache über das «Dienen» im demokratischen Staat, kann man sicher sein, dass er hervorhebt, was in ebendiesem Staat «Führung» bedeutet und warum sie notwendig sei. Dialektik? Abwägung? Differenzierung? Weizsäcker, sich seiner Wirkung als Redner wohl bewusst, nennt es heiter «Einerseits-Andererseits». Zugleich nimmt er seine Zuhörer für sich ein, indem er sich ihnen zuwendet. Es ist eine Art von Dialog zwischen zwei Partnern – der Publizist Thomas Kielinger hat es den «Duktus der Zwiesprache» genannt: Der Redner führt mit seinen Zuhörern einen Gedankenaustausch, doch nicht zuletzt auch mit sich selbst, zu ihrem und seinem Gewinn.

Richard von Weizsäcker besteht allerdings darauf, dass seine

Haupttätigkeit gar nicht im Halten von Reden bestehe, sondern in der Begegnung mit Menschen. Das ist kein Widerspruch, es soll nur verdeutlichen, dass seine öffentlichen Auftritte begleitet werden von einer Fülle von Gesprächen und Kontakten. Er sucht den Austausch, die Information, den unmittelbaren Eindruck, sei es im kleinen Kreis, sei es bei den Besichtigungen, zu denen er, «draußen im Lande», auf den unterschiedlichsten Ebenen eingeladen wird. Die «unvergessliche Fülle und Dichte menschlicher Zuwendung» findet einen herausragenden Platz noch in seiner Abschiedsrede als Präsident. Allerdings bringt er auch eine Gabe mit, die nicht eben verbreitet ist: Er kann zuhören, ist wissbegierig, überhaupt von Natur aus ein Mensch, der an vielen Dingen interessiert ist, und das, wie Mitarbeiter versichern, in ungewöhnlichem Maße. Auf der anderen Seite stehen Zielstrebigkeit im Gespräch, Ungeduld in der Verfolgung der Sache und seine Abneigung gegen Geschwätz. So vervielfältigt sich die Erfahrung eines langen, in unterschiedlichen Bereichen intensiv geführten Lebens. Dazu kommt, dass Weizsäcker auf Menschen zugehen kann, überhaupt ein offenes, kommunikatives Temperament hat, das über ein gehöriges Quantum Humor verfügt. Das alles ist der Humus, aus dem die öffentliche Gestalt Weizsäcker lebt, in ihren Wirkungen so effektiv wie diskret. Also ungefähr so, wie ihn der Journalist Martin Süskind beschrieben hat: «Steine ins Wasser werfen, die Ringe sich ausbreiten sehen, auf Wirkungen warten, im Zweifelsfalle nochmals werfen ... Zumeist mit einem gewissermaßen sturen Optimismus.»

Dieser Bundespräsident, möglicherweise der politischste in der langen Reihe der deutschen Staatsoberhäupter, hält sich in der aktuellen politischen Auseinandersetzung auffällig zurück. Im Unterschied zu manchem seiner Vorgänger rüttelt er nicht an den Grenzen der Kompetenzen, die die Verfassung dem Amt auferlegt. Er weiß, dass dies seinen Spielraum nur verringern würde, und erkennt, dass seine Wirkungsmöglichkeiten woanders liegen. Gleichwohl gibt es Momente, in denen er die Reserve aufgibt. In die Debatte um den Atomunfall von Tschernobyl und seine Folgen hat er, zum Beispiel, das Wort vom «Innehalten» geworfen, sich mithin, wie ihm selbst scheint, «an der Grenze zwischen Fragestellen und Antwortgeben bewegt». Und als der Hamburger Bürgermeister Klaus von Dohnanyi mit Hausbesetzern an der Hafenstraße ringt, bietet er, seiner Berliner Erfahrungen eingedenk, telefonisch seinen Rat an, durchaus im Sinne der erprobten friedlichen Linie. Das Zehn-Minuten-Gespräch hallt allerdings lange in allen politischen Korridoren nach. Nicht weniger Aufsehen erregt Weizsäcker, als er sich für ein Vermummungsverbot ausspricht und damit für eine Verschärfung des Demonstrationsstrafrechtes, gegen den breiten Widerstand in der FDP. Das Argument dafür ist allerdings echt weizsäckerisch: Nicht die Aussicht auf bessere Fahndungsfotos rechtfertige das Verbot, sondern das freiheitliche Klima in der Gesellschaft: wenn es darum geht, müssen wir uns mit offenem Visier begegnen.

Zu Weizsäckers Verständnis von der Rolle des Bundespräsidenten gehört auch der Versuch, dem Amt Atmosphäre und Ausstrahlung zu geben. Ein Beispiel dafür, das seinem gesellig-intellektuellen Temperament entspricht, sind die Mittagessen, die er und seine Frau sich ausgedacht haben, um bedeutende Persönlichkeiten an besonderen Geburtstagen zu ehren. Bei dieser Gelegenheit können die Geburtstagskinder einen Teil der Gästeliste bestimmen, die Gastgeber werden also – wie Weizsäcker es ausdrückt – «selbst zu Gästen ihres Lebenskreises». Angefangen mit dem Schriftsteller Wolfgang Koeppen findet sich im Laufe der Jahre am Mittagstisch von Richard von Weizsäcker und seiner Frau so eine imaginäre Tafelrunde des geistigen Deutschlands zusammen, vom Hausherrn mit einer kleinen, oft hinreißend intimen Rede bedacht – von dem Dichter Albrecht Goes bis zu dem Schauspieler Bernhard Minetti, von dem Philosophen Hans-Georg Gadamer bis zu dem Kunsthistoriker Otto von Simson.

Aber auch seine Jugendidole Max Schmeling und Heinz Rühmann gehören dazu. Als unbestreitbarer Höhepunkt steht der 75. Geburtstag Willy Brandts in den Annalen des Amtes: zu seinen Ehren finden sich Präsidenten, Regierungschefs und Minister aus aller Herren Länder in einer illustren Runde zusammen. Es spricht für diese Idee, dass sie eine feste Institution begründet hat – die nachfolgenden Bundespräsidenten haben die Geburtstagsessen beibehalten.

Das Bild von einem geselligen und kulturell interessierten Präsidenten prägt auch die Gesellschaftsabende, zu denen Weizsäcker und seine Frau einladen. Sie sollen ausdrücken, dass die politische Arbeit, die hier geleistet wird, offen für Kultur und Gesellschaft ist, und damit dem Haus am Rhein einen Hauch von Salon geben. Konzerte und Lesungen vermitteln etwas von der Lebensart und den Interessen des Hausherrn und seiner Frau. Mit der Einladung der halben Gruppe 47 aus Anlass des Geburtstags von Hans Werner Richter in die Villa Hammerschmidt bezeugt er zum Beispiel seinen Respekt vor der Nachkriegsliteratur. Solche Veranstaltungen zeigen, dass das Verhältnis von Geist und Macht für Weizsäcker nicht nur ein Thema für die großen, tiefschürfenden Debatten ist, die eine Spezialität der Deutschen sind, sondern ein Element praktizierter Kultur. Ein Indiz dafür ist beispielsweise seine Vorliebe, bei Staatsbesuchen im Ausland statt zu dem offiziellen Dinner für die Gastgeber zu einem Konzert mit einem deutschen Orchester einzuladen.

Weizsäckers Ehrgeiz, dem Amt des Bundespräsidenten ein kulturell-gesellschaftliches Image zu geben, verrät auch die unter seiner Ägide vollzogene Renovierung der beiden Amtssitze des Bundespräsidenten, der Villa Hammerschmidt und Schloss Bellevue: Beide Häuser wurden von ihrer Fünfziger-Jahre-Ästhetik befreit, die sie seit der Zeit prägt, als sie für die Repräsentation der Bundesrepublik hergerichtet wurden. Stattdessen folgt nun eine zeitgemäße, diskret an der Formensprache des Klassizismus orientierte Gestaltung. 1987 führt Weizsäcker auch das Sommerfest im Schloss Bellevue wieder ein, das Gustav Heinemann begründet hatte, das aber seit 1974 nicht mehr veranstaltet wurde. Seither bringt es den Bundespräsidenten in der Öffentlichkeit mit einem populären Ereignis in Verbindung.

Nicht nur diese Bemühungen wären nicht denkbar ohne seine Frau: die ganze Präsidentschaft sähe anders aus ohne sie. Die Frau des Bundespräsidenten ist – wie Weizsäcker einmal anmerkt – in der Verfassung nicht vorgesehen. Was auf hintersinnige Weise ausdrückt: sie müsste dort eigentlich vorkommen, weil sie ein unverzichtbarer Teil dieses Amtes ist. Das personale, immer auch ein wenig familiäre Moment, mit dem das Staatsoberhaupt wirkt, die Rolle, die die Repräsentation spielt, wären schwer, ja, gar nicht vorstellbar ohne das weibliche Fluidum, das ihn ergänzt und in gewisser Weise auch vervollkommnet. Ganz abgesehen von den zumeist karitativen Aufgaben, mit denen die Präsidentengattin zu dessen Wirkung beiträgt. Alles das hat Marianne von Weizsäcker in ihrer Weise vorbildlich verwirklicht.

Sie hat die Last, die diese Rolle natürlich auch bedeutet, wohl auch mit Lust getragen. Keine Vorbehalte gegenüber den damit verbundenen Anstrengungen oder der öffentlichen Aufmerksamkeit: Marianne von Weizsäcker findet die Aufgabe «wunderbar, vom ersten Tage an». Sie bringt das Strahlende und Herzliche, das sie als Frau auszeichnet, in die Tätigkeit ihres Mannes ein, unübersehbar bei den öffentlichen Auftritten und Auslandsreisen, und man kann vermuten, dass der Witz, über den sie verfügt, dem Alltag in der Villa Hammerschmidt zugutegekommen ist. Vor allem genießt sie, dass die Rolle der Frau des Präsidenten wirklich ein gemeinsames Leben und Arbeiten möglich und nötig macht. Nicht mit Expertenqualifikationen, sondern mit dem, was sie einzubringen hat: einen starken Charakter, Bestimmtheit im Auftreten, innere Heiterkeit, praktisches Denken. Vor allem bei den Reisen des Bundespräsidenten sei sie eine «Säule», sagt ihr Mann: immer akribisch vorbereitet, informiert über Land und Leute, aber auch interessiert an den sachlichen Problemen der Gastgeberstaaten und in heiklen Situationen manchmal die letzte Stütze.

Andererseits liegt ihr nichts ferner, als ihre Rolle besonders hervorzuheben. Dass sie ihren eigenen Kopf hat und Entscheidungen, die sie angehen, selber trifft, ist in der Ehe der Weizsäckers offenbar nie umstritten gewesen. Auch wird einem neuen Mitarbeiter in der Villa Hammerschmidt schon mal der freundschaftliche Rat erteilt: «Legen Sie sich nie mit Frau von Weizsäcker an.» Eine energische Frau ist sie allemal. Nach dem Einzug in die durch so viele Vorgänger mitgeprägte Villa Hammerschmidt hat sie das Haus geführt, und vor allem der Garten ist unter ihrer Anleitung in doppeltem Sinn wieder aufgeblüht. Gemäß einer alten Übung hat sie die Schirmherrschaft des Müttergenesungswerks übernommen, der Gründung der ersten Präsidentengattin Elly Heuss-Knapp, und sich als ihre Aufgabe die Hilfe für Drogenabhängige gewählt; daraus entsteht später die Marianne-von-Weizsäcker-Stiftung zur Integrationshilfe für ehemals Suchtkranke.

Dass Richard von Weizsäcker 1989 wiedergewählt wird, wenn er nur will, versteht sich von selbst, und nichts weist auch darauf hin, dass er für eine zweite Amtsperiode nicht zur Verfügung steht. Die Stimmung in der Bevölkerung ist eindeutig: Zwei Wochen vor dem Votum durch die Bundesversammlung sind 86,4 Prozent der Bürger für die Wiederwahl Weizsäckers, am Tag davor sind es sagenhafte 94 Prozent. Wenn die bereits zitierte These richtig ist, dass Bundespräsidentenwahlen einen «seismographischen Charakter» haben, stellt sich die Frage, was diese gewaltige Anerkennung bedeutet. Weist die Allparteienzustimmung – mit Ausnahme der Grünen – in die Richtung einer großen Koalition? Oder signalisiert sie sogar – weil Weizsäcker den Grünen gegenüber aufgeschlossen ist – neue, rot-grüne Möglichkeiten? Oder ist sie schlicht eine Bekräftigung des politischen Status quo? Eine große Koalition ist allerdings nicht in

Sicht, Weizsäckers Sympathie für die Grünen bezeugt vor allem seine Unabhängigkeit, und auch für die Bestätigung der regierenden Koalition kann man ihn schwerlich in Anspruch nehmen.

Die Wahrheit ist, dass Weizsäcker mit seiner Amtsführung so weit über die Grenzen der Parteien hinausgewachsen ist, dass die Wahl als Orakel für künftige Entwicklungen nicht mehr taugt. Stattdessen erscheint dieser Bundespräsident eher als ein Gegengewicht zum politischen Betrieb insgesamt – und die Zustimmung zu ihm als Ausdruck des Wunsches, dass die Politik sich ändern möge. Aber er ist ein Gegengewicht, das die Politik nicht konterkariert, sondern sie stabilisiert, sie nicht aushebelt, sondern ihr Halt gibt. Und ist das nicht auch eine der Aufgaben, die die Verfassungsväter diesem Amt im Gewaltengefüge zugedacht haben?

Weizsäckers Wiederwahl am 23. März 1989 gleicht einer Akklamation. Er erhält 881 von 1022 abgegebenen Stimmen. Es gibt nicht einmal einen Gegenkandidaten und nur 130 Gegenstimmen und Enthaltungen, teils bei den Grünen – die dem ehemaligen Boehringer-Vorstand die Verstrickung des Unternehmens in den Vietnamkrieg anlasten –, teils, wie man vermutet, aus der Union. Die Antrittsrede gilt am Tag darauf dem vierzigsten Jahrestag der Unterzeichnung des Grundgesetzes. Überhaupt sind die politischen Feierlichkeiten dieses Jahres ganz von der Erinnerung an die Gründung der Bundesrepublik 1949 geprägt, bis in den Herbst hinein. Ein Kontrapunkt also zur selbstkritischen, selbstquälerischen 8.-Mai-Rede? Natürlich verbreitet sie Zuversicht, aber sie gilt ja auch dem Grundgesetz, fraglos der maßgebenden Errungenschaft der Bundesrepublik. Es ist wieder eine echte Weizsäcker-Rede, prägnant, stark in ihren Befunden und Ambivalenzen und auch mit der Lust am Beiseite-Sprechen: Bindungen, so der Bundespräsident, seien lästig und notwendig, «weil sie uns zu Menschen werden lassen ... So ist das Leben, und leicht ist es nicht». Doch das Selbstbewusstsein, ja ein Hauch Es-ist-erreicht bleibt unübersehbar. Vehement argumentiert Weizsäcker gegen die verbreitete Auffassung, die Demokratie sei den Deutschen bloß geschenkt, gar von außen aufgenötigt worden. «Das meiste, Wichtigste und Schwerste haben wir Deutschen selbst dazu beigetragen», sagt Weizsäcker, die «weltpolitische Entwicklung half mit».

Aber kann man auf das Jahr 1989 zurückblicken und ausblenden, worauf die Dinge zuliefen? Natürlich ahnt keiner, was kommen würde. Aber begriffe man sonst, wie unvergleichbar die Situation ist, aus der heraus sich die kommenden Ereignisse entwickeln, wie außerordentlich die Entwicklungen sind, die sich nur wenig später in Deutschland und Europa vollziehen, auf welch schmalem Grat sich die Politik in dieser Zeit bewegt? Auch dafür ist Weizsäckers Rede ein Indikator. Sie glänzt als Lehrstunde der Demokratie, preist die Errungenschaften der jungen Bundesrepublik, enthält ein Plädoyer für die Frauen, beschreibt den Zustand der Zivilisation und verweist auf die weltweiten Herausforderungen, ist klug und weitsichtig und auf der Höhe der Zeit. Aber die deutsche Einheit, die Weizsäcker über die Jahrzehnte hinweg beschäftigt hat, kommt nur noch im Zitat der Präambel des Grundgesetzes vor, und die offene deutsche Frage findet Platz in nur einem Absatz. Für sie ist, so Weizsäcker, «der Gedanke eines aufeinander zu wachsenden größeren Europas maßgeblich» und dass «die Geschichte offen ist» und dass wir ihr am besten zuarbeiten, «wenn wir uns den heutigen, großen Herausforderungen verantwortlich zuwenden».

Niemand ahnt, wie nahe die Wende ist, und als Weizsäcker Anfang Oktober in Duderstadt spricht, eine halbe Autostunde von der innerdeutschen Grenze entfernt, steht er zwar bereits unter dem Eindruck der Konvulsionen der untergehenden DDR, aber seine Antwort auf die Ereignisse heißt wie bisher: Weiterführung des KSZE-Prozesses, Überwinden der Trennungen in Europa, Veränderung des Charakters der Grenzen. Vier Wochen später ändert sich die Welt mit einem Schlage, in einer Nacht.

«Tiefe und erstaunte Freude»: Mauerfall und Vereinigung

Das Ereignis haftet in der Erinnerung, denn es sprengt alle Grenzen des Erwartbaren. Jeder begreift, dass er Zeuge einer «unerhörten Begebenheit» (Wolf Lepenies) ist. Jeder will das Unglaubliche, von niemandem Vorausgeahnte sehen, fühlen, in sich aufnehmen. Auch Richard von Weizsäcker, der die Nachricht vom Mauerfall im Autoradio hört, weil er sich auf einer Reise in Süddeutschland befindet, zieht es sogleich nach Berlin. Auch ihn haben die Meldungen, die in den letzten Wochen und Tagen aus der DDR gekommen sind – der Sturz Honeckers, die Ernennung von Krenz zu seinem Nachfolger, die beeindruckende Kundgebung am 4. November auf dem Alexanderplatz –, umgetrieben. Wie alle, die politische Verantwortung tragen, ist er alarmiert. Doch nun empfindet er «eine rückhaltlose, tiefe und erstaunte Freude», gesteigert noch durch die «Anteilnahme der ganzen Welt». Dieses Miterleben ist vielleicht überhaupt das, was ihn am stärksten berührt: Zu «meinen Lebzeiten hat es das noch nicht gegeben, dass man sich praktisch überall auf der Erde mit Wärme und Herzlichkeit an einem Ereignis in Deutschland mit den Deutschen freut». Er wird diese Feststellung noch oft wiederholen. Später kommt die Verblüffung hinzu, dass der Mauerfall – *when the wall came down* – weltweit geradewegs zum Losungswort für hoffnungsvolle Entwicklungen wird.

Zwei Tage lang ist der Bundespräsident dann vor allem wieder der Bürgermeister, der einmal die Stadt regiert hat, der Schüler, der hier aufgewachsen ist, der junge Mann, den sie bleibend geprägt hat. Er ist ganz nahe an den Geschehnissen, in denen die Stadt das unglaubliche Ereignis erlebt und anfängt, es sich zu eigen zu machen, überwältigt und wie auf Wolken schwebend. Zuerst an der Glienicker Brücke, der Straßenverbindung über die Havel nach Potsdam, wo die Berliner ihre Einmauerung besonders gespürt haben. Denn sie war den vier Siegermächten vorbehalten und bildete überdies gelegentlich den Schauplatz für den Austausch von Spionen und Dissidenten. Der einstige Bürgermeister erinnert sich daran, dass die West-Berliner es sich zur Gewohnheit gemacht hatten, am Wochenende bis zu diesem *land's end* der Stadt zu fahren, um über die Havel zu schauen, wo unzugänglich fern Potsdam und die Mark Brandenburg lagen – mit Gefühlen «wie die Zootiere hinter den Gittern ihrer Käfige». Der Ort ist für ihn erinnerungsbeladen – in Potsdam befand sich seine Garnison, die Stadt gehört zum Umfeld seiner Jugend –, und es berührt ihn tief, dass über die Brücke nun wieder Fußgänger hin und her strömen, er selbst darunter, «mit ungläubig strahlenden Gesichtern» und «unseren bewegten Herzen auf den Lippen»: Es war, «als ob jeder jeden kannte». Bei seiner Begegnung mit dem Wunder des Mauerfalls ist der Besuch der Glienicker Brücke für Weizsäcker das «bewegende Schlüsselerlebnis».

Einen Tag später steht er am Potsdamer Platz, der mit der gewaltigen Brache, die die Mauer hier in die Stadt gerissen hat, ein Sinnbild der Teilung war und nun zur Ikone der Maueröffnung wird. Aus der Stimmung heraus, dass «man nicht weiß, was nun gilt», geht Weizsäcker ohne Begleitung über den leeren Platz Richtung Osten, nicht frei von Bedenken: Kann man als Bundespräsident «so beliebig herumlaufen und die Rolle eines Spähtrupps in einer ungeklärten politischen Lage übernehmen»? Weizsäcker kann es. Mit seiner Unbefangenheit verschafft der Spaziergänger sich selbst und der staunenden Öffentlichkeit ein

Erlebnis, das in seiner Absurdität und Doppelbödigkeit zum Anekdotenschatz der Maueröffnung gehört. Erst nimmt er wahr, wie sich von der Ostseite Ferngläser auf ihn richten. Dann kommt ein Offizier der Grenztruppen auf ihn zu, salutiert vorschriftsmäßig – der alte Soldat Weizsäcker findet, in seinem Potsdamer Regiment hätte man es nicht besser machen können – und setzt mit ruhiger Stimme dem Tag die Pointe: «Herr Bundespräsident, ich melde: keine besonderen Vorkommnisse.» – «So schnell», ist Weizsäckers Kommentar, «stand alles auf dem Kopf.»

Schließlich nimmt er am Sonntagsgottesdienst in der überfüllten Gedächtniskirche teil. Diese Stunde in der Hauptkirche West-Berlins, einem Symbol der geteilten Stadt, wird ihm unvergesslich. Denn hier sind gleichsam die Freude und das Überwältigtsein der West- wie Ost-Berliner versammelt. Auf Bitten des Bischofs, der den Gottesdienst leitet, ergreift auch er das Wort. Dem Mann der Kirchentage, dem einstigen Bürgermeister, ist das Herz voll, und so kann er dem tiefen Gefühl Ausdruck verleihen, das die Gemeinde in der Kirche bewegt: «Wie lange haben wir in Berlin, wie lange in der Gedächtniskirche, darauf gehofft und gewartet aus Ost und West, einen Gottesdienst miteinander feiern zu können.» Er selbst nennt seine Rede «eine unbeholfene Mischung von Laienandacht und Willkommensgruß für die Berliner aus beiden Teilen der Stadt». Doch in Wahrheit steckt in den wenigen Sätzen schon wie in einer Nuss die Haltung, mit der er auf die Veränderung reagiert, die von diesem säkularen Ereignis ausgeht.

Denn Weizsäckers Überwältigtsein ist gepaart mit einer Art heiligem Schrecken: Werden die Deutschen dem großen Ereignis gerecht werden? Werden Westen und Osten, die so lange getrennt waren, noch miteinander umgehen können? Die Sorge darum kleidet er in die handfeste Aufforderung, «nicht loszuballern mit großen Tönen und Reden. Keiner von uns hat es schon immer gewusst – keiner von uns weiß, wie es weitergeht». Der

Text, den er für seine Ansprache gewählt hat, ist die Aufforderung des Apostel Paulus, «in der Freiheit zu bestehen» – es ist die ihm ans Herz gewachsene Losung des Kirchentages 1965 in Köln, dem ersten, den er als Präsident leitete. Sie endet mit der Mahnung: «Sehet zu, dass ihr die Freiheit nicht missbraucht, euch selber zu leben. Sondern durch die Liebe diene einer dem anderen.» In dieser Situation bedeutet dieses Wort – so jedenfalls will es Weizsäcker verstanden wissen –, dass die neugewonnene Freiheit in Verantwortung genutzt werden müsse. Gerichtet ist es vor allem an den Westen: Er müsse bereit sein, «mit offenen Herzen und Türen, aber nicht mit unserer Tür drüben ins Haus zu fallen». In Weizsäckers Rede wird daraus gleichsam ein Imperativ des West-Ost-Verhältnisses: «Unsere Westmark kann und muss helfen, wo immer sie gebraucht wird, aber sie darf niemanden an die Wand drücken. Wir im Westen können und müssen lernen.»

Als er fünf Wochen später in jenes Potsdam kommt, das so lange für die Berliner unerreichbar war, steht der Anlass des Besuches, das Adventssingen in der Nikolaikirche, schon ganz im Zeichen der Politik und ihres stürmischen Wandels. Er ist sozusagen mit Händen zu greifen: Die neue Staatsspitze der DDR sitzt mit auf der Kirchenbank, Ministerpräsident Hans Modrow und der Staatsratsvorsitzende Manfred Gerlach, dazu der neue Ost-CDU-Vorsitzende Lothar de Maizière. Doch der Beifall der Menschen gilt Weizsäcker – der Präsident der Bundesrepublik, wohlbekannt zumindest aus dem Fernsehen, ist in dieser Situation das Gestalt gewordene Versprechen der Wende zum Besseren. Gehört er, der Kirchenmann, nicht sogar mehr hierher als der SED-Mann Modrow, kräftig mitsingend der eine, stumm dasitzend der andere? Dabei ist der Besuch als privat deklariert, denn Weizsäcker ist, genau genommen, noch immer das Oberhaupt eines fremden Staates.

Auch das anschließende Gespräch der Politiker im Schloss

Cecilienhof, das Manfred Stolpe arrangiert, zu jener Zeit Konsistorialpräsident des DDR-Kirchenbundes, ist, versteht sich, ein politischer Disput – das Zwiegespräch zwischen Weizsäcker und Modrow eingeschlossen. Das liegt weniger an Stolpes nicht ganz ernstgemeintem Vorschlag, es als deutschen Gipfel zu deklarieren – und auf die Veranstaltung vielleicht sogar einen Hauch der Erinnerung an die Potsdamer Konferenz zu lenken, die 44 Jahre zuvor hier stattfand –, als am aktuellen Hintergrund: Modrow kommt gerade vom SED-Parteitag in Ost-Berlin, der eine in sich zusammenbrechende Staatspartei vorführt, zwei Tage später muss er in Dresden erleben, wie Bundeskanzler Kohl mit seiner Rede vor der Ruine der Frauenkirche schon fast das Tor zur Wiedervereinigung aufreißt.

Doch die Ereignisse, die die Maueröffnung nach sich ziehen, überschlagen sich, und die Veränderungen in der DDR nehmen ein Tempo an, das alles überrennt, eingeschlossen die Vorstellungen, die man sich von den möglichen Entwicklungen in Deutschland und Europa gemacht hat. Ist das noch eine Reformbewegung, die auf eine Verbesserung der Verhältnisse in der DDR gerichtet ist? Oder ist sie schon übergegangen in eine Massenerhebung, die die Abschaffung dieses Staates und eine Wiedervereinigung zum Ziel hat? Je massiver die DDR in ihren Grundfesten erschüttert wird, desto dringlicher stellt sich die Frage, wohin die Reise gehen soll.

Bundeskanzler Kohl versucht Ende November mit seinem Zehn-Punkte-Plan, der Lawine, die den Osten erfasst hat, eine Richtung zu geben. Der Bundespräsident entschließt sich Mitte Dezember, das Wort zu ergreifen, um zu bremsen, gegenzusteuern, denn er fürchtet, dass die Dinge aus dem Ruder laufen. Ist es Zufall, dass er sich dazu des DDR-Fernsehens bedient, seine Mahnung also vom Boden des anderen Deutschland aus vorbringt? In einem Interview spricht er mit demonstrativem Nachdruck von der «friedlichen demokratischen Revolution» der

Deutschen in der DDR, um sie in den Mittelpunkt der Ereignisse zu rücken. Er plädiert für die Achtung vor der Lebensleistung der Menschen, vor der «Schicksalsgemeinschaft», die sich in beengten Verhältnissen gebildet habe. Und er befindet, dass das, was zusammengehöre – nach dem berühmten Wort Willy Brandts – zusammenwachsen solle, aber davor bewahrt werden müsse, «zusammenzuwuchern». Es ist dieses Wort, das Kreise zieht.

Passt ihm die ganze Richtung nicht? Hat der Vereinigungsprozess Weizsäcker auf dem falschen Fuß erwischt – mit der Folge des Eindrucks, dass die Entwicklung an ihm vorbeigeht, während der Kanzler die Fakten schafft? Das Interview löst zumindest Irritationen aus. Es wird nicht zuletzt als Affront gegen Kohl und seine Politik begriffen, vor allem in der CDU/CSU-Fraktion, in der man Weizsäckers Äußerungen hochkritisch aufnimmt: Erst, so wird moniert, habe er sich lange mit einer Bewertung der Vorgänge in der DDR zurückgehalten, nun verpasse er der Bundesregierung einen Schlag ins Gesicht.

Tatsächlich erwähnt Weizsäcker Kohls Zehn-Punkte-Konzept nicht einmal, wünscht vielmehr, «niemand sollte von hier aus anheizen», und hält es für überflüssig, «architektonische Großpausen» über die Zukunft zu entwerfen. Auch kommt ihm das Wort Wiedervereinigung nicht über die Lippen, obwohl doch die Rufe, die in diese Richtung gehen, immer hörbarer werden. Stattdessen denkt Weizsäcker laut darüber nach, wie die «Lebensfähigkeit» der DDR erhalten werden könne, was die beiden Staaten «miteinander zustande bringen» und in welcher Weise es gelingen könne, die «deutsche Dynamik» und die «Dynamik in Europa» im Gleichklang zu halten.

Ein zweites Mal meldet er sich im Februar 1990 zu Wort – da lässt schon der Wahlkampf für die ersten demokratischen Volkskammerwahlen im März die Wogen hochgehen. Längst ist das Versprechen der Westparteien, sich nicht in die Angelegenheiten der DDR einmischen zu wollen, untergegangen in einer Auseinandersetzung, die von ihren Zentralen gesteuert wird und in der ihre Protagonisten die Hauptrolle spielen. Die ostdeutsche Revolution ist zu einem Kampf um die Macht geworden, der in der DDR ausgetragen wird. Fast händeringend bittet der Bundespräsident die Parteien in einem Fernsehinterview, nicht das Ziel des Wahlkampfs zu vergessen: eine handlungsfähige Regierung in der DDR zu bilden, die den Prozess der Vereinigung steuern kann. Er fürchtet, dass das Bewusstsein abhandenkommt, dass es sich um eine «Jahrhundertaufgabe» handelt. Sie gehe weit über das hinaus, «was eine Partei leisten kann», und dürfe «nicht zum Treibstoff für einen parteipolitischen Machtkampf» gemacht werden. Aber Weizsäcker versucht auch, den Menschen Mut zu machen: Zusammengebrochen sei «ein unhaltbares politisches System. Es sind doch nicht Land und Leute zusammengebrochen».

Was will Richard von Weizsäcker? Weshalb bezieht er eine Position jenseits des Mainstreams, der bereits darauf eingestellt ist, dass es zu einer Wiedervereinigung kommen wird? Gibt es denn einen anderen Weg als den, den Kohl in monumentaler Unbeirrbarkeit einschlägt? Anders als viele Linke, die dem Vereinigungsprozess ablehnend gegenüberstehen, weil ihnen alles, was auch nur irgendwie an das Nationale erinnert, fremd, ja, zuwider ist – und die in ihm einen Verbündeten sehen –, sorgt er sich um dessen Gelingen und wünscht, dass er als nationale Aufgabe begriffen wird. Will er es nur langsamer haben? Oder hofft er wirklich darauf, dass aus der friedlichen Revolution doch so etwas wie eine Veränderung der Politik erwächst, eine Art Reformation ihrer verfestigten Routinen und Gebräuche?

Eine Ahnung davon glaubt er in den Turbulenzen des Aufbruchs im Osten auszumachen: Agieren da nicht Menschen, deren Ungeübtheit im Umgang mit den Medien sie veranlasst, erst zu sprechen und dann zu denken? Bilden sich nicht Parteien, die noch so nahe bei den Menschen sind, dass sie zunächst die Sache im Blick haben, dann erst die Macht? Ist es nicht endlich einmal das Volk, das den Weg der Politik bestimmt? Auch deshalb schreckt ihn die Perspektive, dass die gewonnene Freiheit entgleisen und die Öffnung der DDR in eine bloße Übernahme durch den Westen umschlagen könne. Aber der stürmische Stimmungswandel im Osten entgeht ihm nicht. Die erste Wende – wie er die friedliche Revolution in der DDR nennt – wird von der zweiten überholt. Bereits für die zweite Dezemberhälfte konstatiert er in seinen «Erinnerungen» knapp: «Der Rubikon war überschritten.» Die Menschen in der DDR drängen auf die Wiedervereinigung.

Was Weizsäcker in diesem Prozess schmerzlich vermisst – und weiter vermissen wird –, ist die Öffnung des Westens gegenüber den Deutschen im Osten, die «gegenseitige Wahrnehmung der Menschen zwischen Ost und West», ohne die eine Vereinigung nach seiner Überzeugung scheitern muss. Hat er ein Gespür dafür, dass die Euphorie im Osten bald überlagert sein wird von Enttäuschungen? Dass die Euphorie umschlagen wird in Gefühle des Versagens und der Zweitklassigkeit? Bewegt spricht er den Wunsch aus, dass die Ost-Deutschen in den Vereinigungsprozess nicht als «arme Vettern mit leeren Händen» eintreten, sondern als «ein gutes Stück Deutschland, ich möchte sagen, ein großartiges, auf das wir bauen können und bauen müssen in der Zukunft. Hier gibt es nichts einseitig zu vereinnahmen, sondern hier geht es darum, gemeinsam das deutsche Zuhause zu suchen und zu finden». Verwundert stellt Kurt Biedenkopf fest: «Der Bundespräsident wird immer mehr zum Fürsprecher der Menschen in der DDR.»

Fehlt dem politischen Prozess denn nicht überhaupt ein Problembewusstsein, das sich auf der Höhe der anstehenden Aufgaben und der sich abzeichnenden Perspektiven befindet? In der Tat besteht die Gefahr, dass der langfristige Ansatz der Ost- und Deutschlandpolitik, nämlich die Verbindung von nationaler Frage und europäischer Friedensordnung, die ihr Kernstück war, durch die raschen, ad hoc entworfenen Aktionen, mit denen nun die deutsche Vereinigung vorangetrieben wird, gänzlich in den Hintergrund gerät. Kann Weizsäcker deshalb Kohls Zehn-Punkte-Plan so wenig abgewinnen? Oder weil die Anerkennung der Oder-Neiße-Grenze mit keinem Wort erwähnt wird? Als ihn Horst Teltschik, der außenpolitische Berater des Kanzlers, vorab über Kohls Rede informiert, hört er – wie Teltschik in seinem Tagebuch notiert – aufmerksam zu, ist aber nicht besonders beeindruckt. Und Teltschik, der Weizsäcker schätzt, ist «fast etwas enttäuscht».

Dem Streit über die Haltung gegenüber der Vereinigung, der nun beginnt, wird sich Richard von Weizsäcker bald verweigern. Er erscheint ihm unangemessen angesichts der Größe des Ereignisses und der Überwältigungsgefühle, mit denen die Menschen darauf reagieren. Seit den sechziger Jahren davon überzeugt, dass die Mauer nicht Bestand haben werde, habe er doch nicht daran geglaubt, «dass ich ihren Fall selbst noch erleben würde» – für ihn wie für andere ist das der Ausdruck für die Unvorstellbarkeit des Ereignisses, an dem man als Perspektive gleichwohl festhielt. «Wie wunderbar ist es, sich auf diese Weise täuschen zu können», ruft er im Rückblick aus. Noch Jahre später kann er es kaum fassen: Alle hatten sie ja die Entwicklungen in der DDR beobachtet, und «doch blieben wir allzu fest in den Denkstrukturen des Kalten Krieges verklammert». Erst recht erscheint es ihm angesichts der umwälzenden Veränderungen in Deutschland und Europa einigermaßen belanglos, ob einer vor der großen Wende auf die Einheit geschworen oder an ihr gezweifelt habe – oder gar zu dem Schluss gekommen sei, dass man von ihr Abschied nehmen müsse, etwa des europäischen Friedens wegen.

Dennoch bleibt etwas hängen von diesem gereizten Palaver der Nachwendejahre, als unter den deutschen Politikern die Haltung zur Einheit zu einer Art Gretchenfrage wird, die sozusagen über den rechten politischen Glauben entscheidet. Noch ein Jahrzehnt später äußert Weizsäcker sich verärgert zu der «unseligen Herbstdebatte über die Frage, wer für die Vereinigung war und wer nicht». Nachdrücklich wendet er sich gegen Tendenzen, im Nachhinein europäische Entspannungspolitik und Einheitsglauben gegeneinander auszuspielen, und formuliert sozusagen ins Protokoll: «Wer für die Ost-West-Entspannungspolitik war, tat dies für die Überwindung von Mauer und Stacheldraht und damit für die Einheit Europas, Deutschlands und Berlins!» Dem steht die harsche Bewertung von Weizsäckers Deutschlandpolitik durch Helmut Kohl entgegen: Im Rückblick hält dieser ihm vor, deutlich von weiten Teilen der Union abgewichen zu sein. Er scheint sogar Zweifel zu hegen, ob Weizsäcker es wirklich ernst gemeint habe mit der Wiedervereinigung. War er nicht schon halbwegs auf Seiten der SPD mit ihren Vorbehalten? «Die Freude über meine Erfolge in der Deutschlandpolitik und vor allem bei den schwierigen und verschlungenen Wegen zur deutschen Einheit», moniert er, «hielt sich bei Richard von Weizsäcker in Grenzen».

Abgesehen davon, dass sich auch in dieser unterschiedlichen Bewertung niederschlägt, wie tief das Verhältnis von Weizsäcker und Kohl zerrüttet ist, spiegelt sich darin ihr ganz unterschiedliches deutschlandpolitisches Denken, obwohl doch beide in den späten siebziger und achtziger Jahren gerade auf diesem Felde ein gutes Stück zusammen gingen. Im Gegensatz zu Kohl war und ist Weizsäcker offener, unkonventioneller, wagemutiger, bereit auch zum Denken des bislang Undenkbaren – seine Haltung ist in der langen Beschäftigung mit der deutschen Frage gewachsen. In ihr sind die erregten Debatten der Nachkriegsjahrzehnte gegenwärtig, erst über die West-Bindung, später über die Ostpolitik, in denen um die grundsätzliche Orientierung der Bundesrepublik gerungen wurde; für Weizsäcker gehören sie zu seinem Patriotismus, denn «Leidenschaft und Leid schmieden

Menschen auch zusammen». Und er ist stets auf der Suche nach Wegen, um in der deutschen Frage weiterzukommen.

So kann Weizsäcker 1984 – eben Bundespräsident, also auf die Staatsräson vereidigtes Staatsoberhaupt geworden – die Frage aufwerfen, «was unser Ziel der Einheit in Wahrheit bedeuten kann». Und zu dem Schluss kommen, dass es nicht ausreiche, auf den Zielen zu beharren, die «wir uns selbst seit 35 Jahren gesetzt haben». Man müsse sich an den Menschen in der DDR orientieren, die vermutlich «in erster Linie an den Lockerungen des Systems interessiert (seien), an mehr Freiheit also, und nicht vordringlich an der Frage der staatlichen Einheit». Noch weiter geht er, als er 1985 mit seiner Ansprache über «Die Deutschen und ihre Identität» das deutsch-deutsche Dilemma der Zweistaatlichkeit direkt zum Thema macht und in die Zukunft zu wenden versucht – einen Monat nach der «Rede» gehalten, ist sie so etwas wie ihr Pendant als deutschlandpolitische Standortbestimmung.

Ganz aus dem Stoff der Jahre geformt, in denen die deutsche Frage in der Spannung zwischen Einheitsgebot und akzeptierter Zweistaatlichkeit hängt, macht Weizsäcker die Position, zugleich festzuhalten und loszulassen, zur hohen Kunst: «Mit der Einheit Europas ist nicht staatliche Einheit oder Gleichheit der Systeme gemeint, sondern ein gemeinsamer Weg hin zur Freiheit.» Die Deutschen respektierten die Unterschiedlichkeit der Systeme, mit denen sie leben müssten, aber sie bleiben hüben und drüben Deutsche, und sie sehen in ihrer Lage nicht nur ein Schicksal, sondern eine Aufgabe. Übrigens ist die subtile Gedankenübung ganz nahe an der Realität: «Viele von uns waren im Lutherjahr drüben», spricht Weizsäcker seine Zuhörer an, denn er redet auf einem Kirchentag. Seine deutschlandpolitische Unkonventionalität zeigt sich noch kurz vor der Wende, im Sommer 1989: Angesichts spürbarer Bewegungen in der internationalen Politik spekuliert er über deutsch-deutsche Entwicklungen, «für die es kein Vorbild gibt», und findet sie, den Einheitsstaat historisch zurückstufend, in noch nie praktizierten «föderalistischen Beziehungen». Ist Helmut Kohl, fünf Monate später, mit seinem Zehn-Punkte-Programm eigentlich so weit davon entfernt?

Wie dramatisch Weizsäcker diese Zeit erlebt, wie sie sich für ihn sozusagen von innen her anfühlt, hat er in seinen «Erinnerungen» eindrucksvoll beschrieben. Da erscheint die Vereinigung als Vorgang von tektonischer Qualität, unübersichtlich, unaufhaltsam, umwittert von Risiken und Gefahren – ein «Erdrutsch», der durch Europa geht und für den es «kein Beispiel in der Geschichte» gibt. Diese große Zäsur, so Weizsäcker, war voller Ungewissheiten, mit der Gefahr von Gewalt und Blutvergießen verbunden, aber nicht minder reich an großen Chancen. Selbst die fatale Variante, dass diese Chancen hätten ungenutzt verstreichen können, gehöre dazu. Im Abstand eines knappen Jahrfünfts erkennt er darin ein Exempel für die Rolle, die Politik überhaupt nur spielen kann, wenn die Geschichte sie herausfordert. Niemand hatte ja den Prozess planen können, keiner wusste, wohin er führen würde, und deshalb konnte es nur darauf ankommen, «seine Dynamik zu begreifen, ihn im Rahmen des Möglichen zu kanalisieren und auf einen guten Weg zu lenken». Angesichts dieser Offenheit wird das Paradigma seines Politikverständnisses deutlich: dass man die Geschichte nicht kommandieren könne, sondern sich von «hergebrachten Vorurteilen und Ängsten lösen» müsse, um in den «fundamentalen Bewegungen unserer Zeit auf ihrer Höhe zu denken und zu handeln». Allerdings sei dann «ein großes und historisch seltenes Glück» vonnöten: dass die handelnden Personen – Gorbatschow, Kohl, Bush und Baker, Mitterrand, Delors – ihrer Verantwortung gerecht würden.

Gewiss ist der Bundeskanzler der Hauptakteur in diesem «deutschen Jahr» (Claus J. Duisberg) vom Mauerfall bis zur Wiedervereinigung, nicht der Bundespräsident. Aber spielt er wirklich nur eine Nebenrolle? Die «Reservemacht» (Theodor Eschenburg) fühlt sich gefordert, und sie ist gefordert, umso dringlicher, je mehr die Einigungsfreude von den Einigungsproblemen bedrängt wird. Weizsäcker sieht beides: die «vielverheißende und langfristige Zukunftsperspektive», die dem Vereinigungsprozess «den Schwung gibt» – und den Alltag in den neuen Ländern, den er als «durchaus dramatisch und alarmierend» wahrnimmt. Auf jeder Reise, bei jedem Gespräch, beim Öffnen jeder Postmappe erlebt er «eine Fülle von bedrängenden menschlichen Problemen». Denn die Vereinigung ist für viele «Befreiung und Schock zugleich». Die Hilfen zur Wiederbelebung des Ostens sind zwar beeindruckend, richtig und ganz unverzichtbar, aber wer macht sich in der alten Bundesrepublik klar, dass sie auch ein Stück Fremdbestimmung enthalten? Weizsäcker lenkt den Blick darauf, dass sie eben «nicht von den fünf Ländern her gedacht» sind, dass fast alle Leitungsgremien in Deutschland «westlich besetzt» sind und die Ostdeutschen sich dem Vereinigungsprozess «anpassen» müssen, «dazulernen, etwas Neues auf sich nehmen». Die Deutschen im Westen, so seine Forderung, müssen ihren Teil dazu beitragen.

Im Januar 1990 – die Entwicklung, die die Maueröffnung in Gang gesetzt hat, erreicht einen ersten Scheitel- und Wendepunkt – versucht Weizsäcker, das Geschehen in einen größeren Zusammenhang zu stellen. Eine Rede in Zürich, die in schweizerischer Abgeklärtheit als «Le génie de l'Europe» betitelt war, heißt nun, gewendet auf die aktuelle Situation, «Europäische Tugenden in einer Zeit des Umbruchs». Aufsehen erregt sie, weil Weizsäcker den Gedanken ventiliert, ob «der Sozialismus seine Funktion als Pendant zum Kapitalismus definitiv beendet» habe. Will er provozieren? Will er bekennen? Doch es ist kein Sozialismus-Nostalgiker, der sich hier zu Wort meldet, sondern ein Aufklärer, der den Reichtum der europäischen Geistesgeschichte bemüht, um in großem Rahmen über die Notwendigkeiten der Zukunft nachzudenken. Angesichts der europäischen Wende sei es die Frage, «ob wir uns mit kleinen Siegesfeiern des westlichen Lebensmodells begnügen, oder ob wir zusammen mit den geistigen Impulsen der Freiheitsbewegungen unserer Tage Ansätze suchen, die uns weiterführen». Die Besichtigung europäischer Möglichkeiten endet bei dem sozialethischen Gedanken der Subsidiarität, in dem das europäische Erbe ihm am ehesten gegenwärtig erscheint. Denn sie stelle sich «dem Modernisierungsdruck unserer Zeit, ohne die Orientierung an unserem Menschenbild preiszugeben».

Weizsäckers Leitidee für die Gestaltung der Zukunft Deutschlands bekommen auch die Schweizer zu hören: kein deutscher Sonderweg, stattdessen ein europäischer Prozess, in dem «wir Deutschen weder vorpreschen noch ausgeklammert bleiben». Erst recht betont er diese Überzeugung nach der DDR-Volkskammerwahl im März, denn nun gewinnt der Vereinigungsprozess mächtig an Fahrt. Damit wächst auch die Gefahr, dass die stürmische deutsche Veränderung der europäischen Entwicklung sozusagen davonläuft. Dem setzt Weizsäcker energisch seine Überzeugung entgegen, dass der «gesamteuropäische Sicherheitsprozess untrennbar mit der Verwirklichung unserer staatlichen Einheit» verbunden sei. Eine Etage höher verdichtet er den Gedanken noch weiter: Die Vereinigung der Deutschen sei der «positive Härtetest dafür, dass die großen Ziele von Helsinki konkrete Wirklichkeit werden». Weizsäcker bringt damit die Prinzipien der Ost- und Deutschlandpolitik der Vorwendezeit in Erinnerung sowie den hohen Rang, den die KSZE-Konferenz von 1977 in seinen Augen einnimmt. Er krönt die Überlegung mit einer kühn gebundenen, wahrhaft Weizsäcker'schen Gedankenschleife: die Entwicklung der Blöcke hin zu ihrer Kooperation – die zu diesem Zeitpunkt noch Zukunftsmusik ist – erklärt er zur Bedingung für das Gelingen der deutschen Einheit, die selbst «ein Ausdruck dieses Verwandlungsprozesses» sei: die Deutschen nicht mehr als Bremser der europäischen Einheit, sondern als ihr Motor.

Ähnlich nahe an der aktuellen Realität ist die Rede angesiedelt, mit der Weizsäcker sich im Juni 1990 für die Verleihung der Berliner Ehrenbürgerwürde bedankt. Das ist, gewiss, zunächst ein städtisch-lokales Ereignis, und Weizsäcker preist auch – ein lokalpatriotischer Akt von einigem Wagemut – in höchsten Tönen die Berliner Sprache, ihre «trockene Kraft» als «Ausdruck des unerschütterlichen Berliner Gemüts» in guten und schweren Zeiten. Doch die Auszeichnung in der Nikolaikirche, seit langem der Schauplatz für bedeutungsvolle Staatsakte, ist ein Politikum. Die Abgeordneten, die ihn gemeinsam zum Ehrenbürger wählen, gehören noch unterschiedlichen Gremien an. Denn Berlin als *eine* Stadt gibt es noch gar nicht wieder, der Magistrat in Ost-Berlin und der West-Berliner Senat sind eigene Größen, und nur in einem gemeinsamen, rechtlich durchaus frei schwebenden Verwaltungsgremium, das augenzwinkernd «Magi-Senat» genannt wird, wird die künftige Entwicklung schon vorweggenommen. Die Verleihung der Ehrenbürgerwürde ist selbst ein Zeugnis des Einheitswillens der Stadt: Beschlossen vom West-Berliner Senat, als die Stadt noch geteilt war, wird Weizsäcker zum ersten Ehrenbürger von ganz Berlin in der Nachkriegszeit.

Doch es ist Richard von Weizsäcker, der aus der Verleihung ein Ereignis macht: Er bekennt sich zu Berlin als Hauptstadt. Seit Jahresbeginn ist die Debatte um die künftige deutsche Hauptstadt in vollem Gange, allerdings sozusagen im Zugriffsverfahren – jeder bringt seine Option ins Spiel, doch ist das Gefälle in Richtung Bonn unübersehbar. Das veranlasst den Bundespräsidenten, «vorzupreschen und bis an die Grenze der Kompetenz meines Amtes zu gehen». Indem sich Weizsäcker, wie Ziethen aus dem Busch, für Berlin in die Bresche wirft, bringt er einen großen Teil der Republik gegen sich auf. Die Reaktionen – meist zurückhaltend bis reserviert – lassen deutlich erkennen, dass seine Intervention als unpassend empfunden wird. Daneben gibt es auch heftige Ablehnung, im Falle des engagierten Bonn-Befürworters Horst Ehmke beispielsweise in Gestalt des zumindest originellen Vorwurfs, Weizsäcker betreibe «eine Neuauflage preußisch-deutscher Mystik». Die Massivität der Berlin-Abneigung verblüfft Weizsäcker so sehr, dass er am Abend im Fernsehen zurückrudert und versichert, dass – was nie in Zweifel gestanden hatte – allein das gesamtdeutsche Parlament über die Hauptstadt entscheiden werde.

Doch vermutlich hätte ihn die Hauptstadtfrage allein nicht veranlasst, diesen Ritt in vermintes Gelände zu wagen. Seine Dankesrede verrät, dass dabei nicht zuletzt die Probleme des Vereinigungsprozesses eine wichtige Rolle spielen. Der Bundespräsident rekapituliert und reflektiert die Gefahr unterschiedlicher Entwicklungen im Westen und im Osten – und verdichtet dann die singuläre Situation der Stadt in einem Schlüsselsatz: «Nur in Berlin kommen wir wirklich aus beiden Teilen und sind doch eins.» Die Formel wird gleichsam besiegelt mit seinem Gedanken vom Zusammenwachsen, das nicht Zusammenwuchern bedeuten dürfe: Berlin biete, so Weizsäcker, die «große Chance für ein gesundes, alltägliches Zusammenwachsen». Und selbst seine Erklärung, die die Hauptstadtentscheidung vorwegnimmt – Berlin sei «der Platz für die politisch verantwortliche Führung Deutschlands» –, folgt der Beobachtung, dass man hier wie nirgendwo sonst erkennen könne, «was die Vereinigung erfordert».

Im Übrigen setzt der Bundespräsident Markierungen auf seinem ureigenen Feld. Die Staatsvisite in der Tschechoslowakei im Frühjahr 1990 ist ein Paradebeispiel dafür, wie er mit der Kombination von Ort, Botschaft und Haltung Politik betreibt – in diesem Falle sind daran zwei kongeniale Persönlichkeiten beteiligt, neben ihm selbst auch sein tschechischer Amtskollege Václav Havel. Diese glückliche Konstellation hat sich schon abgezeichnet, bevor die europäischen Revolutionen den Eisernen Vorhang demontierten – mit einem Briefwechsel im Herbst 1989, nachdem die Prager Kommunisten Havel daran gehindert hatten, zur

Entgegennahme des Friedenspreises des Deutschen Buchhandels nach Frankfurt zu reisen. Nach der «samtenen» Revolution in der Tschechoslowakei und gerade zum Präsidenten gewählt, überrascht Havel seine Landsleute und die Deutschen mit einem hochsymbolischen Akt, der den Dramatiker erkennen lässt: Am gleichen Tage absolviert er zwei Staatsbesuche, in (Ost-)Berlin und München, und verbindet auf diese Weise in einem Zuge die beiden für die Tschechen traumatischen Orte – vormittags Berlin, wo Hitler einst den damaligen tschechischen Staatspräsidenten zur Kapitulation zwang, nachmittags München, wo das berüchtigte Abkommen geschlossen wurde, das den Anfang vom Ende der freien Tschechoslowakei bedeutete. Es ist ein eindrucksvolles, dramaturgisch glänzend arrangiertes Zeichen der Bereitschaft zur Versöhnung.

Weizsäckers Gegenbesuch in Prag vollendet die symbolische Arbeit an der Vergangenheit. Er findet am 15. März statt, dem Tag, an dem Hitler 1939 die Rest-Tschechoslowakei besetzte. Das Datum hat der Dramatiker im Präsidentenamt erdacht, und dank Weizsäckers Einwilligung gewinnt die Zeitgeschichte ein Bild von hohem, schicksalhaftem Rang: der deutsche und der tschechische Präsident einträchtig nebeneinander auf dem Hradschin, am gleichen Tag, an dem ein halbes Jahrhundert zuvor die Tschechen ohnmächtig ihre Fäuste ballten und die deutschen Soldaten mit eisernen Mienen unter ihren Stahlhelmen zum ersten Mal als Aggressoren auftraten. Es macht für jeden sichtbar, dass das lange Unvorstellbare im Begriff ist, Wirklichkeit zu werden. Die Epoche, in der sich ein guter Patriotismus in einen bösen Nationalismus gegen die Nachbarn verwandelt habe, liege hinter uns, erklärt Weizsäcker im Wladislaw-Saal des Hradschin. Und fährt fort: «Hass und Feindschaft lösen sich auf, seitdem wir ernsthaft versuchen, in der Wahrheit miteinander zu leben», womit er eine Maxime Havels auf das von Besetzung und Vertreibung kontaminierte deutsch-tschechoslowakische Verhältnis anwendet. «Wenn historische Augenblicke körperlich spürbar sind, hier glaubt man einen zu erleben», berichtet der Korrespondent der «Süddeutschen Zeitung». Und im Kommentar der Zeitung heißt es: «Wer den Reden folgte und ihre Botschaft in sich aufnahm, dem konnte schon zumute sein wie dem eisernen Heinrich im Märchen der Gebrüder Grimm, als die um seine Brust geschmiedeten Reifen entzweisprangen.»

Die Reise nach Polen, die er zwei Monate später antritt, nennt Weizsäcker selbst die «wichtigste Aufgabe» seiner Amtszeit. Erst jetzt, mit der Öffnung der Grenzen, werden Deutsche und Polen als freie Völker zu Nachbarn. Sie können – und sie müssen – ihre Beziehungen, die bislang in der Zwangsjacke der Block-Konfrontation steckten, neu gestalten. Doch den Besuch belastet die Frage nach der noch immer nicht vertraglich abgesicherten Oder-Neiße-Grenze – Bundeskanzler Kohl sperrt sich weiterhin gegen ihre Anerkennung, vorgeblich aus verfassungsrechtlichen Gründen, in Wahrheit jedoch, weil er um die Stimmen der Wähler am rechten Rand des politischen Spektrums fürchtet. Weizsäcker kann deshalb nur versichern, die Grenzfrage sei «in der Substanz unwiderruflich geklärt». Dazu kommt die Hypothek eines für den fünfzigsten Jahrestag des Kriegsbeginns am 1. September 1989 geplanten, aber im Gestrüpp von Vorbehalten hängengebliebenen Besuchs: da der Bundeskanzler damals aus Rücksicht auf den rechten Flügel der Union nicht nach Polen reisen wollte, kann der Bundespräsident die polnische Einladung nicht annehmen.

Das ändert nichts daran, dass die Reise für Weizsäcker zu einem bewegenden Unternehmen wird. In gewissem Sinne ist sie die Krönung seines Einsatzes für die deutsch-polnische Verständigung, die sich wie ein roter Faden durch sein politisches Engagement zieht. Zugleich vollendet er mit ihr die Reihe der Staatsbesuche, die den Bundespräsidenten zu allen neun unmittelbaren Nachbarn Deutschlands geführt haben. Vor allem aber betrachtet kein anderes Volk den deutschen Vereinigungsprozess so aufmerksam und argwöhnisch wie die Polen. Der Besuch wird ein überzeugender Erfolg. «Tatsächlich hätte wohl kaum ein anderer westdeutscher Politiker so ausgewogene Worte und so behutsame, zurückhaltende Gesten gefunden», urteilt die Korrespondentin der «Zeit», «um dafür zu werben, dass ‹wir, Deutsche und Polen, in größeren Zeiträumen denken, die Zeichen der Zeit erkennen und sie zur Maxime unseres gemeinsamen Handelns machen›.»

Ist es der Umstand, dass der Besuch gerade noch in der Phase zwischen dem Ende des Kalten Krieges und dem Beginn der neuen Normalität stattfindet, sozusagen in der Traumzeit der europäischen Vereinigung, der ihm die besondere Stimmung verleiht? In Weizsäckers Erinnerungen an die Stationen der Reise ist ein Gefühl freudiger Gelassenheit und stiller Genugtuung spürbar: da ist der Gang zum Gedenkstein für den polnischen Kinderarzt Janusz Korczak im Konzentrationslager Treblinka, der mit den Kindern seines Waisenhauses in den Tod ging – ihn hat Weizsäcker genannt, als die «Frankfurter Allgemeine» ihn in ihrem Fragebogen nach seinem Helden in der Wirklichkeit fragte; da ist die Fahrt durch «die goldgelben blühenden Rapsfelder» des südwestlichen Ostpreußens nach Frauenburg, wo Kopernikus lebte und Weizsäckers Bataillon im Zweiten Weltkrieg seine letzten, blutigen Kämpfe erlebte. Da ist der Besuch des Herder-Museums in Mohrungen, bei dem Hunderte in festlicher Kleidung und erhobener Stimmung die Straße säumen. Schließlich der letzte Aufenthalt auf der Westerplatte, dem Ziel der Schüsse, die den Zweiten Weltkrieg eröffneten, und bei dem eine Militärkapelle die deutsche Nationalhymne spielt – für den Bundespräsidenten der vielleicht wichtigste Moment der Reise. «Herzbewegend» nennt Weizsäcker sie im Rückblick, «voller Erfahrungen der Vergangenheit und voller zuversichtlicher Hoffnung auf das gemeinsame Europa».

Den Hintergrund dieser Reisen bilden die außenpolitischen

Operationen, mit denen in diesem Jahr 1990 die europäische Neuordnung und die deutsche Wiedervereinigung in die Wege geleitet werden. Sie faszinieren Richard von Weizsäcker, der immer besonderen Wert darauf gelegt hat, dass sein Amt mit der Außenpolitik besonders eng verbunden ist; schließlich versteht er sich selbst vornehmlich als Außenpolitiker. Kaum zu einem anderen Zeitpunkt hat es solche Umbrüche in der Staatengesellschaft gegeben, hatten die internationale und die deutsche Diplomatie Veränderungen von solcher Tragweite einzuleiten. Weizsäckers Hochachtung gilt vor allem Gorbatschows «unerhörter Leistung», die DDR freizugeben. Dass dies gelingen konnte, ist nach seiner Überzeugung darauf zurückzuführen, dass der Kremlführer nicht «souveräner Herr, sondern aufmerksames und verantwortliches Werkzeug in der unaufhaltsamen Geschichte» sein wollte. An Helmut Kohl hebt er die Entschlossenheit hervor, in einer instabilen internationalen Lage die Gunst der Stunde genutzt und – zusammen mit Hans-Dietrich Genscher – die außenpolitische Seite der Vereinigung «bravourös» bewältigt zu haben. Ebenso ist Weizsäcker von der schlechthin entscheidenden Rolle beeindruckt, die die Amerikaner Bush und Baker gespielt haben, insbesondere bei der Erfindung des Zwei-plus-Vier-Prozesses, mit dem die Vereinigung außenpolitisch an allen Klippen vorbeigelotst wurde. Doch am interessantesten bleibt für ihn die Haltung des französischen Staatspräsidenten Mitterrand. War er für oder gegen die Wiedervereinigung? Weizsäcker kommt zu einem Schluss, in dem sich zweifellos auch seine eigene historische Urteilskraft spiegelt: der Deutschlandkenner Mitterrand sei zwar von ihrer geschichtlichen Notwendigkeit überzeugt gewesen, habe jedoch mit seinem hinhaltenden Zögern versucht – tief im französischen Denken über den Nachbarn verwurzelt –, dem unabwendbaren Prozess eine frankreichverträgliche Richtung zu geben.

Ganz anders, mit großer Anteilnahme, aber auch kritischer

nimmt Weizsäcker die innenpolitische Entwicklung wahr. Seine Sympathie gehört ganz den Bemühungen, mit denen die Akteure der friedlichen Revolution versuchen, die DDR als freiheitliche, parlamentarische Demokratie neu zu gründen; dass sie durchweg keine Berufspolitiker, sondern politische Laien sind, imponiert ihm. Um der Volkskammer seinen Respekt zu erweisen, besucht er sie im Palast der Republik in Ost-Berlin und erntet – es ist bei der Debatte um den Einigungsvertrag – Ovationen. Doch ist er auch beeindruckt von der «unerhörten Arbeitsleistung», mit der die Verhandlungspartner aus Ost und West in kürzester Zeit die Währungs- und Wirtschaftsunion und den Einigungsvertrag erarbeiten und damit die Basis für die Wiedervereinigung legen. Indes kommt nach seiner Überzeugung zu kurz, was er die «Bewusstseins- und Empfindungsunion» nennt, also die innere Einheit, die letztlich das Ziel der Vereinigung ist. Vor allem vermisst er eine finanzielle Anstrengung, die die notwendigen Mittel für den Auf- und Ausbau des Ostens bereitstellt und erkennen lässt, dass der Westteil des Landes die Vereinigung auch als seine Aufgabe betrachtet.

Weizsäcker ist überzeugt davon, dass die große Mehrheit in der Bundesrepublik zu wirklichen Opfern bereit ist. Umso massiver kritisiert er die «politische Führung», also Einheitskanzler Kohl, das notwendige «rechtzeitige klare Signal» nicht gegeben zu haben, weil er die Westdeutschen im Wahljahr 1990 nicht belasten wollte. Weizsäckers bitteres Fazit: «Der Gemeinsinn war ja da, aber er wurde nicht abgerufen. Es war ein schweres materielles und menschliches Versäumnis» – er kommt immer wieder auf dieses herbe Urteil zurück. Dabei kann er sich selbst zugutehalten, dass er von Anfang an, seit seiner improvisierten Laienpredigt zwei Tage nach dem Mauerfall in der Berliner Gedächtniskirche, darauf gedrängt hat, der Westen müsse sich dem politischen Umbruch im Osten zuwenden und an ihm Anteil nehmen, finanzielle Opfer eingeschlossen.

Ohne Zögern schließt er sich der Forderung an, die DDR-Ministerpräsident de Maizière in seiner Regierungserklärung im April 1990 erhoben hat: dass die Teilung nur durch Teilen zu überwinden sei. Noch in seiner Rede am Tag der deutschen Einheit prangert er diese Haltung an: Dass versichert werde, niemandem solle etwas genommen werden, da es nur auf die Verteilung der Zuwächse ankomme, entspräche «der Marketing-Sprache zeitgemäßer politischer Kommunikation» und bedeute die «Vertagung des Teilens auf die Zukunft». Und, mit beträchtlichem Hohn: «Mit hochrentierlichen Anleihen allein wird sich die deutsche Einheit nicht finanzieren lassen.»

Dem Bundespräsidenten – wem sonst – kommt es zu, den staatsrechtlichen Vollzug der Vereinigung zu verkünden. Also ist es Richard von Weizsäcker, der in der Nacht vom 2. zum 3. Oktober 1990 – es ist eine klare, kühle Mondnacht – um Mitternacht vom Reichstag aus erklärt, dass die deutsche Teilung beendet sei. Aber wer spricht da eigentlich? Ist es wirklich das Staatsoberhaupt dieses neuen, vereinten Deutschlands? Wer hat ihn dazu gemacht? Worin besteht seine Legitimität? Gewählt worden ist er ein halbes Jahr zuvor von der Bundesversammlung der alten Bundesrepublik, die es nun, streng genommen, nicht mehr gibt. Gewiss, die DDR hat sich ihr angeschlossen, und die Volkskammerpräsidentin hat bei Weizsäckers Besuch unter dem Beifall der Abgeordneten erklärt, die Ost-Deutschen betrachteten ihn als den künftigen Präsidenten. Aber reicht das aus? Bundespräsident des neuen, vereinten Deutschlands wird Weizsäcker mit dem Beitritt, also in jenem Moment, in dem er vor dem Reichstag die Einheit verkündet. Dass sich niemand daran stößt, hat vermutlich mit seiner Person und seiner Amtsführung zu tun: Seine Legitimierung als Präsident aller Deutschen erwächst Richard von Weizsäcker recht eigentlich aus seinem Ansehen im Westen wie im Osten. Das war, notiert Egon Bahr, «die größte Auszeichnung, die er unverliehen erhalten hat».

«Es bedarf einer großen inneren Kraft»: Präsident aller Deutschen

In seiner Rede beim Vereinigungsstaatsakt in der Philharmonie am 3. Oktober hält Weizsäcker mit nüchterner Eindringlichkeit fest, wodurch sich das neue, größere Deutschland auszeichne. Es sind sozusagen staatsbildende Sätze: Zum ersten Mal sind die Deutschen «kein Streitpunkt auf der europäischen Tagesordnung»; sie verfügen über einen Staat, der sich selbst nicht mehr als provisorisch betrachtet; mit ihm findet die «vereinte deutsche Nation ihren anerkannten Platz in Europa»; zum ersten Male in der Geschichte sei das ganze Deutschland Mitglied im «Kreis der westlichen Demokratien». Mit anderen Worten: Dieses neue Deutschland steht für die Lösung der deutschen Frage, die Europa über zwei Jahrhunderte beschäftigt hat, und vielleicht ist es deshalb tatsächlich fast so etwas wie die Auflösung der Knoten und Verstrickungen, mit denen die Deutschen und ihre europäischen Nachbarn in ihrer Geschichte gerungen haben.

Dann folgt an diesem ersten Tag der Einheit das Panoramabild einer Gesellschaft, die den Vereinigungsprozess noch längst nicht bewältigt hat. Eine Dankesrede ist die Ansprache natürlich auch – es gibt ja genügend Anlass dafür. Gerichtet ist sie an die Bürgerbewegungen in Mittel- und Osteuropa, an die sowjetische Führung unter Gorbatschow und die verbündeten westlichen Mächte, an die Akteure der friedlichen Revolution und die Bürger in der Bundesrepublik. Weizsäcker bezieht auch die Beamten und Mitarbeiter ein, die die Verträge ausgehandelt haben. Sie haben dafür gesorgt, wie er formuliert, dass «aus den vier Worten» – «Wir sind ein Volk» – «viele Tausende geworden» seien: ebendie Vereinbarungen und Verträge, die die Einheit Wirklichkeit werden lassen. Beschenkt seien nun alle, denn «kein Mensch hat die Vorstellungskraft besessen, den Gang des Ereignisses vorauszusehen». Daneben stellt der Bundespräsident die Fragen des Tages, der Wochen, der Monate: Wie können die Menschen in der ehemaligen DDR die Umstellungen verkraften, die die Vereinigung für sie bedeutet? Wie kann das neue Kapitel in der Geschichte Europas realisiert werden, dessen Ziel die gesamteuropäische Einigung ist? Und wieder der Weizsäcker'sche Imperativ: «Sich zu vereinen heißt teilen lernen.»

Die Rede bleibt den Schwierigkeiten nichts schuldig, die die Republik ein Jahr nach dem Mauerfall in Atem halten. Werden sie für eine Festrede nicht fast zu ausführlich ausgebreitet: Wirtschaftsprobleme, Stasi-Hinterlassenschaften, die Identitätsschwierigkeiten einstiger Kritiker, die sich angesichts der Probleme im Osten nun plötzlich um den Zustand der Bundesrepublik sorgen? Doch Weizsäckers Vereinigungsrede ist gleichwohl durchdrungen vom Pathos des Anfangs, und auch die innere Bewegung über den gewaltigen Vorgang ist zu spüren, auch wenn sie gebremst wirkt. Es ist eine Festrede mit Tiefgang, die auch die Bürger in die Pflicht nimmt: «Wie gut uns die Einheit menschlich gelingt, ... richtet sich nach dem Verhalten eines jeden von uns, nach unserer eigenen Offenheit und Zuwendung untereinander.» Am Ende entwirft Weizsäcker eine Synthese, um alte und neue Gräben zu überwinden: Der «gewachsene Verfassungspatriotismus» der alten Bundesrepublik und die «erlebte menschliche Solidarität» in der DDR könnten zusammengefügt werden zu «einem kräftigen Ganzen». Es ist eine Vision aus dem Geist der Wende von 1989 / 90.

Die deutsche Vereinigung und ihre Probleme lassen Weizsäcker nicht los. Fünf Tage nach dem Staatsakt ist er in Leipzig, der

«Heldenstadt», wie sie wegen der dortigen Montagsdemonstrationen genannt wurde, die das DDR-System erschütterten. Er geht, freudig begrüßt, zu Fuß durch die Innenstadt zur Nikolaikirche, dem Ort der Montagsgebete, gleichsam auf den Spuren der Demonstranten, die auf den Tag genau vor einem Jahr, am 8. Oktober 1989, hier den Stein ins Rollen brachten. Doch inzwischen ist die Stimmung umgeschlagen, machen sich Mutlosigkeit und Unmut breit. Auch die Besuche, die ihn im folgenden Halbjahr in die fünf neuen Länder führen, sind keine Jubelreisen, sosehr er überall geschätzt wird.

Sie konfrontieren Weizsäcker mit einem Osten, in dem viele Bürger zu verzagen drohen. Denn die Vereinigung hat nicht nur die Tore zur Welt aufgestoßen und den Menschen neue Lebenschancen eröffnet. Nicht wenige sind von ihr auch in einem Ausmaß in existenzielle Sorgen und Nöte gestürzt worden, wie es niemand für möglich gehalten hätte. Er stößt auf Unternehmen, die zusammenbrechen, galoppierende Arbeitslosigkeit, ratlose Politiker: Die Krise, die der Preis der beispiellosen Umstellung von Wirtschaft und Gesellschaft ist, kommt in den Monaten nach der Vereinigung voll zum Durchbruch. Auch die Flut der Briefe von Ostdeutschen, die Weizsäcker täglich erreicht, dokumentiert ein zunehmend bedrückendes Klima. Es bedarf schon, so räumt Richard von Weizsäcker ein, «großer innerer Kraft», um diese Botschaften «in ihrer ganzen Dringlichkeit in sich aufzunehmen und ihren Anliegen auch nur annähernd gerecht zu werden».

Mit einer Intensität, die Respekt abverlangt, bewegt sich dieser Bundespräsident in dem unsicheren Gelände von Existenzproblemen und seelischen Verwerfungen, zu dem die neuen Länder geworden sind. Dies bedeutet für ihn in erster Linie, sich in die Situation der Menschen im Osten hineinzudenken und hineinzufühlen. Er registriert die gravierenden Ungleichgewichte zwischen Ost und West, bemüht sich um Verständnis für die Überforderung, die die Vereinigung für viele bedeutet, und spürt

Fehlurteile und Missverständnisse auf. Gibt es einen anderen Politiker, der sich so auf das Seelendrama eingelassen hat, das mit dem Vereinigungsprozess verbunden ist? Als die Einheit dann vollzogen ist, versichert er, dass er es als seine Pflicht ansehe, «den Deutschen aus der ehemaligen DDR dazu zu verhelfen, dass sie sich im vereinten Deutschland auch wirklich zu Haus fühlen». Und in der Tat sind seine Ansprachen und Äußerungen in den Jahren darauf zum nicht geringen Teil Therapieversuche und Seelenmassagen für den Osten und Verständnisappelle an den Westen. Als Richard von Weizsäcker gut zehn Jahre nach seiner Amtszeit in seinem Buch über die Einschnitte der deutschen Geschichte ein Resümee der Nachkriegszeit zieht, ergibt sich, dass ein Drittel der Darstellung, die er den Jahren nach 1989 widmet, die menschlich-gesellschaftlichen Probleme im Osten behandelt, die im Zuge der Vereinigung zu bewältigen sind.

Ist das angemessen? Ist das immer noch zu wenig? Immerhin zeigt sich hier die Stärke des Amtes, wenn es von einer starken Persönlichkeit ausgefüllt wird. Denn der Bundespräsident kann keine Investitionen lenken oder Steuergesetze verändern – das Schicksal seines Vorschlags für ein neues Lastenausgleichsgesetz, das chancenlos ist, zeigt es. Aber er hat die Macht des Wortes und der Geste. Und die scheint in dieser prekären Phase des Vereinigungsprozesses besonders gebraucht zu werden. Bereits im März 1990, als die Weichen für die Einheit gestellt werden, liegt bei der Antwort auf die Frage, welcher westdeutsche Politiker am meisten für die DDR-Bürger tue, der vor allem redende und reisende Weizsäcker mit 66 Prozent ganz vorn, fast gleichauf mit Genscher, während der handelnde Kohl bei 41 Prozent landet. Die Umfragewerte steigen weiter und liegen im Osten immer ein wenig höher als die – ebenfalls hohen – Werte im Westen. Der Bundespräsident aus dem Westen wird zur Leitfigur auch für den Osten: «Sie waren für uns ein Glücksfall in dem Glücksfall der Demokratisierung und der Einheit und ein glaubwürdiger Gewährsmann innerer Einheit», hat Friedrich Schorlemmer, der Wittenberger Pfarrer, Richard von Weizsäcker im Rückblick bescheinigt.

Doch so ehrlich Weizsäcker die Probleme der Einheit beschreibt, so entschlossen verteidigt er ihre Perspektiven. Die beiden Postulate: das «In-der-Freiheit-Bestehen» sowie das «Sicheinander-öffnen-und-Annehmen», um den «tieferen Sinn von Einheit» zu begreifen, bekommt so ziemlich jeder vorgetragen, der den Bundespräsidenten einlädt. Und es fällt auf, mit welcher Wärme Weizsäcker bei seinen Reisen die neuen Länder in ihrem historischen Rang – der doch zumeist den der «alten» Länder überragt – würdigt. Neben der Problemkulisse steht ihr liebevoll gezeichneter historisch-kultureller Umriss, von Mecklenburg-Vorpommerns «fester Verwurzelung in der Heimat» bis zur hochgelobten sächsisch-deutschen Identität, mit der sich, so Weizsäcker, «fast immer auch europäische und zuweilen sogar Weltgeschichte» verbindet. Natürlich kann man sich fragen: Wozu die Würdigung des Magdeburger Stadtrechts oder der thüringischen Herrschergestalten von Landgraf Hermann bis zu Carl August von Weimar, wo es doch überall kriselt? Weizsäcker zeigt damit nicht nur seine Anteilnahme an der Geschichte – seine Antrittsvisiten in den neuen Ländern gewinnen auch den Charakter ihrer Heimholung in den Kreis der Bundesländer, in die föderalistisch geprägte deutsche Geschichte.

Dass Weizsäcker historisch denkt, macht ihn besonders sensibel für die Rolle, die die Vergangenheit im Vereinigungsprozess spielt. Denn es gehört zum belastenden Erbe der Teilung, dass die Deutschen nicht nur die vergangenen vierzig Jahre unterschiedlich erlebt haben, sondern in dieser Zeit auch noch mit zwei verschiedenen Geschichtsbildern konfrontiert wurden. «Trennt oder vereint uns diese Last?», fragt Weizsäcker in einer Rede, die er Ende 1991 hält. Für ihn ist die Antwort ein Indikator für das Gelingen der Einheit: Nur dann «können wir eins werden», so seine Überzeugung, «wenn wir uns auch im Verständnis der Vergangenheit vereinigen». Aber gerade an diesem Punkt zeigt sich, wie tief die Teilung in die westdeutsche Gesellschaft eingedrungen ist, auch und gerade in die intellektuellen Schichten. Denn dort wird – wie Weizsäcker hochirritiert feststellt – die DDR als eine fremde, nicht maßgebliche Größe begriffen, kaum mehr als eine Episode der nationalen Geschichte. Dass die DDR-Geschichte «nicht unsere Geschichte» war, wie der Philosoph und Publizist Jürgen Habermas gesagt hat, empört ihn geradezu: «Ich frage mich: Wie kann man so etwas allen Ernstes sagen? Die Teilung ist ein Teil der gemeinsamen Geschichte von 1871 über 1933 und 1945. Zu der gemeinsamen Geschichte gehören doch auch die Kapitel, die man persönlich nicht mitgestaltet und miterlebt hat.» Durch das aufgeklärte, liberale Deutschland, Weizsäckers eigentliche Domäne, geht ein Riss.

Die Auseinandersetzung mit der DDR-Vergangenheit begleitet den Neuanfang des politischen und gesellschaftlichen Lebens in den neuen Ländern wie ein Schatten – Stasi-Enthüllungen ohne Ende, Strafprozesse gegen die SED-Führung und die Mauertäter, schließlich auch die Frage, inwiefern westdeutsche Politiker durch ihre Ostkontakte die DDR gestützt haben. Sie beschäftigen Weizsäcker immer wieder. Seine Empfindlichkeit für die Gründe und Abgründe der deutschen Geschichte sowie die Frage nach Gerechtigkeit und Versöhnung – im Hintergrund steht, natürlich, die eigene Erfahrung des Dritten Reichs und des Schicksals des Vaters – geben ihm immer wieder Anlass zur Intervention. Besonders erregen ihn die Auseinandersetzungen um den brandenburgischen Ministerpräsidenten Stolpe und den DDR-Rechtsanwalt Vogel: Beide haben, in sehr unterschiedlicher Weise, eine Rolle in der Grauzone zwischen Ost und West gespielt, als DDR und Bundesrepublik sich unversöhnlich gegenüberstanden. Weizsäcker stellt sich ohne Einschränkung hinter Stolpe, der ein wichtiger Kontaktmann für ihn war, vor allem in

Bezug auf die Verbindung der Kirchen im Westen und im Osten. Für Vogel, der eine Schlüsselfigur beim Häftlingsfreikauf war, hat er jedenfalls Respekt.

Auch in der Rede, in der Weizsäcker die Geschichte der beiden Deutschlands berührt – sie hat übrigens Heinrich Heine zum Anlass –, kämpft er sich redlich durch das Gestrüpp von Vorwürfen und Ermittlungen, das Stasi und DDR-Regierungskriminalität der Öffentlichkeit beschert haben – eine endlos deutsche Chronique scandaleuse. Was verbindet oder vielmehr unterscheidet die beiden deutschen Diktaturen, das Dritte Reich und die DDR? Was lehrt uns der berühmt gewordene Seufzer von Bärbel Bohley: «Wir haben Gerechtigkeit erwartet und den Rechtsstaat bekommen», und wo liegen die Grenzen seiner Wahrheit? In welchem Ausmaß sollen Stasi-Mitarbeit und DDR-Regierungskriminalität verfolgt werden, wie viel Versöhnung darf sein? Weizsäcker geht das heikle Thema moderat an, mit Verständnis für die Opfer und ihrem Wunsch nach Bestrafung der Täter, aber in Distanz zu jedem Rigorismus. Entschieden hält er an seiner Quintessenz fest: «Versöhnung unter Menschen kann ohne Wahrheit nicht gelingen. Wahrheit ohne Aussicht aber ist unmenschlich.» Am Ende landet er doch bei Heine: bei seiner Courage. Denn, so Weizsäckers Schluss, «die Freiheit lebt von ihr».

Ein anderer Schatten über dem vereinten Deutschland, der Richard von Weizsäcker tief beunruhigt, ist die Ausländerfeindlichkeit, die sich zwei Jahre nach der Wiedervereinigung ausbreitet, vor allem im Osten, aber nicht nur dort. Namen wie Hoyerswerda und Rostock-Lichtenhagen, dann auch Solingen und Köln, werden zum Inbegriff eines kollektiven Entsetzens, das die Bundesrepublik bewegt. Die Attacken auf Asylbewerberheime, auf Ausländerwohnungen und KZ-Gedenkstätten, die es in solchem Ausmaß in der deutschen Nachkriegszeit bisher nicht gegeben hat, rufen in ganz Deutschland eine Bereitschaft zum Protest gegen Gewalt hervor, die ihrerseits neu ist.

So erlebt die Bundesrepublik, dass der Bundespräsident am Vorabend des 9. November 1992 in Berlin an der Spitze eines Zugs von 350 000 Menschen marschiert, die von der Gethsemane-Kirche am Prenzlauer Berg zu einer Kundgebung im Lustgarten ziehen. Und da sich Gewalttäter unter die Demonstranten gemischt haben, die plötzlich in Aktion treten, bietet Richard von Weizsäcker an diesem Tage für Augenblicke das menetekelhafte Bild eines Redners, der seinen Auftritt nur unter dem Schutz einer Polizeikette absolvieren kann. Aber insgesamt bleiben die Proteste ohne vergleichbare Zwischenfälle, ja, sie sind ein Beispiel für friedliche, bürgerschaftliche Demonstrationen – angefangen mit einem Lichterketten-Protestmarsch am zweiten Advent in München, an dem, organisiert von einer Handvoll junger Leute, 400 000 Menschen teilnehmen. Er gibt ein Beispiel für viele andere Städte.

Der Bundespräsident spricht auch bei der Trauerfeier für die Opfer eines besonders perfiden Anschlags in Solingen in der Kölner Hauptmoschee, anders als Kohl, der sich – was in der Öffentlichkeit scharf kommentiert wird – solchem «Beileidstourismus» nicht unterziehen will. Bei allen diesen Anlässen weist Weizsäcker übrigens stets darauf hin, dass die Bundesrepublik mehr Ausländer aufgenommen habe als jedes andere Land, vor allem aus dem vom Balkan-Krieg geschüttelten Bosnien. Doch er scheut sich auch nicht, für die Untaten gesellschaftliche Ursachen geltend zu machen. Es sei offenkundig, dass die Täter, so Weizsäcker, «einem rechtsextremistisch erzeugten Klima» entstammen. «Auch Einzeltäter kommen hier nicht aus dem Nichts.»

Ende 1991 erreicht Richard von Weizsäcker die Mitte seiner zweiten Amtszeit, und vielleicht kann man in einem Gesprächsbuch, das 1992 erscheint, so etwas wie eine Halbzeitbilanz sehen. Er selbst versteht das Werk, das aus Interviews mit den «Zeit»-Redakteuren Gunter Hofmann und Werner A. Perger hervorgegangen ist, als grundsätzliche Äußerung, mit der er in der deutschen Öffentlichkeit Position beziehen will. Weizsäcker rekapituliert, resümiert, rückt zurecht und ist offensichtlich von der Absicht getragen, sich selbst und dem Publikum Rechenschaft über eine turbulente Phase der deutschen Politik abzulegen.

Natürlich ist sein Ausgangspunkt die Wiedervereinigung. Die Bilanz fällt gemischt aus, auch zwei Jahre danach: tiefe Genugtuung über den Mauerfall, Anerkennung für das Management der Vereinigung, scharfe Kritik an den innenpolitischen Versäumnissen. Und die skeptische Frage, ob die Gesellschaft der Bundesrepublik die Kraft besitze, «die Gelegenheit der Einbeziehung des ‹Beitrittsgebiets› auch zu einer Selbstprüfung zu benutzen». Wobei ihm schon der bürokratische Begriff im Halse steckenbleibt, der die in seinen Augen verfehlte, technokratische Unterströmung der Vereinigung verrät. Nicht zuletzt geht es um den schwierigen Weg zur Einheit. Denn je länger die Teilung zurückliegt, desto eifriger melden sich die Zweifler: Musste man wirklich mit Honecker reden? Hat die Ost- und Deutschlandpolitik die DDR am Ende nicht stabilisiert? Durfte man über kleine Schritte reden, während über die großen Untaten geschwiegen wurde?

Weizsäcker beharrt darauf, dass die Entspannungspolitik «keine rabulistische Erfindung, sondern moralisch und sicherheitspolitisch wohlbegründet» gewesen sei. Er ruft ins Gedächtnis, was für ein breites Feld von Initiativen und Praktiken sie umfasste. Sie reichte «vom innerdeutschen Interzonenhandel über die Harmel-Doktrin der Nato bis zu den ersten SALT-Gesprächen der Supermächte und mündete im alles entscheidenden Helsinki-Prozess». Den Einwand, sie habe vielen als Rechtfertigung für Leisetreterei gedient, kontert er trocken: dies mache «die Entspannungspolitik nicht falsch». Weizsäcker holt weit aus, wird grundsätzlich, ja, fast ein wenig pathetisch, um keinen Zweifel daran zu lassen, dass diese Endloskonflikte um die

Ost- und Deutschlandpolitik «unbedingt notwendig» gewesen seien: «Es war der schwere innere Kampf in der Bundesrepublik, sich zu den durch Macht geschaffenen Ergebnissen des von Deutschland begonnenen Zweiten Weltkriegs und seines Unrechts zu stellen und den uns möglichen Beitrag dazu zu leisten, dass der Kalte Krieg nicht in einen heißen übergehen und dass die Freiheit schrittweise Fortschritte machen sollte.»

Anders, weniger kontrovers, ist Weizsäckers Sicht auf die klassische Außenpolitik. Da entdeckt er mehr Kontinuität als Veränderung, obwohl doch die Vereinigung und der europäische Wandel eine Neubestimmung der deutschen Position unumgänglich erscheinen lassen. Doch die Furcht, dass Deutschland sich wieder zu einer Ordnungsmacht aufschwingen könnte, hält er für unbegründet, die Sorge, dass ein neues forsches und unberechenbares Auftreten seine Haltung bestimmen könne – «zu vorlaut in Jugoslawien, zu kleinlaut am Golf» –, für übertrieben. Mit den meisten Entscheidungen der Bundesregierung stimmt er überein – beim Golfkrieg, dem großen Einbruch in die Nachwende-Welt, habe Deutschland vielleicht nicht entschieden genug, aber auch nicht falsch reagiert, mit Jugoslawien, dem Krisenherd in Europa, sei es nicht leichtfertig umgegangen, entgegen der Kritik aus den westeuropäischen Hauptstädten.

Einmal mehr definiert er die deutsche Politik aus der Mittellage, gerade weil Deutschland heute fest im Westen verankert und deshalb von den Spannungen befreit ist, die es früher zu einem Zentrum politischer Konvulsionen und Explosionen machte. Vor allem gibt es Europa; es rücke, so Weizsäcker, «wenn auch unter täglichem Geächze und Gestöhne, Schritt für Schritt in eine Richtung vor, die es in seiner Geschichte bisher nicht gegeben hat». Wenn es zu einer wirklich europäischen Gemeinschaft gewachsen sei, «wird Deutschland nicht östlicher. Vielmehr rückt die Europäische Gemeinschaft in die Mitte des Kontinents vor». Der Frage nach einem Sitz im UN-Sicherheitsrat als Folge der Vereinigung weicht Weizsäcker übrigens elegant aus: Besser seien Konzepte ohne Sitz als ein Sitz ohne Konzepte, und im Übrigen sei ein «Hineinwachsen» nötig «durch unüberhörbares Mitdenken, Mittun und Mitverantworten, so stark wie möglich in der Sache und so behutsam wie möglich in der Form».

Die Wirkung des Buches in der Öffentlichkeit wird jedoch völlig dominiert von der Kritik an der Entwicklung des Parteienstaates, die Richard von Weizsäcker formuliert, offenbar aus tiefster, geplagter Seele heraus. Dabei ist der Tenor keineswegs neu, schon gar nicht, was Weizsäcker selbst angeht, der sich zuvor ähnlich geäußert hat. Dass die Parteien über die im Grundgesetz niedergelegte «Mitwirkung bei der politischen Willensbildung des Volkes» hinaus das öffentliche Leben beherrschen, gehört zu den gängigen Versatzstücken der Kritik am politischen Alltag. Der Sprengsatz, den Weizsäcker hier seiner Parteienkritik aufsetzt, besteht nicht zuletzt in der drastischen Weise, wie sie formuliert ist – und dass der Bundespräsident sie äußert. Ein Berufspolitiker, so erklärt er, sei in Deutschland «im Allgemeinen weder ein Fachmann noch ein Dilettant, sondern ein Generalist mit dem Spezialwissen, wie man politische Gegner bekämpft». Und er fügt – in Anlehnung an einen Buchtitel von Hans-Peter Schwarz – hinzu, was er vom Parteienstaat hält: Dieser sei von beidem zugleich geprägt, «nämlich machtversessen auf den Wahlsieg und machtvergessen bei der Wahrnehmung der inhaltlichen und konzeptionellen politischen Führungsaufgabe».

Die Ladung explodiert, und die Wirkung ist gewaltig. Dabei geht die Kritik an den Äußerungen selbst und am Gebrauch, den Weizsäcker von seinem Amt macht, bunt durcheinander, doch ändert das nichts an der Erregung, mit der die Debatte betrieben wird. Altkanzler Helmut Schmidt glaubt, in den meisten Punkten habe Weizsäcker «ja recht», Altbundestagspräsident Rainer Barzel sieht die «Grenzen des Amtes überschritten», Johannes Rau, nordrhein-westfälischer Ministerpräsident, findet, dass «Ermutigung» nottäte, nicht «Demotivation». Bundesarbeitsminister Norbert Blüm entrüstet sich heftig, einerseits über die von ihm befürchtete verheerende Wirkung der Kritik, andererseits über ihren mangelnden Respekt vor der Arbeit der normalen Parteimitglieder. Das Spektrum reicht von Dankbarkeit für einen Denkanstoß bis zu Rücktrittsforderungen. Auch an wohlfeilen Kommentaren, die Weizsäcker auf die Grenzen von Plebisziten oder Basisdemokratie hinweisen, fehlt es nicht.

Dabei täuschen sowohl die Schärfe von Weizsäckers Philippika wie ihre entrüstete Abwehr darüber hinweg, dass die Substanz des Streites sich in Grenzen hält. Weizsäckers Vorschläge zur Remedur bleiben im Rahmen des Üblichen – stärkere Auswahlmöglichkeiten bei den Wahllisten, mehr Volksbegehren und Volksentscheide –, und über die Mängel des Parteiwesens herrscht ohnedies durchweg Einigkeit. Von der Volksmeinung ganz zu schweigen: 87,4 Prozent der Bundesbürger stimmen nach einer Umfrage des Wickert-Instituts von Ende Juni 1992 Weizsäckers Kritik zu.

So bekommt die Debatte ihren Gravitationspunkt im Persönlichen. Natürlich wird sie sogleich als neue Runde der Auseinandersetzung zwischen Weizsäcker und Kohl begriffen und breitgetreten, als «Abkanzlung des Kanzlers» und «Generalverriss», und tatsächlich lassen sich genügend Hinweise dafür finden, dass Kohl gemeint ist. Natürlich dementiert das Bundespräsidialamt den Verdacht und erklärt, dass in den Äußerungen keine spezielle Kritik an der Bundesregierung enthalten sei. Aber kann man, wie Rudolf Augstein im «Spiegel» fragt, beides zugleich haben: «einerseits eine vielleicht richtige und wegweisende politische Anregung geben, andererseits aber die regierende Klasse und deren Chef pauschal beleidigen»? Den relativierenden Schluss, der, vielleicht, aus der Debatte zu ziehen ist, formuliert Weizsäcker selbst, im gleichen Buch: «Nicht in der Kritik an den Parteien wird sich der Schlüssel für die Lebenskraft der liberalen Demokratie finden, sondern in der lebendigen Bürgergesellschaft, die den Parteien konzeptionell vorarbeitet und ihnen dann auch mit größerem Recht politische Führung abverlangen kann.» Wie überhaupt die Bürgergesellschaft den eigentlichen Fokus von Weizsäckers Kritik bildet: «Darauf will ich in unserem Gespräch in allererster Linie heraus», bescheidet er seine Diskussionspartner: «Denn die Parteien sind nur sehr bedingt fähig, aus sich heraus die bestehenden Schwächen zu überwinden.»

Weizsäckers Verhältnis zu Kohl aber erreicht einen Tiefpunkt. Allerdings ist daran schon seit längerem kaum noch etwas zu retten. Was ursprünglich ein Geben und Nehmen war – frei nach dem Motto: CDU-Karriere gegen Popularität für die Partei –, hat sich in eine Daueranimosität verwandelt. In der politischen Gerüchteküche kursieren die einschlägigen Invektiven und Nachreden, dringen heraus aus vertraulichen Gesprächen, bestimmen Berichte und Kommentare. Dass Helmut Kohl durch sein entschlossenes Handeln zum Kanzler der Einheit wurde, Weizsäcker jedoch zum energischen Kritiker seiner Einheitspolitik, führt endgültig zum Bruch. Bleibt angesichts der Tiefe des Zerwürfnisses nur die Frage, wann der Riss in dieser Beziehung begonnen hat, die doch in ihren rheinland-pfälzischen Anfängen und noch in Kohls Jahren als CDU-Vorsitzender von Nähe und gegenseitiger Anerkennung geprägt war: mit Kohls Versuch, Weizsäcker 1983 um seine Kandidatur für die Bundespräsidentschaft zu bringen? Oder schon mit dem «Frontenwechsel» (Gerd Langguth), bei dem Weizsäcker im Zuge der Auseinandersetzung um die Führung in der CDU 1971 von Kohl zu Barzel überging? Oder ist das Verhältnis daran zerbrochen, dass Weizsäcker mit den Jahren zu einem Politiker aus eigenem Recht wurde und sich damit aus der Abhängigkeit Kohls befreite, der als Parteivorsitzender Gefolgschaftstreue erwartete?

Ohnedies macht die Unterschiedlichkeit der beiden ihren Konflikt nachgerade zum Selbstgänger: Weizsäcker der Liberale, der Politikdenker, der Weltmann, Kohl der Konservative, der Machtmensch, der Mann der Provinz – Bild und Gegenbild, passend zur zeitgemäßen Konfrontation von Reformern und Konservativen, von Emanzipation und Beharrung, die die siebziger und achtziger Jahre bestimmte. Zumal in den Jahren der Opposition verbitterte manch einen in der CDU – wie der Unionskenner Karl Feldmeyer in der «Frankfurter Allgemeinen» schreibt –, was Weizsäckers Bewunderern als «Ausdruck von Souveränität, Offenheit und Unbefangenheit erschien»: Er «empfand, sprach und handelte oft eher aus dem Lebensgefühl derjenigen heraus, die der sozial-liberalen Koalition innerlich näher standen als aus dem ihrer fundamentalen Kritiker».

Und insofern in diesen Streit zunehmend auch Menschlich-Allzumenschliches eindringt, Kränkung, Bitterkeit, ja, Feindschaft, bekommt er auch die Züge einer regelrechten «Beziehungskiste». Mit gutverteilten Rollen: Weizsäcker drängt Kohl zu einer anderen Politik, zu mehr Offenheit, Anerkennung der Oder-Neiße-Grenze, Sach- statt Machtpolitik; Kohl wittert Abweichung vom rechten Weg und Undankbarkeit. Das zeigt sich noch daran, wie sie als alte Herren in ihren Memoiren miteinander umgehen: bei Weizsäcker eine kurze, von doppelbödiger Freundlichkeit überquellende Passage, bei Kohl nur abfällige Randbemerkungen, getränkt mit persönlicher Verletztheit.

In einem besonderen, zum Friedensschluss animierenden Moment – zu Kohls 70. Geburtstag im April 2000 – hat Weizsäcker in seinem Glückwunschschreiben noch einmal versucht, den Streit versöhnlich zu resümieren: Für ihn, Kohl, habe die CDU «Heimatcharakter»: öffentlich habe er erklärt, er kenne kein politisches Leben außerhalb der Partei, was er, Weizsäcker, «nie hätte sagen können». Er habe zwar Parteien stets als notwendig empfunden, aber zu Hause «fühlte ich mich anderwärts – in den Kammern für politische Verantwortung meiner Kirche, im geteilten Berlin, in den Verständigungsaufgaben mit Warschau und Prag». Deshalb sei Kohls Verhältnis zur politischen Macht ganz anders, mit tiefen Folgen «fürs Denken, Handeln und Verhalten».

Der Brief kann indessen nichts an dem tieferen Grund des Zerwürfnisses ändern, der Verwandlung der CDU und ihrer Politik unter Helmut Kohl. Nur wenige Monate vorher, als der CDU-Chef Auskunft über die Quellen von nicht öffentlich gemachten Parteispenden mit dem Hinweis auf ein gegebenes Ehrenwort verweigerte, hat Weizsäcker sie angeprangert: Der Aufsatz, im Januar 2000 in der «Frankfurter Allgemeinen» erschienen, wird zum Tribunal. Er beschreibt den Weg vom «modernen, diskussionsoffenen Verband», den Kohl in Rheinland-Pfalz führte, zu seiner späteren Herrschaft über die Partei, zum «Parteidienst vor dem Staatsdienst» – eine Art von Feudalsystem mit dem Parteichef als Lehnsherrn. Weizsäcker versucht zwar einzulenken: «Wie ich es gesagt habe, das hat die Überbrückung der Unterschiede nicht erleichtert. Manches andere, was ich auch als wahr und gut empfunden habe, kam zu wenig deutlich hervor», heißt es im Geburtstagsbrief vom April 2000. Doch an Kohls Verbitterung über Weizsäcker ist nicht zu rühren: «Es ist schon erstaunlich, wie man sich über Abhängigkeiten und Seilschaften auslassen kann und dabei sein eigenes Gedächtnis völlig ausschaltet», heißt es in dessen «Erinnerungen». Dass Weizsäcker nicht mehr CDU-Mitglied sei, wie 1997 von der Parteizentrale herausposaunt und von Kohl bräsig kommentiert wird – der Mann gehöre sowieso nicht mehr «zu uns» –, ist lediglich das burleske Seitenstück zum Drama einer konsequenten Entfremdung.

Im März 1993, ein Jahr nach dem Erscheinen des umstrittenen Gesprächsbuches, ergreift Richard von Weizsäcker, der Redner und Vorphilosophierer, die Chance, selbst zu handeln: Er teilt mit, dass er vom kommenden Winter an seine Amtsgeschäfte hauptsächlich von Berlin aus führen werde. Mit dem Gewicht seines Ansehens schafft er Fakten – mitten hinein in das

Ziehen und Zerren um den Hauptstadtumzug, der zur endlosen Geschichte zu werden droht. Die Bedeutung dieses Schrittes ist eine logische Konsequenz der Rolle, die Berlin in seinen Vorstellungen eines künftigen Deutschlands spielt. Weizsäcker hat diese Überzeugung bereits 1990 mit seinem Vorpreschen in der Hauptstadtfrage belegt. Aber noch drastischer zeigt das Bekenntnis zu Berlin vielleicht ein Memorandum, mit dem er im Februar 1991, vier Monate vor der entscheidenden Berlin-Abstimmung, in den noch ziemlich offenen Meinungsstreit um die Hauptstadtfrage eingreift.

Denn mit diesem Acht-Seiten-Papier, das unter diversen Politikern und Journalisten verteilt wird, wagt Weizsäcker einen großen Einsatz. Er macht klar, dass er nicht als einziges Verfassungsorgan nach Berlin gehen werde – wie es in verschiedenen Vorschlägen vorgesehen war –, wenn etwa Bundestag und Bundesregierung in Bonn blieben. Doch was bedeutet es, wenn der Bundespräsident versichert, er wolle zwar jeden Bundestagsbeschluss ausführen, jedoch nicht als «Dekoration einer sogenannten Hauptstadt» dienen? Setzt er hier das oberste Staatsamt als Hebel ein, um die Abgeordneten auf den nach seiner Überzeugung richtigen Weg zu bringen, nämlich nach Berlin? Steckt darin sogar die Drohung des Rückzugs vom Amt, falls der Bundestag beschließen sollte, dass er allein die Hauptstadtrolle zu geben habe? Welchen Einfluss das Memorandum, als Privatmann und also ganz auf eigene Verantwortung verfasst, auf die Berlin-Entscheidung gehabt hat, ist schwer zu sagen. Es setzt jedenfalls zuerst den Prozess der Willensbildung im Vorfeld der Entscheidung und damit dann auch die Abgeordneten unter Druck.

Weizsäckers Berlin-Votum 1990 gehört jedenfalls wie das Memorandum zu den Wegbereitern des 1991 beschlossenen Berlin-Umzugs – und auch seine (fast) letzte Amtshandlung gilt ihm auch. Den Neujahrsempfang 1994 veranstaltet er Anfang Januar schon in der neuen, alten Hauptstadt, zwischen «Abschied» und «Anfang», wie er anderntags zu den Diplomaten sagt, die er ebenfalls nach Berlin lotst. Da ist das Ende seiner Amtszeit schon nahe herangerückt. Erreicht er es nach zehn erfolgreichen Amtsjahren – wie genörgelt wird – als sein «eigener Epigone», den seine Bedeutung längst überholt hat? Oder mit der noch immer unangreifbaren Autorität seiner Präsidentschaft? Es ist, keine Frage, der Ideal-Staatsmann, der nun geht, und dementsprechend sind die Abschiedsadressen voll von Lobeshymnen, die ihn über das gesamte Jahrzehnt seiner Präsidentenjahre begleitet haben. Selbst der Spott über das «Ende des Hochamts», den das «FAZ»-Feuilleton ihm spendet, ist milde.

Dieses Bild wird eher noch zusätzlich koloriert vom Ausnahmecharakter dieser zehn Jahre. Denn gewählt wurde Weizsäcker noch als Repräsentant der alten Bundesrepublik, sei es als leuchtender Vormann ihrer liberalen aufgeklärten Entfaltung, sei es als Verkörperung einer «konfliktängstlichen, spätwestdeutschen Gesellschaft» (Georg Paul Hefty). Er endet als erster Präsident des vereinten Deutschlands, also eines Glücksfalls der Geschichte, der zugleich einen Umbruch sondergleichen und eine Bewährungsprobe für Politik und Gesellschaft darstellt. Denn als er sich, am 30. Juni 1994, verabschiedet, steckt die deutsche Einheit mitten in der Furt, das alte Ufer längst versunken, das neue noch nicht erreicht.

Ist das der Grund dafür, dass sich bei diesem Abschied die Melancholie mischt mit dem Bewusstsein, eine Ära hinter sich zu lassen, die sich schwerlich wiederholen wird? Die letzten Wochen und Tage fügen ihre Elemente fast musikalisch zu einem Schlussstück zusammen. Abschiedsreisen zu den westeuropäischen Nachbarn, zwei Staatsbesuche: der eine im Vatikan, wo ihm die Ehre einer Abschiedsvisite erwiesen wird, die nach den Regeln des vatikanischen Protokolls für Staatsbesuche ausgestaltet ist – dessen Pracht und Strenge verfehlen seinen Eindruck auf Weizsäcker nicht –, der andere und letzte, vier Tage vor Amtsübergabe, gilt Polen und ist eine Geste, in der Verpflichtung und Zuneigung sich vereinen. Dazu kommt, als Tribut an die ganze Region, eine Debatte über Mitteleuropa in Litomysl in Ost-Böhmen, zu der Václav Havel nicht weniger als sieben Staatsoberhäupter geladen hat; ein Gartenfest im Berliner Amtssitz Schloss Bellevue für ehrenamtliche Helfer aus Ost und West; der Zapfenstreich im nächtlichen Park der Villa Hammerschmidt, der den Präsidenten Weizsäcker verabschiedet, aber zugleich auch ein Leben mit Bonn und der Bonner Politik; ein Abschiedskonzert der Berliner Philharmoniker, die den regelmäßigen Besucher ihrer Konzerte außerdem zum Ehrenmitglied machen. Als er zur Dankesrede nach vorn tritt, wird Weizsäcker – so hält es die «Frankfurter Allgemeine» fest – mit Standing Ovations gefeiert, «mit einem Raunen und einer tiefen Bewegung im Publikum, als sei es der ganz große Abschied für immer, vielleicht einer Epoche sogar». «Präsidentendämmerung» lautet die Überschrift.

Drei Tage später hält Richard von Weizsäcker seine Abschiedsrede. Sie ist ein Patchwork von Dank und Appell, von Aktuellem und Grundsätzlichem, getragen von seinem Esprit und seiner Aufgeschlossenheit. Er fordert, zum Beispiel, ein neues Einwanderungs- und Staatsangehörigkeitsrecht, warnt davor, von «Jagden auf Ausländer» zu sprechen, «um sich dann eines späteren Tages zu fragen, wie es dazu hatte kommen können», und plädiert dafür, die Kulturausgaben nicht zu kürzen, weil sie geringer seien als fast alle anderen Haushaltmittel, ihre Wirkung jedoch tief gehe. Und sie endet bei der Nation, diesem von ihm so oft umkreisten Begriff. «Was ist die deutsche Nation? Und wohin zielt sie?», fragt Weizsäcker und antwortet mit einer Definition, die sich nicht im klassischen Nationenbild des neunzehnten Jahrhunderts erschöpft, sondern sie europäisch weiterdenkt: «Das ganze Erbe der Vergangenheit anzunehmen, seine guten und seine schweren Kapitel, oder, mit den Worten des französischen Religionshistorikers Ernest Renan, seinen Ruhm und seine Reue gemeinsam zu tragen», das sei das eine, was die Nation präge. «Das andere», so Weizsäcker, «ist unser Wille zur Gegenwart, unsere Bereitschaft, sich den Aufgaben unserer Zeit zu stellen.» Die kleine ironische Schlussverbeugung: «Meine Damen und Herren ... Sie haben mich glücklich überstanden», wird – laut Protokoll – mit Heiterkeit bedacht.

«Die dritte Amtszeit»: Elder Statesman

Dass Amt und Person in ihm glücklich übereinstimmten, gehört zum Kanon der Lobessprüche über Richard von Weizsäcker. Aber was bleibt dann übrig, wenn die Amtszeit vorbei ist? Die Antwort gibt Weizsäcker selbst mit seinem Leben danach: ein Präsident ohne Amt. In der Tat ist es schon erstaunlich, wie sehr er auch nach dem Ausscheiden bleibt, was er war – obwohl er nicht mehr an der Spitze des Staates steht, Gäste aus aller Welt empfängt und in dem leicht monarchischen Hauch lebt und webt, der zu einem Präsidenten gehört. Unverändert, unvermindert strahlt er in den nun folgenden Jahren Autorität, Beweglichkeit, Noblesse aus, und zwar ohne dass dies auf Kosten seiner Nachfolger – inzwischen sind es schon drei – ginge. Von einer «dritten Amtszeit» des Richard von Weizsäcker kalauert die «Süddeutsche Zeitung», deren Reporterin ihn ein paar Monate nach seinem Abschied besucht. Er selbst beantwortet entsprechende Fragen mit dem Bescheid, dass sein Interesse an der Politik nicht mit dem Amt des Bundespräsidenten angefangen habe und mit ihm auch nicht aufhöre.

Einiges ändert sich schon. Ende Januar 1994, also noch in seiner Amtszeit, verlassen er und seine Frau die Villa Hammerschmidt, dieses großbürgerliche Neunzehntes-Jahrhundert-Schlösschen am Rhein, und ziehen in eine ruhige Nebenstraße im grünen Berliner Stadtteil Dahlem. Nur der Einzug gerät zum Medienspektakel, denn dass Weizsäcker mit Sack und Pack den Sprung nach Berlin macht, soll auch ein Signal für den nur schleppend vorankommenden Berlin-Umzug sein. Dabei ist das Haus in keiner Weise auffällig: eine bürgerliche Villa im Landhausstil, in der der Hausherr auf einer eher schmalen Treppe aus seinem Arbeitszimmer in den Flur herunterkommt, um seine Besucher zu empfangen, mit einem hübschen, großzügigen Garten, den Marianne von Weizsäcker ebenso aufmerksam pflegt wie zuvor den Park der Villa Hammerschmidt. Inzwischen sind die Weizsäckers hier längst Nachbarn unter Nachbarn, und man konnte Richard von Weizsäcker auch schon einmal auf dem Fahrrad sehen, wie er zum Bäcker fuhr. Nur dass aus einem Erdgeschossfenster ein Sicherheitspolizist herausschaut, wenn jemand klingelt.

Als Ende Juni seine Amtszeit vorbei ist, bezieht er außerdem ein Büro in Berlin. Auch das zeichnet sich nicht durch Größe aus – sein Arbeits- und Empfangszimmer ist ein bescheidener schmaler Raum, eher gemütlich als repräsentativ –, dafür jedoch durch Lage und Geschichte. Das Magnus-Haus, in dessen Seitenflügel es sich befindet, liegt gegenüber dem Pergamon-Museum, dem Anziehungspunkt aller Berlin-Touristen. Die Gegend ist, als Weizsäcker einzieht, noch graues, raues Ost-Berlin; heute ruft das von Grund auf erneuerte Haus mit seinem ockergelben Ton und dem Garten dahinter das idyllische Bild eines erhalten gebliebenen, alten Berlins herauf. Außerdem reicht seine Geschichte hinein in ältere, bürgerlich-intellektuelle Schichten der Stadt, die gut zu Weizsäcker passen: Der Namensgeber, Begründer der Berliner Schule der Physik, gehörte zu einer der alten deutsch-jüdischen Familien der Stadt, später lebte hier Max Reinhardt, der große Theatermann – und lobte besonders die schöngeschwungene Treppe mit ihrem schmiedeeisernen Geländer, über die nun Weizsäcker in sein Büro gelangt. Das stille Quartier hinter der Humboldt-Universität ist ein Ruhepol in der Stadt. In der Seitenstraße erinnert eine Tafel daran, dass hier Gottfried Keller als Student lebte, im Nachbarhaus wohnt die Bundeskanzlerin.

Herausgetreten aus den Anforderungen des Staatsamtes, wächst Weizsäcker hinein in eine neue Rolle als öffentliche Person. Auch sie ist wie gemacht für ihn, obwohl es schon zu Buche schlägt, dass er nun sozusagen eine Ich-AG darstellt – statt der 150 Mitarbeiter, die für ihn als Bundespräsidenten arbeiteten, sind es nur noch zwei: ein persönlicher Referent und eine Sekretärin. Denn die Beanspruchung lässt kaum nach. Mit dem Wechsel in den a.-D.-Status steht er nicht etwa außerhalb der politischen und gesellschaftlichen Welt, sondern ist ihren diversen Anfragen, Aufforderungen und Bitten erst recht ausgesetzt, ungeschützt durch Protokoll und Etikette.

Und auf den unterschiedlichen Ebenen des Gemeinwesens Bundesrepublik spielt sich nun immer wieder der gleiche Vorgang ab: Vereinigungen und Universitäten suchen nach einem Redner, der Qualität und Prominenz garantiert. Politiker fragen sich, wer der richtige Vorsitzende für eine Kommission sei, die Reformvorschläge erarbeiten soll. Redakteure zerbrechen sich den Kopf darüber, wer das richtige Wort zu diesem Gedenktag oder jenem Problem sagen könnte. Verleger suchen jemanden, der ein Vorwort schreibt, das ihrem Buch Glanz verleiht, oder der es in der Öffentlichkeit vorstellt. Nach einiger Zeit fällt ein Name: Richard von Weizsäcker? Eifriges Kopfnicken. Erstaunlich oft sagt er zu. Immerhin, so räumt er ein, könne er sich nun selbst aussuchen, was er tue.

Das Resultat ist ein beängstigend voller Terminkalender. Unmöglich, eine Vorstellung davon zu bekommen, wo überall Weizsäcker in den sechzehn Jahren seit seinem Abschied gesprochen hat, in welchen Gremien er Mitglied war, welche Auszeichnungen er als Laudator geschmückt und welche er selbst erhalten hat. Und ist das verwunderlich? Weizsäcker ist ein gefragter Redner und Diskussionsteilnehmer und neigt auch nicht dazu, sich rar zu machen, denn die Teilnahme am öffentlichen Disput ist ihm ein Bedürfnis; er fühlt sich nicht nur dazu verpflichtet, sondern empfindet innere Genugtuung darüber. Seine Reisefrequenz ist beträchtlich. Diese Woche da, nächste Woche dort, in der Bundesrepublik, in europäischen Nachbarländern und in Übersee, in den USA oder in Asien, zu Vorträgen, Podiumsgesprächen und Tagungen: so nimmt es sich jedenfalls aus, höchst diskret und ohne Aufhebens, man merkt es kaum. Aber wenn er, wie 2009, in der American Academy am Wannsee den Henry-A.-Kissinger-Preis erhält, kann es sich treffen, dass er gerade morgens um fünf von einer Konferenz des InterAction Council in Saudi-Arabien, einem internationalen Forum ehemaliger Staatsmänner, zurückgekommen ist. Aber auch dann hält er einen ganzen langen Abend mit Preisverleihung, Podiumsdiskussion und nachfolgendem Abendessen durch. Es ist der Lohn und der Preis weltweiter Bekanntheit, weltweiten Interesses – und großer Disziplin.

Die Politik lässt ihn nicht los. Kaum dass er frei von seinen Amtspflichten ist, wird er sozusagen für das Gemeinwohl dienstverpflichtet, und zwar im Weltmaßstab. Die UNO und ihr Generalsekretär Boutros-Ghali gewinnen ihn 1994 als Mitvorsitzenden einer Kommission, die Vorschläge für die Reform der Weltorganisation erarbeiten soll. Schon nach einem Jahr liegen die Ergebnisse vor – der Sicherheitsrat soll durch Räte für Wirtschaft und Soziales ergänzt werden, denn im Zeitalter der Globalisierung reiche die Orientierung auf sicherheitspolitische Fragen nicht mehr aus. Außerdem gehört Weizsäcker zu den Mitgliedern der Reformkommission der Europäischen Union und der Internationalen Balkan-Kommission.

Das umfangreichste Unternehmen, bei dem sein Rat verlangt wird, ist die Bundeswehrreform. Über ein Jahr tagt die Kommission unter seiner Leitung, und die Vorschläge, die er im Mai 2000 vorstellt, greifen tief in die Struktur der Streitkräfte ein. Weizsäcker hat viel politischen Ehrgeiz in die Arbeit gesteckt, denn sie kommt seiner Vorstellung sehr nahe, die Politik mit unabhängigen Experten in der Art der englischen Royal Commissions voranzubringen – ungefähr zwei Dutzend Mal sei ihm bei der Überreichung des Berichts das Wort «gründlich» über die Lippen gekommen, will ein Reporter gehört haben. Doch sehr erfolgreich sind seine Bemühungen nicht. Einigermaßen ratlos steht Weizsäcker vor der Routine, mit der sich die Politik den Empfehlungen seiner Kommission entzieht – obschon doch die Gefahr besteht, wie er stöhnt, «dass die Waffen älter sind als die Soldaten, die sie benutzen». Binnen kurzem verwandeln sich die Vorschläge in der politischen Maschinerie in kleine Münze.

Die neue Rolle ändert nichts an der kritischen Haltung, die er zur Politik in der Bundesrepublik einnimmt, zumal zum Parteienbetrieb. Nur sind jetzt die Pfeile, die er auf sie abschießt, womöglich noch spitzer als früher. Behauptungen wie die, dass die Bundesrepublik schon lange ein System habe, «das die von der Demokratie angebotenen Mittel zur Erringung und Bewahrung der Macht auf eine bisher nie gekannte Perfektion getrieben hat», oder die Bemerkung, dass er in täglichen Leitartikeln der «Herald Tribune» «mehr an konzeptionellen Gedanken» finde «als in den Äußerungen unserer parteipolitischen Machtzentren», sollen treffen – und sie treffen. Jeder weiß, dass es Helmut Kohl ist, dem er grollt, seiner langen Regierungszeit und der noch längeren als Vorsitzendem der CDU. Ein Hauptthema der Auseinandersetzung bleibt für ihn das Asylrecht und die Zuwanderung, die zu neuralgischen Punkten der öffentlichen Debatte geworden sind. Es will ihm nicht in den Kopf – und er findet die Diskussion darüber «einfach lächerlich» –, dass die Union sich dagegen sperrt, die Bundesrepublik ein «Einwanderungsland» zu nennen. Schon in Berlin, vor mehr als einem Jahrzehnt, so gibt er zu Protokoll, hätten ihm die Türken den Ehrentitel des Bürgermeisters der größten türkischen Stadt außerhalb des Landes zuerkannt.

Herausgefordert fühlt sich Weizsäcker auch durch die Erfolge der PDS, allerdings nicht minder durch den Versuch, mit der Angst vor der SED-Nachfolgepartei Wahlkampf zu betreiben, und wieder ist es seine Partei, die CDU, deren Verhalten – Stichwort Rote-Socken-Kampagne – ihn erregt. Er sieht darin eine Behinderung der «werdenden Einheit» – wie er den Zustand des Landes mit Vorliebe beschreibt –, und das ist nach seiner Überzeugung ein schweres Vergehen, ja, vielleicht das schwerste. Um darauf aufmerksam zu machen, wählt der Protestant Weizsäcker keinen geringeren Ort als die Kanzel des Brandenburger Domes, und dies auch noch am Reformationstag, dem Festtag der evangelischen Kirche. In die frische Erregung hinein, die der Wahlerfolg der PDS bei den Wahlen zum Berliner Parlament im Oktober 1995 ausgelöst hat – sie wird drittstärkste Partei, mit 35 Prozent der Stimmen im Osten –, platziert er seine Forderung nach einer sachlichen Auseinandersetzung mit der PDS. Sie werde durch ihre «Dämonisierung» und ihre Nutzung als «Wahlkampfkeule» – beides wirft er der CDU vor – nur gestärkt.

Drei Jahre später, vor den Bundestagswahlen 1998, schlägt er in die gleiche Kerbe: Mit dem Ruf, die PDS dürfe nicht ausgegrenzt werden, vielmehr müsse sie gezwungen werden, sich zu Demokratie und Einheit zu bekennen und politische Verantwortung zu übernehmen, stürzt er sich ins parteipolitische Getümmel. Diesmal mit zweifelhaftem Erfolg: Dank eines vertraulichen Telefongesprächs, das eine Zeitung ohne seine Autorisierung zum Interview gemacht hat – er hat da wie gewöhnlich aus seinem Herzen keine Mördergrube gemacht –, gerät er über Kreuz mit dem amtierenden Präsidenten, seinem Nachfolger Roman Herzog. Denn der hält an der traditionellen Abwehrlinie gegen die PDS, der Warnung vor einem «Flirt» mit den Gegnern der Demokratie, fest. Zu allem Überfluss versucht auch noch die PDS, seine Äußerungen im Wahlkampf zu ihrem Vorteil zu nutzen.

Gerade an dieser Kontroverse spürt man, wie sehr ihn die fortdauernde Belastung der Gegenwart durch die Vergangenheit beunruhigt. Die Dauererregung über Stasi-Enthüllungen und die Prozesse gegen Honecker und die anderen einstigen SED-Größen ist mittlerweile in eine heftige Debatte übergegangen, ob es einen Schlussstrich unter die Auseinandersetzung mit dem SED-Unrecht geben dürfe oder müsse. Einerseits ist Weizsäcker überzeugt davon, dass die Beschäftigung mit der DDR-Vergangenheit nicht abgewürgt werden dürfe – insofern also: kein Schlussstrich. Andererseits findet er, dass «das Strafen einmal zum Ende finden muss». Dazwischen sucht er tastend nach seiner Linie, die die Lehren aus der DDR-Diktatur ziehen und dennoch an dem Ziel einer «Abschlussregelung» festhalten soll, die sich vom Verjährungsgedanken «nicht vollkommen entfernt» und die «Aussöhnung» voranbringt.

Zu viel Einerseits und Andererseits? So kann man es sehen – und viele sehen es so. Doch ist die humane Haltung, die dahintersteht, nicht zu verkennen. Sie beruht auf der Überzeugung, dass «jeder Mensch in seinem Leben Irrtümer aneinanderreiht und dass es darum geht, zu lernen, diese Irrtümer einzusehen und zu überwinden. Je mehr man bestraft wird durch Ausschluss, desto weniger wird man in der Lage sein dazuzulernen». Nur: Taugt diese Haltung für eine Situation, in der die Debatte um die Vergangenheit im Westen als eine Art Abrechnung mit dem SED-System betrieben wird, während sie im Osten von vielen als eine Form der kollektiven Anklage empfunden wird? Am Ende bleibt Weizsäcker kaum mehr als die Genugtuung, eine Tugend hochgehalten zu haben, die er gerne mit einem Wort von Richard Schröder umschreibt, dem SPD-Fraktionsvorsitzenden der letzten DDR-Volkskammer: «Von anderen nicht ständig das Schlimmste zu erwarten oder gar zu erhoffen, damit das eigene Weltbild stimmt.» Als 2001 in Berlin ein rot-rotes Bündnis zustande kommt, schlägt er sich auf die Seite der Befürworter.

Überhaupt beschäftigen Weizsäcker der Fortgang und die Probleme der deutschen Einheit weiterhin massiv. Es bewegt ihn, dass die Bundesrepublik im Menschlichen und Sozialen noch immer eine «zerklüftete Landschaft» darstellt, nicht zuletzt wegen des Gefälles zwischen Westen und Osten. Er ist pragmatisch genug, zum Beispiel auch auf die unterschiedlichen Größenordnungen zu verweisen – vier Fünftel der Bürger sind Westdeutsche, nur ein Fünftel lebt im Osten, dafür gibt es dort ein Drittel der Arbeitslosen und der Konkurse –, auch wenn er in den psychologischen Verwerfungen das Hauptproblem sieht. Doch rückt er auch die positiven Faktoren dieser schwierigen Rechnung ins Licht: das Aufbauwerk im Osten, das er für «gewaltig» hält, die Landschaften, die nach zehn Jahren zum Teil kaum noch wiederzuerkennen seien, die Straßen und Telefonverbindungen, die renovierten Fassaden und Dächer der Häuser, dazu auch die Anstrengung der westdeutschen Politiker – die «Schwerstarbeit» der Verhandlungen über den Einigungsvertrag und Kohls Vorgehen, das «zunächst behutsam und sorgfältig» gewesen sei. Nur der Verzicht auf eine gemeinsame Abstimmung über das Grundgesetz bleibt für Weizsäcker unentschuldbar.

Nach wie vor erbittert ihn die Deformation des Parteienstaats, doch die Veränderung der Politik unter dem Druck der Krise der Sozialsysteme und der Herrschaft der Verbände beschäftigt ihn nicht weniger. Auch der Aktivismus verstört ihn, der nach dem Umzug von Bonn nach Berlin in den Medien, aber auch in der politischen Debatte um sich zu greifen droht. Als nach der Bundestagswahl 2002 der Gedanke an einen Untersuchungsausschuss aufkommt, der sich mit angeblichem Wahlbetrug beschäftigen soll, hält der politische Praktiker sogleich dagegen: «Was soll herauskommen? Angriff, Gegenangriff, gegenseitige Schmutzladungen»; der Ausschuss, so der Altbundespräsident, wäre die Fortsetzung des Wahlkampfs und schädige am Ende nur das Ansehen der Parteien, denn mit der Lüge sei es in der Politik eben nicht so einfach wie bei der Kindererziehung. Der Streit gibt Weizsäcker Gelegenheit, abermals für seinen kategorischen Imperativ zu werben: «Wer seine Politik ohne moralische Grundsätze vertritt, der macht eine schlechte Politik. Und der, der die

Moral ohne Bezug auf die real existierenden Interessen vertritt, der wird zum Ideologen.»

Andererseits widmet sich Weizsäcker mit großer Akribie auch der Analyse aktueller politischer Streitpunkte, allemal auf der Höhe der Debatte – zum Beispiel der Reform und vor allem Reformbedürftigkeit des Föderalismus. Da lenkt er, nicht zum ersten Mal, den Blick von der Beschäftigung mit dem Verfassungstext auf die Frage, in welcher Verfassung sich die Republik und ihre Bürger denn eigentlich befinden. Die Demokratie, daran hat er keine Zweifel, ist nicht in Gefahr. Aber ist der Föderalismus aus dem Lot geraten? Etwa dank einer EU, die die politische Rolle des Bundes schwächt, und der Ministerpräsidenten, die zu stark geworden sind? Ist die Bundesrepublik gar auf dem Weg vom Bundesstaat zum Staatenbund? So weit will Weizsäcker nicht gehen. Doch müssten die Rollen neu gewichtet werden, die Bund und Länder spielen – einerseits für den Zusammenhalt der Gesellschaft, andererseits für das Bedürfnis der Menschen nach Zugehörigkeit. Da seien, findet er, die Parteien gefordert, von denen doch – bei aller Skepsis gegenüber der Parteiendemokratie – eine gemeinschaftsbildende Wirkung ausgehe. Da sei ihre geistig-politische Führungsaufgabe gefragt.

Täuscht der Eindruck, dass sich für Weizsäcker mit den Jahren die Perspektive der großen historischen Erzählung über die Nachkriegswelt und die Wende in den Vordergrund drängt? Ist es die fortschreitende Lebenszeit, die zur Folge hat, dass sich das Vergangene zum gelungenen Bild rundet? Oder überhaupt der Umstand, dass gelebte Zeit zur Geschichte wird? Gewiss, es bleibt seine Überzeugung, dass es besser gewesen wäre, wenn man für die Vereinigung mehr Zeit gehabt hätte. Andererseits ist ihm klar, dass die Bundesrepublik gar nicht die Wahl hatte, ein vorsichtigeres Tempo einzuschlagen: «Sollten wir denn neue Barrieren zwischen Ost und West errichten? Außerdem brauchten wir die Zustimmung der ehemaligen Siegermächte für unsere Einheit, also auch Gorbatschow, dessen Abwahl zu Hause drohte.» Und war nicht die Einheit selbst das alle Entscheidungen beherrschende, keineswegs ungefährdete Ziel?

Immer öfter rekapituliert Weizsäcker in Reden und Interviews den Gang der Vereinigung, immer mehr wandelt sie sich zu einer Geschichte, in der Brüche und Spannungen durch den Erfolg der Einheit aufgehoben werden, immer deutlicher wird sie erkennbar als Teil einer großen historischen Entwicklung. Ihr Bogen reicht von der Schlussakte von Helsinki über die Oppositionsbewegungen in Polen und Tschechien und die Bürgerrechtsbewegung in der DDR bis zu ihrem «deutschen Schlussstein», der Einheit. Aber für Weizsäcker steht auch hinter dieser Entwicklung die Nachkriegszeit, von der er je länger, desto überzeugter das Bild eines beispiellosen Ereignisses in der europäischen, ja, der Weltgeschichte entwirft. Es ist sein langes, tätiges Leben, das diesem Unterfangen seinen Rang gibt.

«Kein denkender Mensch aus meiner Generation», so bekennt er, habe 1945 für die Zeit, die damals begann, «eine europäische Entwicklung für denkbar gehalten, wie wir sie während der letzten fünfzig Jahre miterlebt und mitgestaltet haben». Aus dieser Perspektive zieht er ein «Grundgefühl der Zuversicht». Tatsächlich habe es das ja noch nicht gegeben – so versichert er, der europäischen Misere sozusagen mitten ins Herz –, dass die Staaten «freiwillig und ohne Zwang wesentliche nationale Souveränitäten einer gemeinsamen europäischen Autorität überantworten». Und er lenkt den Blick auf den Ertrag, den alle europäischen Kalamitäten und Ärgernisse nicht vernichten können: «Aus den getrennten nationalen Geschichten ist eine gemeinsame historische Erfahrung geworden, die uns unwiderruflich vereint.»

Die nationale Geschichte hat da ihren Platz. Weizsäcker hat immer für ein «ruhiges, geklärtes, nationales Bewusstsein» plädiert, jenseits des Nationalismus, den die Deutschen überwunden haben, sozusagen auf patriotische Weise: «Der Nationalist

ist einer, der die anderen hasst. Der Patriot ist einer, der das eigene Land liebt und den Patriotismus der Nachbarn versteht und achtet» – so hieß das in der politikdidaktischen Elementarfassung bei ihm, der in den siebziger und vor allem den achtziger Jahren dieses Problemknäuel zu entwirren versucht hat wie kein Zweiter. Nach der Vereinigung greift er weit aus, um die deutsche Geschichte zu definieren: einerseits auf die Vielfalt der Stämme, Provinzen und Länder, also den Föderalismus, andererseits auf die «Bürgergesellschaft», die nach einem langen Weg «am Ende die entscheidende Kraft zur Wiedergewinnung unserer Einheit erzeugte». Aber Weizsäcker ist überzeugt, dass die Deutschen damit nicht in die «alte Nation» zurückkehren werden. Der neue Nationalstaat, so formuliert er gleichsam mit spitzen Fingern, wurde «am Ende eine Wiedergründung zur Beilegung langer Krisen». Wir sind auf dem Weg nach Europa, aber wir werden nicht aufhören, Nationalstaaten zu sein.

Oder hat dieser Rückblick auf die dramatischen Ereignisse des Vereinigungsprozesses zu tun mit der Rechenschaft über das eigene Leben, die Weizsäcker in diesen Jahren abzulegen beginnt? Seine «Erinnerungen» erscheinen 1997 und sind ein überragender Erfolg. Der persönliche Bericht, den der Autor verspricht, wird zu einer Darstellung und Klärung deutscher Geschichte in der Spanne des eigenen Lebens. Vier Jahre später schiebt er ein zweites Buch nach: «Drei Mal Stunde Null? 1949 – 1969 – 1989». Es ist eine eigenwillige, gewagte Erzählung dieser Geschichte, reichlich versetzt mit historischer Weisheit und persönlichen Stellungnahmen. Die Daten, die dem Buch den Titel geben, sind weniger, wie angekündigt, die Zäsuren, als vielmehr Denk-Punkte, und die anschließende Interpretation der Vergangenheit wird zu einem anregenden «Gedankengang» durch die deutsche Geschichte und Gegenwart.

Es ist die Altersbilanz eines Mannes, der als handelnder Zeitgenosse und dennoch mit großem historischem Atem denkt und urteilt. Das Buch bestimmt das Halbjahrhundert der Nachkriegsgeschichte als Prozess der Verarbeitung, der Bewältigung, der Auflösung des Rätsels einer Geschichte, die in die Katastrophe geführt hat. In Weizsäckers Deutung entsteht aus zwei deutschen Schicksalsdaten, dem 8. Mai 1945 und dem 9. November 1989, das erstaunliche Destillat des «zusammengehörenden Ganzen einer Stunde Null», wahrhaftig eine Zeitenwende: Ende einer zerstörerischen Herrschaft und «Aufbruch in eine neue gemeinsame europäische Zukunft».

Das Leben nach dem Abschied vom Amt beschert Richard von Weizsäcker auch die Erfüllung eines persönlichen Wunsches. 1984 hatte er, gegen alle realistischen Aussichten, im FAZ-Fragebogen auf die Frage «Wo möchten Sie leben?» geantwortet: «Im ungeteilten Berlin.» Zehn Jahre später ist der Wunsch Wirklichkeit geworden. Doch ist die Stadt für Weizsäcker keineswegs nur der Ruhesitz, den ein Beamter oder Geschäftsmann nach Abschluss seines beruflichen Lebens an einem Ort seiner Wahl und seines Wohlgefallens bezieht. Das Leben in der wieder zusammenwachsenden Stadt ist für Weizsäcker zum einen so etwas wie eine Heimkehr, denn er fühlt sich ihr zugehörig, obwohl er kaum ein Dutzend Jahre dort gelebt hat. Zum Zweiten ist es eine Art Bekenntnis.

Denn Weizsäcker hat das Schicksal Berlins in wichtigen Phasen geteilt und ist ihm durch «menschliche Kontraste, historische Wechselbäder und dialektische Sprünge unvorstellbaren Ausmaßes» verbunden. Er kommt kaum je auf die Stadt zu sprechen, ohne das vernichtende Urteil zu zitieren, das in der «New York Times» am 11. Mai 1945 zu lesen war, drei Tage nach der Kapitulation: Es empfiehlt den Siegern, der Stadt das Schicksal Karthagos zu bereiten und sie dem Erdboden gleichzumachen. Das zeigt, was Berlin für ihn ist: das Exempel für die wundersame Wendung der Geschichte. Was deren glücklichen Fortgang im letzten Jahrzehnt angeht, so hat er selbst ja kräftig daran mitgewirkt – als Regierender Bürgermeister ebenso wie als Befürworter der Hauptstadt-Entscheidung gegen zahlreiche Gegner. Nun erhofft er sich von der Stadt, dass sie zu einem Forum produktiver Auseinandersetzung im europäischen Rahmen wird. Mit Genugtuung registriert er den Zustrom junger Menschen aus aller Herren Länder, zumal aus Ostmitteleuropa, nach Berlin. Mit deren Lebendigkeit und geistiger Kraft, die «schon noch ein Stück über Love-Parade-Gefühle» hinausreiche, gehe – wie er kurz vor der Jahrtausendwende formuliert – «das alt gewordene Berliner Jahrhundert jung zu Ende».

Richard von Weizsäcker und seine Frau leben nicht nur in Berlin, sondern mit der Stadt. Falls es eine Berliner Gesellschaft gibt, sind sie beide ein Teil davon, er vorneweg. Es fällt schon auf, wie oft man ihn bei Empfängen und Festakten sieht, im Schlütersaal des Deutschen Historischen Museums, in der Evangelischen Akademie am Gendarmenmarkt oder im Wissenschaftskolleg im Grunewald. Oft ist er Laudator, leitet ein oder dankt – mit jener charakteristischen kleinen Bewegtheit in der Stimme, mit der er den Zuhörern seine Aufgeschlossenheit und sein Interesse gleichsam entgegenbringt. Beim 80. Geburtstag von Vicco von Bülow setzt er im Namen der heftig applaudierenden Gäste vergnügt die Pointen – «Wir sind die Täter Ihrer Stücke» und: «Ihr Humor legitimiert unseren Ernst» –, aber er ehrt auch einen bedeutenden Mäzen, den außerhalb Berlins keiner kennt – ohne ihn wäre zum Beispiel die Versöhnungskapelle an der Mauergedenkstätte Bernauer Straße nicht entstanden. Er drückt den Dank aus bei der Verabschiedung von Botschaftern und greift selbst zur Feder, um Stil und Charme der Gesellschaften im Hause eines stadtbekannten Verlegers zu beschreiben, zu denen er natürlich selbst gehört. Und selbstverständlich bleibt er ein eifriger Theater- und Konzertbesucher – ein Kultur-Enthusiast, für den sich in der Philharmonie der berühmte Scharoun'sche Innenraum und das nicht minder berühmte Orchester schon einmal zu dem überwältigenden Gefühl verdichten, «in der Mitte der Welt zu sein».

Was veranlasst ihn zu solcher Anteilnahme am öffentlichen Leben? Was bringt ihn außerdem dazu, eine gewaltige Zahl von Schirmherrschaften zu übernehmen und Mitglied von unzähligen Kuratorien zu werden? Gewiss ist das bei ehemaligen Staatsmännern der Brauch, außerdem ist er gern in Gesellschaft, und frei von Eitelkeit ist er auch nicht. Gleichzeitig aber liegt ihm das Bedürfnis fern, der prominente Mittelpunkt zu sein, um den sich die Leute drängen. Es ist ja auch spürbar, dass er diese Vorträge, Sitzungen und Mitgliedschaften nicht als Pflichtprogramm absolviert, sondern mit Engagement und innerer Anteilnahme. Vielleicht kann man sagen, dass er damit für seinen Teil jene Bürgergesellschaft lebt, die je länger, desto deutlicher sein gesellschaftliches und politisches Leitbild geworden ist. Auf signifikante Weise begegnen sich jedenfalls in diesem Begriff Weizsäckers Sicht der produktiven Wandlungen, die die deutsche Gesellschaft seit den sechziger Jahren erfasst haben, die Frage nach der Zukunft unserer Gesellschaft und die Vielzahl der Initiativen, Bewegungen und Organisationen, die im Leben einer Stadt und eines Landes realiter existieren.

In mehr als vierzig Stiftungen, Freundeskreisen und Kuratorien ist Weizsäcker tätig engagiert – ein breites Spektrum zwischen, beispielsweise, der lokalen Bürgerstiftung Berlin, die er quasi mitgegründet hat, und dem Aspen-Institut, dem traditionsreichen amerikanisch-deutschen Vermittlungsforum, zwischen Bosch-Stiftung und der Freya-von-Moltke-Stiftung im polnischen Kreisau, zwischen dem Bergedorfer Gesprächskreis der Körber-Stiftung, einem hochkarätigen Debattenforum, und dem Praemium Imperiale, dem japanischen Kultur-Nobelpreis, wo er erst Berater war und jetzt Ehrenberater ist. Ein Netzwerk? Gewiss nicht, aber vielleicht doch eine luftige Konfiguration aus Stationen und Positionen, wie sie von einem Mann von seinem

Format ausgeht: indem er – und sei es mit seinem Namen – Maßstäbe setzt und Zeichen gibt, Impulse und Einflüsse ausstrahlt, zum Mitmachen anregt und damit den gesellschaftlichen Zusammenhalt stärkt.

In gewissem Sinn setzt Weizsäcker mit seiner Berliner Existenz fort, was er in West-Berlin in seiner Zeit als Regierender Bürgermeister begonnen hat. Er stößt ja auch immer wieder einmal auf die Spuren seiner damaligen Tätigkeit – das Deutsche Herzzentrum Berlin, zu dessen zwanzigjährigem Bestehen er spricht, hat er 1986 mitgegründet, und im Wissenschaftskolleg, dessen Eröffnung in seine Regierungsjahre fiel, fühlt er sich fast zu Hause. Und der einstige Regierende Bürgermeister ist Bürger genug, um sich von kommunalen Ärgernissen herausgefordert zu fühlen. Er protestiert heftig, als der Senat die beliebte Ausländerbeauftragte einsparen will, die er seinerzeit selbst eingestellt hat. Als der Regierende Bürgermeister Klaus Wowereit im April 2009 seine Freude über das Scheitern eines Volksentscheids, der den Religionsunterricht in den Schulen zum Pflichtfach machen sollte, ziemlich deutlich äußert, geht ihn der Altbundespräsident hart an: Er vertiefe den Riss, der durch die Stadt gehe, anstatt Brücken zu bauen. Selbst vor der Einmischung in die lokale CDU-Politik, mit der er wahrhaftig nichts am Hut hat, scheut er nicht zurück, um sich für seinen früheren Pressesprecher Friedbert Pflüger einzusetzen, der gerade Opfer der parteiüblichen Querelen wird.

Im Übrigen fällt es nach wie vor schwer, in Weizsäcker einen alten Herrn zu sehen, obzwar er es fraglos ist. Aber er gibt keinen Anlass, ihm seine Jahre zu glauben, nicht körperlich und erst recht nicht intellektuell. Die Versicherung, dass ihm sein Alter nicht anzumerken sei, ist in seinem Fall in erstaunlicher Weise kein bemühtes Kompliment. Höchstens bereitet es ihm manchmal Mühe, ein höheres Podest zu besteigen. Altersgemäße Steifheit an den Hüften und Beinen räumt er ein, sodass er, der den

Deutschen einst mit den Bildern des Sprungs über die Gletscherspalte und des Gleitflugs beim Staatsbesuch sowie dem bis ins hohe Alter fortgesetzten jährlichen Sportabzeichen imponierte, seine sportliche Tätigkeit heute auf seinen Lieblingssport – das Schwimmen – beschränkt hat. Bis vor wenigen Jahren ist er regelmäßig in seinem Haussee im Südwesten Berlins geschwommen, nach Möglichkeit vom Frühsommer bis zum Herbst, allerdings, wie er bekennt, ungern bei Temperaturen unter 18 Grad.

Ungebrochen ist die Sympathie, auf die er trifft, der Rang auf der Beliebtheitsskala ist gesichert. An den runden Geburtstagen, die inzwischen altersalpine Höhen erreichen, kommen die Gratulanten und Kommentatoren in die Bredouille, weil es immer schwieriger wird, sich bei Würdigungen und Lobreden nicht zu wiederholen. Die Ehrentage tendieren, entsprechend Weizsäckers Neigungen und Charakter, zum Intellektuellen und Geselligen: Beim Achtzigsten gibt es zum Beispiel ein Symposium in der Evangelischen Akademie mit Vordenkern des politischen Protestantismus von Richard Schröder über Antje Vollmer bis zum Berliner Landesbischof Wolfgang Huber. Fünf Jahre später eine lange Tafel durch die ganze Orangerie im Charlottenburger Schloss, an der unter anderem die letzten vier Bundespräsidenten sitzen – neben dem Geburtstagskind Roman Herzog, Johannes Rau und Horst Köhler. Und eine prominent besetzte Podiumsdiskussion im Deutschen Theater zum Thema Amerika und Europa, in deren Ende die Nachricht von der Wahl eines deutschen Papstes hineinbricht. Und auch für diese Überraschung findet Weizsäcker sogleich die richtigen Worte.

Die Jahre mit ihren unterschiedlichen Aktivitäten haben dem Bild Weizsäckers kaum etwas anhaben können, sondern es allenfalls mit den Gewohnheiten eines privaten Lebensrahmens umgeben. Aber das war keine große Veränderung: Man hatte ihn ja schon immer im Verdacht, dass er den Abend in der Philharmonie jeder Parteiveranstaltung vorzog. Vielleicht war auch das

Amt des Bundespräsidenten am Ende vor allem das angemessene Podest für eine Individualität, die entschlossen war, für das öffentliche Ganze zu arbeiten, und der die Lust an einer repräsentativen Existenz nicht fremd war. Tatsächlich gehört es ja zu den Schwierigkeiten, aber auch den Herausforderungen des Präsidentenamts, dass es – wie Weizsäcker selbst einmal bemerkt hat – wie kein anderes auf die Person angewiesen ist, die es bekleidet.

An diesem öffentlichen Privatmann tritt womöglich noch deutlicher hervor, was der Grund seiner Wirkung war und ist. Jenseits des Politikers und des idealen Präsidenten, in der Ebene des Alters – sozusagen zwischen dem Dahlemer Haus und dem Stadtbüro, zwischen der Sitzung eines Stiftungsrats und dem Vortrag vor einem International Board – erscheint das Bild eines liberalen Bürgers. Er lebt jetzt eine Anteilnahme an der Politik, die ganz auf Parteien und die Rücksichten des politischen Betriebs verzichtet und sich verwirklicht im Nachdenken, im freien Engagement, im gelegentlichen Intervenieren. Noch stärker als bisher tritt an ihm das Freisinnige hervor, vielleicht auch der Freigeist, jedenfalls eine große Eigenständigkeit. Wobei die Frage offen bleiben kann, was diese Haltung vor allem stützt: die Erfahrung des Politikers, der gelernt hat, was Freiheit vermag? Die Herkunft, die ihm den Grundstein der Sicherheit gab, um dieses Jahrhundert der Extreme zu durchleben? Oder die Freiheit des Christenmenschen, von der Luther sprach?

Personenregister

Abs, Hermann Josef 167
Adenauer, Konrad 7, 13, 75, 79,
 88–89, 96, 111, 116–117, 120, 123,
 136, 196
Albertz, Heinrich 171
Albrecht, Ernst 142, 145–146, 185
Altmann, Rüdiger 215
Altmeier, Peter 117
Ardenne, Ekkehard von 37
Arndt, Karl 64
Augstein, Franziska 79
Augstein, Rudolf 62, 77–79, 257

Bahr, Egon 107, 125, 127, 134, 245
Baker, James 235, 243
Baring, Arnulf 120, 133
Barzel, Rainer 126, 130, 132–133,
 135–137, 184–185, 189, 256, 258
Beck, Ludwig 14, 51
Becker, Hellmut 63–65, 75–76,
 103–106
Beckmann, Joachim 103–106
Bender, Peter 16
Bengsch, Alfred 170
Ben Gurion, David 205
Berg, Fritz 88–89
Berggrav, Eivind 67
Beuys, Joseph 114
Biedenkopf, Kurt 137, 139, 231
Bismarck, Klaus von 101, 103–106,
 108
Bismarck, Otto von 15
Blasius, Rainer 72

Bloch, Ernst 30
Blüm, Norbert 117, 257
Boehringer, Ernst 91–92
Boehringer, Robert 91–92
Bohley, Bärbel 252
Boutros-Ghali, Boutros 268
Boveri, Margret 67, 74
Brandt, Willy 114, 121–123, 125,
 127–132, 155, 165, 201, 210,
 215–216, 219, 229
Braun, Lily (geb. Amalie von
 Kretschmann) 93
Braun, Otto 93
Braun, Sigismund von 64
Bräutigam, Hans Otto 180
Breitscheid, Rudolf 26
Brentano, Heinrich von 104
Breschnew, Leonid 209
Brüning, Heinrich 70
Bülow, Vicco von 277
Bush, George 235, 243
Bussche, Axel von dem 51, 60, 63

Canaris, Wilhelm 74
Carstens, Karl 136, 145, 183
Chamberlain, Neville 37
Churchill, Winston 75
Cramm, Gottfried von 36

Delors, Jacques 235
Diepgen, Eberhard 163, 184
Dohnanyi, Hans von 51
Dohnanyi, Klaus von 218

Dönhoff, Marion Gräfin 9, 40–41, 46, 63, 96, 104, 108, 148
Dregger, Alfred 184
Dreher, Klaus 117, 121
Duisberg, Claus J. 235

Ebert, Friedrich 22
Ehmke, Horst 60, 91, 130, 239
Eliot, T. S. 59
Elisabeth Christine (preußische Königin) 178
Engelhard, Michael 192
Enzensberger, Hans Magnus 29, 112
Eppler, Erhard 107
Erhard, Ludwig 88, 114, 117, 196
Erzberger, Matthias 70
Eschenburg, Theodor 235

Fallada, Hans 53
Feldmeyer, Karl 259
Filmer, Werner 49
Fink, Ulf 162
Fischer, Edwin 28
Frei, Norbert 13, 74
Fontane, Theodor 37, 165
Friedrich, Götz 164
Friedrich II. (preußischer König) 15, 172–173, 178, 203
Fuhrmann, Horst 30

Gadamer, Hans-Georg 218
Garski, Dietrich 150
Garton Ash, Timothy 17
Gehm, Karl Heinz 146, 148, 150, 157
Geißeler, Günter 87
Geißler, Heiner 117, 119, 139, 162
Genscher, Hans-Dietrich 185, 195, 207–209, 243, 249
Georg VI. 36
George, Stefan 30, 92
Gerlach, Manfred 227
Gerstenmaier, Eugen 13, 106, 147
Gillessen, Günther 118
Globke, Hans 79
Glotz, Peter 12, 135, 155, 163–164, 167, 183

Goebbels, Joseph 206
Goes, Albrecht 218
Goethe, Johann Wolfgang von 115
Gogarten, Friedrich 57
Gorbatschow, Michail 206–207, 209, 235, 243, 246
Göring, Hermann 64–65
Graevenitz, Fritz von (Großvater) 20
Graevenitz, Fritz von (Onkel) 27
Grimme, Adolf 90
Gross, Johannes 191
Grunenberg, Nina 13, 212
Grunert, Brigitte 162
Gustloff, Wilhelm 34

Habermas, Jürgen 204, 251
Haig, Alexander 157
Hassel, Ulrich von 67
Hassemer, Volker 162
Hättich, Manfred 215
Hauff, Wilhelm 23, 28
Havel, Václav 239–240, 263
Heck, Bruno 119
Hefty, Georg Paul 262
Hegel, Georg Wilhelm Friedrich 23
Heimpel, Hermann 57
Heine, Heinrich 252
Heinemann, Gustav 114, 120–121, 127, 196, 220
Heisenberg, Werner 27–28, 103–106
Henkels, Walter 124
Hennis, Wilhelm 60, 82
Hentig, Hartmut von 59–60, 141
Henze, Hans Werner 114
Hermann I. (Landgraf von Thüringen) 250
Herrmann, Ludolf 10, 122
Herzl, Theodor 205
Herzog, Chaim 195, 205–206
Herzog, Roman 153, 270, 280
Heuss, Theodor 9, 12, 22–24, 75, 189, 196, 212
Heuss-Knapp, Elly 221
Hildebrand, Klaus 111
Hindenburg, Paul von 50
Hitler, Adolf 32, 34–35, 37–38,

50–51, 53, 65–66, 70–72, 74, 77–79, 240
Hofmann, Gunter 10, 15, 61, 109, 201, 253
Hofmannsthal, Hugo von 168
Honecker, Erich 159, 178, 190, 211, 224, 254, 270
Howe, Günther 104–106
Huber, Wolfgang 280
Huch, Ricarda 28

Iwand, Hans-Joachim 57

Jäckel, Eberhard 197
Jäger, Wolfgang 17
Jenninger, Philipp 141
Jessen, Uwe 60
Jodl, Alfred 64
Joseph II. (österr. Kaiser) 15
Jünger, Ernst 42

Keller, Gottfried 266
Kempner, Robert 64
Kennedy, John F. 96
Kessel, Albrecht von 63, 74
Kewenich, Wilhelm 162
Kielinger, Thomas 11–12, 216
Kiesinger, Kurt Georg 117, 132
Klemperer, Klemens von 66
Klessmann, Christoph 55
Koeppen, Wolfgang 218
Kohl, Helmut 8, 17–18, 116–119, 135, 137, 141–142, 144–146, 156, 175, 183–185, 188, 191, 197, 199, 201, 205–206, 211–212, 214, 228–230, 232–233, 235, 241, 243–244, 249, 253, 257–260, 269, 272
Köhler, Horst 280
Kopernikus, Nicolaus 242
Korczak, Janusz 242
Kraske, Konrad 60, 90, 133
Kraske, Peter 60
Krause-Burger, Sibylle 213
Kremp, Herbert 132
Krenz, Egon 224

Krupp von Bohlen und Halbach, Alfried 87
Kwisinski, Juri 209

Langguth, Gerd 258
Laurien, Hanna-Renate 117, 161
Lehmann, Fritz 58
Leicht, Robert 189, 198
Leinemann, Jürgen 30, 216
Leisler Kiep, Walther 133, 136, 146
Lepenies, Wolf 224
Lessing, Gotthold Ephraim 28
Lorenz, Peter 144–145
Louis Ferdinand (preußischer Prinz) 166
Löwenthal, Richard 115
Lübke, Heinrich 13
Lummer, Heinrich 158, 162
Luther, Martin 15, 23, 72, 173, 178–179, 281

Magee, Warren E. 64
Magnus, Heinrich Gustav 266
Maier, Franz Karl 164
Maizière, Lothar de 227, 245
Mann, Thomas 72
Marshall, George C. 207
Marx, Karl 60
McCloy, John 75
Mercouri, Melina 213
Merkel, Angela 7, 195, 266
Mickiewicz, Adam 109
Minetti, Bernhard 218
Mitterand, François 14–16, 235, 243
Modrow, Hans 227–228
Mörike, Eduard 28

Nawrocki, Joachim 188
Neurath, Konstantin von 35
Neuss, Wolfgang 165
Niegel, Lorenz 199–200
Noelle-Neumann, Elisabeth 213
Nooteboom, Cees 13

Oberreuter, Heinrich 214
Oertzen, Peter von 60

Paz, Octavio 191
Perger, Werner A. 109, 253
Pflüger, Friedbert 67, 157, 184, 188, 192, 194, 200, 279
Picht, Georg 103–106
Pieck, Wilhelm 178
Pieroth, Elmar 156, 162
Pius XII. 62
Planck, Max 58
Pohle, Wolfgang 88, 94
Pompidou, Georges 14, 127
Pritzkoleit, Kurt 88

Rad, Gerhard von 57
Raiser, Ludwig 103–106
Rathenau, Walther 70
Rattay, Klaus Jürgen 157
Rau, Johannes 101, 256, 280
Rauch, Christian Daniel 172
Reagan, Ronald 170, 193, 199, 207
Reddemann, Gerhard 135
Reich-Ranicki, Marcel 31
Reinhardt, Max 266
Renan, Ernest 264
Reston, James 116
Ribbentrop, Joachim von 37, 66, 78
Richter, Hans Werner 219
Rinser, Luise 189
Ritter, Klaus 60
Rühmann, Heinz 219

Sacharow, Andrej 208
Sauzay, Brigitte 14
Scharf, Kurt 105
Scharnhorst, Gerhard Johann David von 172
Scheel, Walter 121, 132, 136, 145, 196
Scheler, Max 42
Schelling, Friedrich Wilhelm 23
Schewardnadse, Eduard 208–209
Schiller, Friedrich 23, 28, 214
Schinkel, Karl Friedrich 166, 173
Schmeling, Max 219
Schmid, Carlo 8
Schmidt, Helmut 149, 152, 175, 183, 256

Schöffler, Herbert 57
Scholl, Hans 14
Scholl, Sophie 14
Schorlemmer, Friedrich 128, 180, 250
Schröder, Gerhard (CDU) 120–121, 145
Schröder, Richard 195, 271, 280
Schulenburg, Fritz-Dietlof Graf von der 51–52
Schwan, Heribert 49
Schwarz, Hans-Peter 12, 256
Seibt, Gustav 15
Seidel, Ina 28
Seneca 74
Sethe, Paul 73
Siedler, Wolf Jobst 13, 70, 164, 167, 187
Simson, Otto von 218
Smend, Rudolf 58
Sontheimer, Kurt 141
Springer, Axel 187
Stauffenberg, Claus Schenk Graf von 51, 74
Steffahn, Harald 216
Stein, Gustav 90
Stein, Peter 114
Sternberger, Dolf 194, 204
Stobbe, Dietrich 145–146, 150, 152, 154–155, 159, 161, 166–167
Stolpe, Manfred 179, 228, 251
Stoltenberg, Gerhard 145
Strauß, Botho 164
Strauß, Franz Josef 12–13, 120, 133, 141–142, 145, 147, 188, 201
Stresemann, Gustav 70
Studnitz, Hans-Georg von 73
Süskind, Martin E. 217

Teltschik, Horst 232
Thadden-Trieglaff, Reinold von 95–98
Thomas, Sven 162
Tillich, Paul 97
Troeltsch, Ernst 21
Tuchmann, Barbara 72

Personenregister **285**

Uhland, Ludwig 28

Verdi, Giuseppe 58
Vogel, Bernhard 117, 119, 139
Vogel, Hans-Jochen 91, 152–153, 155, 158–159, 166–167, 186, 200–201
Vogel, Wolfgang 251–252
Vollmer, Antje 280

Waigel, Theo 201
Wallmann, Walter 141, 146
Walser, Martin 171, 177
Watteau, Jean-Antoine 166
Weber, Alfred 54
Wehler, Hans-Ulrich 204
Wehner, Herbert 122, 135
Weimar, Carl August von 250
Weizsäcker, Adelheid Marianne Viktoria Freiin von (Schwester) 27–29, 55, 108, 110
Weizsäcker, Andreas Freiherr von (Sohn) 93
Weizsäcker, Beatrice Freiin von (Tochter) 93
Weizsäcker, Carl Friedrich Freiherr von (Bruder) 15, 27–30, 40, 53, 55, 58, 62–63, 66, 72, 78, 82, 89, 94–96, 98, 104–106
Weizsäcker, Carl Heinrich von (Urgroßvater) 24, 97
Weizsäcker, Ernst Heinrich Freiherr von (Vater) 14–15, 20, 22, 24–25, 27, 29, 32, 34–35, 37–38, 40, 50, 55, 61–78, 82, 91, 200, 251

Weizsäcker, Fritz Eckart Freiherr von (Sohn) 93
Weizsäcker, Heinrich Viktor Freiherr von (Bruder) 27–29, 36, 38, 40, 44, 47–48
Weizsäcker, Karl Hugo Freiherr von (Großvater) 21–24
Weizsäcker, Marianne Freifrau von (geb. von Kretschmann, Ehefrau) 91, 93, 218–221, 265–266, 277
Weizsäcker, Marianne von (geb. von Graevenitz, Mutter) 20, 25, 27–28, 29–30, 38, 69, 75, 98
Weizsäcker, Olympia von (geb. Curtius) 55
Weizsäcker, Paula von (geb. von Meibom, Großmutter) 55
Weizsäcker, Robert Klaus Freiherr von (Sohn) 93
Weizsäcker, Victor Freiherr von (Onkel) 23, 55, 66, 108, 110
Wieacker, Franz 58
Wilder, Thornton 59
Wilhelm I. (deutscher Kaiser) 187
Wilhelm II. (deutscher Kaiser) 38
Wolf, Christa 190
Wörner, Manfred 119
Wowereit, Klaus 163, 279
Wrangel, Olaf von 133

Yorck von Wartenburg, Johann David Ludwig Graf 172

Zundel, Rolf 132, 189

Zur Literatur

Richard von Weizsäcker ist kein unbeschriebenes Blatt. Wer sich mit ihm beschäftigt, hat viel zu lesen. In erster Linie gilt das natürlich für seine autobiographischen Bücher: die «Erinnerungen», Berlin 1997, und «Drei Mal Stunde Null? 1949 – 1969 – 1989», Berlin 2001. Zu Dank verpflichtet wird jeder Autor folgenden Veröffentlichungen sein: Werner Filmer/Heribert Schwan (Hrsg.): «Richard von Weizsäcker. Profile eines Mannes», Düsseldorf 1984; Helmut R. Schulze/Bernhard Wördehoff: «Richard von Weizsäcker. Ein deutscher Präsident», München 1987; Friedbert Pflüger: «Richard von Weizsäcker. Ein Porträt aus der Nähe», Stuttgart 1990; «Richard von Weizsäcker im Gespräch mit Gunter Hofmann und Werner A. Perger», Frankfurt a.M. 1992; «Was für eine Welt wollen wir? Richard von Weizsäcker im Gespräch mit Jan Roß», Berlin 2005. Außerdem danke ich den Zeitungsarchiven von «Tagesspiegel», «Die Zeit», «Frankfurter Allgemeine Zeitung», «Süddeutsche Zeitung» und «Die Welt».

Bildnachweis

Helmut R. Schulze: 2 unten, 3 oben, 4, 6, 13 oben, 14 oben, 15 oben
Ullsteinbild: 1, 7 unten (dpa), 11 (dpa), 15 unten (variopress)
SZ Photo: 2 oben (Teutopress), 3 unten (S.M.), 7 oben (AP), 14 unten (AP)
Picture-Alliance/dpa: 5, 8, 9, 12 oben, 12 unten, 13 unten
AKG-images / J. W. Schiwy: 16 unten
Foto Kirsch: 10
Thilo Rückeis / Der Tagesspiegel: 16 oben